BERGISCHES LAND entdecken!

1000 FREIZEIT-TIPPS

Rheinland Presse Service GmbH (Hrsg.)

Felix Förster, Lara Hunt, Marcus Italiani, Patrick Jansen, Deniz Karius,
José Macias, Karin Werner, Christian Werth, Christine Zacharias

Wartberg Verlag

Anmerkung des Verlages

Die im nachfolgenden Text verwendeten Symbole haben folgende Bedeutung:

📞 = Telefon

🌐 = Internet-Adresse

☺ = Attraktionen für Kinder und Junggebliebene

Alle Angaben wurden gewissenhaft geprüft, trotzdem können Autor und Verlag keine Gewähr für die Richtigkeit übernehmen. Anregungen, Berichtigungen und Ergänzungsvorschläge senden Sie bitte an den Wartberg Verlag, Gudensberg-Gleichen.

3. Auflage 2024
Alle Rechte vorbehalten, auch die des auszugsweisen Nachdrucks und der fotomechanischen Wiedergabe.
Umschlaggestaltung: r2 Mediendesign, Verden (Aller)
Layout: Gerald Halstenberg, Bielefeld
Karte: SIMPLYMAPS.de; Gerald Halstenberg, Bielefeld
Druck und Bindung: Druck- und Verlagshaus Thiele & Schwarz GmbH, Kassel
© Wartberg-Verlag GmbH
34281 Gudensberg-Gleichen, Im Wiesental 1
Telefon (0 56 03) 9 30 50
wartberg-verlag.de
ISBN: 978-3-8313-2896-3

Einige Worte vorweg

Liebe Leserin, lieber Leser,

als wir uns an die reizvolle Aufgabe gemacht haben, 1000 Tipps für das Bergische Land zusammenzustellen, hätten wir nicht gedacht, dass es so schwierig wird. Diese einzigartige Kulturlandschaft zwischen Heiligenhaus im Nordwesten und Morsbach im Südosten lockt mit einem reichhaltigen Freizeitangebot – da fiel es unseren Redakteurinnen und Redakteuren mitunter schwer, etwas wegzulassen.

Aber keine Sorge: Um alle 1000 Tipps tatsächlich zu erleben, müssen Sie viel Zeit mitbringen. Die ist gut investiert, denn im Umkreis um das berühmte Neandertal und das Rheinland glänzt das Bergische Land mit einer abwechslungsreichen Landschaft, Wäldern, Tälern, Talsperren und atemberaubenden touristischen Anziehungspunkten. Manche von ihnen sind noch relativ jung, wie etwa die Müngstener Brücke (Deutschlands höchste Eisenbahnbrücke) oder die Wuppertaler Schwebebahn, aus der einst sogar ein Elefant in die Wupper fiel. Vor allem kleinere Gemeinden verzaubern mit ihrer historischen bergischen Architektur, auch gibt es zahlreiche Burgen und Schlösser zu bestaunen.

Viel Spaß beim Entdecken des Bergischen Landes, Sie werden dabei ebenso begeistert sein wie unsere Autoren.

Rheinland Presse Service GmbH (Hrsg.)
mit den Autoren: Felix Förster, Lara Hunt,
Marcus Italiani, Patrick Jansen, Deniz Karius,
José Macias, Karin Werner, Christian Werth,
Christine Zacharias

Bergisch Gladbach

(Rheinisch-Bergischer Kreis)

Bergisch Gladbach ist die Kreisstadt des Rheinisch-Bergischen Kreises mit rund 112 000 Einwohnern. Mit seinem von jeder Menge Grün geprägten Stadtbild und seiner dezentralen, beschaulichen Struktur vermittelt der Ort nicht den Eindruck einer Großstadt. So ist „Gläbbisch" – wie es im Volksmund bezeichnet wird – eher für seine reizvolle Natur mit vielen Dörfern, Hügeln, Wäldern und Flüsschen bekannt. Es bietet aber auch Kulturinteressierten jede Menge Möglichkeiten und besticht durch eine große Vielfalt an Museen, Bau- und Bodendenkmälern. Das barocke Schloss im bis 1975 eigenständigen Bensberg ist das Wahrzeichen der Stadt und thront weit sichtbar über der Rheinebene.

Stadtentwicklungsbetrieb Bergisch Gladbach
Wilhelm-Wagener-Platz
51429 Bergisch Gladbach-Bensberg
📞 **02202/141359**
🌐 **bergischgladbach.de**

i

Sehenswertes

▸ Schloss Bensberg

In traumhafter Lage hoch über dem Stadtteil Bensberg und mit wunderschönem Blick auf den Kölner Dom präsentiert sich eines der schönsten und größten Barockschlösser Europas. Nachdem das Schloss 150 Jahre lang als Kaserne genutzt wurde, beherbergt es seit 1997 ein international angesehenes Fünf-Sterne-Luxushotel mit Drei-Sterne-Gourmetküche im Restaurant Vendôme. Das imposante Schloss wurde 1703 vom bergischen Herzog Johann Wilhelm II., im Volksmund Jan Wellem, als Liebesbeweis für seine zweite Ehefrau Anna Maria Luisa in Auftrag gegeben. Bis 1711 schuf der venezianische Baumeister Graf Matteo d'Alberti ein prächtiges Jagdschloss nach dem Vorbild von Schloss Schönbrunn. Für die Innenarchitektur wurden renommierte zeitgenössische Künstler engagiert. Die Mittelachse des Gebäudes ist exakt auf den Kölner Dom ausgerichtet. Einen Ausflug wert ist hier auch der Bensberger Schlossweg über 9,3 Kilometer.
Adresse: Kadettenstraße, 51429 Bergisch Gladbach-Bensberg, 📞 02204/420, 🌐 schlossbensberg.com

▸ Rathaus

Das Bergisch Gladbacher Rathaus am Konrad-Adenauer-Platz bereichert die Innenstadt mit historischer Baukunst. Der Dreiflügelbau im Stil der deutschen Renaissance ist 1906 unter der Leitung von Ludwig Bopp, einem Vertreter der Münchner Schule, errichtet worden. Der Mittelbau, in dem sich der Ratssaal befindet, besteht aus heimischem Dolomitkalkstein. Er zeichnet sich durch ein Säulenportal, zwei Giebel und ein Walmdach aus. Seitlich angebaut wurden je ein Trakt im bergischen Stil mit Fachwerkobergeschoss und ein süddeutsch geprägter, schlichter Putzbau, der mit einer Sonnenuhr und einem Wandgemälde mit der Stadtansicht um 1800 geschmückt ist. Gemalte Hingucker sind auch die 26 Ölgemälde mit biblischen Landschaften aus dem Jahr 1883 im Inneren des prunkvollen Rathauses.
Adresse: Konrad-Adenauer-Platz 1, 51465 Bergisch Gladbach, 📞 02202/140

▸ Kardinal-Schulte-Haus

Das als Priesterseminar 1924 errichtete Gebäude auf einer Anhöhe in Bensberg beheimatet die Thomas-Morus-Akademie. Sie ist ein Rückzugsort für diejenigen, die bei

Das imposante Schloss Bensberg ist das Wahrzeichen von Bergisch Gladbach.

Tagungen oder Abendgesprächen Zugänge zu theologischen Fragestellungen, kulturellen Besonderheiten, spirituellen Erfahrungen oder auch kulinarischen Ereignissen, etwa bei Kulturdinnern, suchen. Ein imposanter Ausblick bietet sich dabei vom „Bergischen Balkon" des Gebäudes auf die Kölner Bucht. Einmal im Jahr findet die „Bergische Landpartie" auf dem Gelände des Kardinal-Schulte-Hauses statt, wo regionale Produkte und die Vielfalt des Bergischen Landes präsentiert werden. Die Thomas-Morus-Akademie Bensberg ist nach dem englischen, 1478 geborenen Lordkanzler Thomas More benannt und kann von außen besichtigt werden.
Adresse: Overather Straße 51–53, 51429 Bergisch Gladbach, 📞 02204/408472, 🌐 tma-bensberg.de

▸ Burg Zweiffel

Die Alte Wasserburg Zweiffel im Ortsteil Herrenstrunden lässt sich von außen besichtigen und ist heute im Besitz der Familien Rademacher und Kautz. Der Rittersitz Burg Zweiffel war im 13. und 14. Jahrhundert der Sitz der Adelsfamilie Strune. Ende des 14. Jahrhunderts ging die Burg Zweiffel an die im gesamten Rheinland begüterte Familie Zweifel über. Der heutige Bau entstand ursprünglich um 1660. Ein verheerender Brand im Kriegsjahr 1942 zerstörte das Burghaus, das schließlich erst 1978 vollständig wiederaufgebaut wurde. Kein Zweifel: Seine Wanderung durchs Strundetal hier vorbeizuführen, lohnt sich.
Adresse: Herrenstrunden 1, 51465 Bergisch Gladbach-Herrenstrunden

▸ Herz-Jesu-Kirche

Die 1960 geweihte Kirche im Stadtteil Schildgen zählt zu den Bauten des berühmten Architekten Gottfried Böhm. Sie wird von einer fünf Meter hohen Sichtbetonmauer umfasst, deren Gitterportal den Blick auf das Innere zulässt, nämlich die 1929 erbaute katholische Kirche von Schildgen, die heute den Pfarrsaal bildet. Der Grundriss dieser Kirche erinnert an einen jüdischen Tempel oder an frühchristliche und romanische Gotteshäuser. Das lichtdurchflutete Atrium mit integrierter Taufkapelle führt in den Innenraum. Im Seitenschiff wird der Altar durch roten italienischen Marmor betont. Der außergewöhnliche Bau ist für Besucher geöffnet.

Adresse: Altenberger-Dom-Straße 140, 51467 Bergisch Gladbach-Schildgen

▶ Taufkirche Refrath

Die alte Kirche im Stadtteil Refrath ist ein Zeuge der Heimatgeschichte und wurde im 10. bis 12. Jahrhundert anstelle einer durch Brand zerstörten Holzkirche aus dem 9. Jahrhundert erbaut. Sie gilt damit als die älteste Kirche in Bergisch Gladbach. Statisch gesichert und von innen neu verputzt wurde das Gebäude 1983. Im Schiff gibt es neben den nachträglich eingelassenen Rechteckfenstern noch jeweils zwei der ursprünglichen winzigen Rundbogenfenster. Reste gotischer Wandmalereien, die aus der Zeit um 1440 stammen und 1908 freigelegt wurden, befinden sich im Chorraum. Die kleine Taufkirche wird heute noch für Hochzeiten, Messen und Konzerte genutzt und kann besichtigt werden.

Adresse: Alt Refrath, 51427 Bergisch Gladbach-Refrath

Museen

▶ Bergisches Museum für Bergbau, Handwerk und Gewerbe

Das ehemalige Heimatmuseum entstand durch eine Bürgerinitiative und wurde 1928 gegründet. Nach einem Brand wurde es 1981 renoviert und wiedereröffnet. Das idyllisch gelegene Gelände verspricht Spaß für die ganze Familie. Sowohl im Haus selbst als auch auf dem angrenzenden Freigelände sind viele Dinge rund um den Bergbau zu

Das Bergische Museum für Bergbau, Handwerk und Gewerbe ist eines von sechs Museen in Bergisch Gladbach.

besichtigen. Darunter finden sich auch ein Schaubergwerk und ein mit Wasserkraft betriebenes historisches Hammerwerk. Zwischen April und Oktober können die Besucher sogar Live-Vorführungen alter Handwerkskunst erleben.

Adresse: Burggraben 19, 51429 Bergisch Gladbach-Bensberg, ☎ 02202/141555, 🌐 bergischesmuseum.de

▶ 😊 Besucher-Portal Steinhaus

Das Besucher-Portal Steinhaus liegt am Nordostrand des Königsforstes bei Moitzfeld unweit des Zentrums von Bensberg. Erste Erwähnung findet der Hof Groß Steinhaus bereits im Jahr 1403 als Lehnsgabe des Grafen zu Bensberg. In den folgenden Jahrhunderten wurde es überwiegend als Forsthaus genutzt. Zur Regionale 2010 wurde die marode Scheune zum Infoportal Wahner Heide/Königsforst ausgebaut. Heute befindet sich hier eine interaktive Dauerausstellung zum Motto „Natur nutzt – Ressource", die über das Naturschutzgebiet im Hinblick auf die Bedeutung der Natur für den Menschen informiert. Ganzjährig finden Veranstaltungen zu den Themen Wald, Natur, Kräuter statt. Das alte Forsthaus ist mit dem Bus über die Haltestelle „Technologie-Park Bergisch Gladbach" erreichbar.

Adresse: Steinhaus 1, 51429 Bergisch Gladbach, 📞 02261/7010308, 🌐 wahnerheide-koenigsforst.de

▶ 🕐 Papiermuseum Alte Dombach

In Deutschlands größtem Papiermuseum erfahren Besucher alles über die Herstellung und den Gebrauch von Papier in den letzten 200 Jahren. Eingebettet in eine grüne Tallandschaft mit Bachläufen und klapperndem Mühlrad erwartet einen hier eine atmosphärische Reise in die Vergangenheit. Die Gäste erleben ein polterndes Lumpenstampfwerk, schöpfen selbst einen Bogen Papier und sehen eine Laborpapiermaschine in Aktion. Zahlreiche eindrucksvolle Exponate wie Freundschaftsbüchlein, Papiertheater-Bögen oder historische Verpackungen zeigen, welchen Platz Papier in unserer Welt einnimmt. Auf dem idyllischen Außengelände finden sich Pflanzen, aus denen sich Papier herstellen lässt. Zur Einkehr lädt das urige Café Alte Dombach ein. Und die Kleinsten können sich auf einem großen, zum Thema Papiermühle angelegten Spielplatz austoben.

Adresse: Alte Dombach 1, 51465 Bergisch Gladbach, 📞 02234/9921555, 🌐 industriemuseum.lvr.de

▶ Kunstmuseum Villa Zanders

Die historische Villa ist 1874 für Maria Zanders, Witwe des 1870 verstorbenen Papierfabrikanten Carl Richard Zanders, errichtet worden. 1932 ging das Gebäude in den Besitz der Stadt Bergisch Gladbach über und wurde 1986 saniert. Heute befindet sich in den Räumen der Villa Zanders die „Kommunale Galerie" mit zahlreichen Gemälden des 19. Jahrhunderts. Neben regelmäßigen Sonderausstellungen verfolgt das zentral gelegene Museum das Schwerpunktthema Papier: In Anbindung an die hauseigene Sondersammlung „Papier als künstlerisches Medium" stellen hier Künstler aus, die primär mit diesem Material arbeiten. In der Villa Zander kann man auch den Bund der Ehe auf Papier bringen.

Adresse: Hauptstraße 267, 51465 Bergisch Gladbach, 📞 02202/31974, 🌐 stiftung-zanders.de

▶ 🕐 Schulmuseum Katterbach

Wie war Unterricht früher? Welche Lehrmittel gab es? Wie sahen die Klassenzimmer aus? Und wie lief die Erziehung der Jungen und Mädchen ab? Antworten auf diese Fragen gibt's im Schulmuseum Katterbach. Hier kann man die faszinierende Schulwelt der Kaiser-, Kriegs- und Nachkriegszeit

An der Alten Dombach befindet sich Deutschlands größtes Papiermuseum.

kennenlernen: Vom Gesangbuch über die Schiefertafel bis hin zum Schönschreibheft findet man alles, was früher zum Schulalltag gehörte. Bei einem Rundgang durch das Museum erhält man Einblicke in die damalige Mädchenerziehung mit Kochen, Hauswirtschaft, Handarbeit und Säuglingspflege, zudem auch in die Lehrerausbildung und die Welt der historischen Lehrmittel und Ausstattung der damals altersübergreifenden Klassenräume.
Adresse: Kempener Straße 187, 51467 Bergisch Gladbach-Schildgen, 📞 02202/84247, 🌐 das-schulmuseum.de

▶ 😊 Kindergartenmuseum NRW

Die Historie des Aufwachsens kann man in Bergisch Gladbach nicht nur in einem Schulmuseum erkunden, sondern auch im Kindergartenmuseum Nordrhein-Westfalen. Dieses seltene Museum verfolgt das Ziel, die Geschichte des Kindergartens, der Krippe und des Hortes sowie der Erzieherausbildung für die Nachwelt zu sichern und zu präsentieren. Der Schwerpunkt liegt auf der Entwicklung der Kleinkinderziehung im 19. und 20. Jahrhundert. Die ausgestellten Spiel- und Ausbildungsmaterialien, Bilder und Fachbücher sowie historische Abbildungen sollen diese Entwicklung veranschaulichen und gleichzeitig ihre Relevanz für die Gegenwart verdeutlichen.
Adresse: Quirlsberg 1, 51465 Bergisch Gladbach, 📞 02202/243640, 🌐 kindergarten-museum.de

Freizeit & Natur

▶ Bürgerhaus Bergischer Löwe

Der Bergische Löwe ist zentraler Veranstaltungsort für zahlreiche Künstler und wird auch als Standort für Messen genutzt. In dem von Gottfried Böhm entworfenen Gebäude im Herzen der Innenstadt finden Theater, Konzerte und Märkte statt. 1939 ging der um 1850 zunächst als Gasthaus errichtete Bau in den Besitz der Stadt Bergisch Gladbach über. 1945 wurde er zu einem Kino- und Theatersaal und 1952 zu einem modernen Bühnenhaus umgebaut. Sein jetziges Erscheinungsbild erhielt das Bürgerhaus 1980, wobei alte Gebäudeteile in den Neubau eingefügt wurden. Heute ist vor allem die dort ausgestellte Fossiliensammlung eine Besichtigung wert.
Adresse: Konrad-Adenauer-Platz, 51465 Bergisch Gladbach, 📞 02202/34051, 🌐 bergischerloewe.de

▶ 😊 Kombibad Paffrath

Das vielseitige Kombibad Paffrath bietet sowohl drinnen als auch draußen Badespaß. Das modernisierte Bad ist im Hallenbereich mit 25-Meter-Sportbecken, Lehrschwimmbecken, modernen Solarien, Saftbar und einem geräumigen Kleinkinderbereich mit zahlreichen Spielgeräten ausgestattet. Der Außenbereich verfügt über ein 50-Meter-Becken, einen Nichtschwimmerbereich mit Riesenrutsche sowie über ein Kleinkinderbecken. Abseits der Wasserflächen befinden sich ein Beachvolleyballfeld, eine Spielwiese und ein großer Abenteuerspielplatz. Auf dem Außenareal gibt es zudem einen Saunabereich. Direkt neben dem Freibad gibt es einen Minigolfplatz.
Adresse: Borngasse 2, 51469 Bergisch Gladbach-Paffrath, 📞 02202/29060, 🌐 kombibad-paffrath.de

▶ 😊 Freibad Milchborntal

Das wunderschön direkt am Wald gelegene Freibad wurde von der Stadt Bensberg in den 1960er-Jahren aus Privatbesitz erworben und anschließend saniert und erweitert. Nach der Übernahme durch die Bädergesellschaft der Stadt Bergisch Gladbach erfolgte Ende der 1990er-Jahre eine Komplettmodernisierung. Entstanden ist ein modernes Freibad mit einer Grundfläche

von 23 800 Quadratmetern. Das Bad ist nunmehr ausgestattet mit 50 Meter langem Schwimmerbecken, Regenerationsbereich mit Whirlliegen, Bodensprudlern und Massagedüsen, separater Sprunganlage, großem Nichtschwimmerbecken und attraktivem Kinderplanschbecken mit Wasserspielgeräten. Außerdem gibt es einen Kinderspielplatz mit Kletterzirkus.
Adresse: Milchborntalweg 69, 51429 Bergisch Gladbach-Bensberg, 📞 02204/53955, 🌐 baeder-gl.de

▶ Thermalbad Mediterana

Die Bensberger Wellnessoase ist weit über die Stadtgrenzen hinaus bekannt und wurde vielfach ausgezeichnet. Im Mediterana können Besucher Wellness im Mittelmehr-Ambiente genießen. So kann man hier bei seinem Wellnesstrip vom hohen Norden Europas bis nach Nordafrika und Indien auf Weltreise gehen. Der innere Thermalbereich besteht aus Sauerstoff-Sprudelbad, Massagebad und Sprudel-Sitzbad. Im Außenbereich erwarten die Gäste Magnesium-Solebad, Schwefel-Liegebad und Sportbecken für Schwimmer. Die weitläufige Sauna-Landschaft bietet ausreichend Refugien, um sich zurückzuziehen und Ruhe zu genießen. Hierzu zählen auch Maurisches Dampfbad, Catalanisches Kräuterbad, Eukalyptus-Sauna und Himalaya-Salzstollen mit 100 Tonnen beleuchteten Salzblöcken.
Adresse: Saaler Mühle 1, 51429 Bergisch Gladbach-Bensberg, 📞 02204/2020, 🌐 mediterana.de

▶ 🙂 Eissportarena

Die Bensberger Eissporthalle bietet neben dem klassischen Eislaufen auch eine Eisdisco, Eisstockschießen und Drop-in-Eishockey. So kann man am Trainingsort des Eishockeyteams der ESV Bergisch Gladbach, das vormittags auch als Schulsportstätte genutzt wird, am Wochenende zu heißen Rhythmen übers Eis gleiten. Außerdem kann man hier Kindergeburtstage feiern und sich vom kulinarischen Angebot des angrenzenden Restaurants verwöhnen lassen. Wer keine eigenen Schlittschuhe hat, kann sie sich ausleihen.
Adresse: Saaler Straße 100, 51429 Bergisch Gladbach-Bensberg, 📞 02204/64748, 🌐 eissportarena.gl

Im Tummel Dschungel kann auch bei schlechtem Wetter getobt werden.

▶ 🙂 Indoorspielplatz Tummel Dschungel

„Willkommen im Dschungel" heißt es auf dem Kinder-Indoorspielplatz im Stadtteil Bensberg. Hier finden Familien mit Kindern auf einer 2000 Quadratmeter großen Fläche Spielspaß und rasante Action bei jedem Wetter. Zu den vielen Attraktionen gehören Hüpfburgen, Bungee-Turm, Riesenrutsche, Kletterwand, Mini-Scooter, Airhockey, Kicker, Tischtennisplatten und eine große Trampolinlandschaft. In einem separaten Kleinkinderbereich können die Kleinsten Ballbäder nehmen und mit Bobbycars und Dreirädern fahren. Zudem gibt es eine Partyecke für Kindergeburtstage sowie ein Restaurant. Während die Kinder toben, können die Eltern

Zeitschriften lesen, im TV Sport gucken oder zu bestimmten Terminen eine Kosmetik-Behandlung in Anspruch nehmen.
Adresse: Ernst-Reuter-Straße 13, 51427 Bergisch Gladbach-Bensberg, 📞 02204/61608, 🌐 Tummel Dschungel.de

▶ 🙂 Diepeschrather Mühle

An den Königsforst angrenzend liegt ein großer, für alle Altersgruppen geeigneter Abenteuerspielplatz. Seilbahn, Kletterspinne, Schaukeln, Klettergerüst mit Hängebrücke, eine Wasser-Spielstraße mit Pumpe, ein Trimm-dich-Pfad sowie ein Kleinkinderbereich lassen nicht nur Kinderherzen höherschlagen. Das Waldgebiet eignet sich perfekt für einen Spaziergang mit der ganzen Familie. In der Nähe des Spielplatzes befindet sich eine Grillhütte. Die Anmietung erfolgt über die Stadt Bergisch Gladbach.
An der Diepeschrather Mühle befindet sich neben einem Restaurant mit Biergarten zudem ein idyllischer Teich, der als Angelparadies bekannt ist.
Adresse: Diepeschrather Weg, 51469 Bergisch Gladbach, 📞 02202/141378, 🌐 bergischgladbach.de, 🌐 bergisches-wanderland.de, 🌐 angeln-in-diepeschrath.de

▶ 🙂 Saaler Mühle

Die Erholungsanlage Saaler Mühle im Stadtteil Bensberg bietet Raum für zahlreiche Freizeitbeschäftigungen. Kern der Anlage ist ein großer idyllischer See mit mehreren Inseln, auf denen zahlreiche Vogelarten ungestört brüten können. Die zutraulichen Gänse lassen sich gerne mit ein paar Brotkrümeln füttern. Ein Spaziergang rund um den See ist gemütlich und in kurzer Zeit zu schaffen. An der Saaler Mühle gibt es außerdem einen großen Kinderspielplatz mit abwechslungsreichen Geräten sowohl für größere als auch für kleinere Kinder. Ebenso befindet sich hier eine Grillhütte. Die Anmietung erfolgt über die Stadt Bergisch Gladbach.

Adresse: Saaler Straße, 51429 Bergisch Gladbach, 📞 02202/141378, 🌐 bergischgladbach.de, 🌐 bergisches-wanderland.de

▶ 🙂 Zwergenhöhle Herrenstrunden

Die einige Meter weit begehbare Höhle liegt versteckt in einem Buchenwald auf der Stadtgrenze zu Odenthal und verspricht vor allem für Kinder ein Abenteuer. Sie befindet sich in einem mitteldevonischen Riffkalkstein, der sich hier vor 380 Millionen Jahren aus einem tropischen Flachmeer gebildet hat. Ein Informationsschild beschreibt Genaueres zur Entstehung der Karsthöhle. Der Zugang zum hinteren Teil ist nur einen halben Meter hoch und kriechend zu passieren. Da die Höhle von Fledermäusen als Winterquartier genutzt wird, ist sie zwischen

Das Erholungsgebiet Saaler Mühle führt Besucher an einen idyllischen See.

Oktober und März geschlossen. In den Steilhängen des umliegenden Waldes findet man mit etwas Glück Abdrücke von Korallen und andere Fossilien.
Adresse: Herrenstrunden, 51465 Bergisch Gladbach-Herrenstrunden, ⊕ bergisches-wanderland.de

▸ ⊙ **Höhle Hardt**
In den Wäldern des Milchborntals liegt eine kleine, frei zugängliche Höhle, die durch die früheren Bergbauaktivitäten entstanden ist. Der rund 15 Meter lange Stollengang ist für Erwachsene nur mit eingezogenem Kopf zu passieren und verspricht vor allem dem Nachwuchs einen Abenteuerausflug. Unweit des auch als „Bärenhöhle" bekannten Stollens befindet sich das Naturfreundehaus Hardt. Hier werden neben einem gastronomischen Angebot erlebnispädagogische Aktionen und Freizeiten für Kinder und Jugendliche angeboten. Das Haus Hardt war früher das Steigerhaus der Grube Blücher.
Adresse: Hardt 44, 51429 Bergisch Gladbach, ☎ 02204/3007541, ⊕ haushardt.de, ⊕ bergisches-wanderland.de

▸ **Grube Cox**
Die ehemalige Dolomitengrube Cox an der L288 in Richtung Bensberg ist Lebensraum für seltene Tiere und Pflanzen. Wo früher Spitzhacke und Hammer geschwungen wurden, tummeln sich heute Ringelnattern und Wildbienen. Die Ringelnatter schätzt den Wechsel von offenen Flächen zum Sonnen und den feuchteren Flächen nahe den größeren Teichen zum Jagen. Auch den einzeln lebenden Wildbienen bietet das sandige, sonnenexponierte Lockergestein ideale Voraussetzungen für den Bau ihrer Niströhren. Mehrere steile Aufschlüsse zeugen auch heute noch von der ehemaligen bergbaulichen Nutzung, die der Entstehung der schützenswerten Naturlandschaft vorausging. Um das Biotop zu schützen,

dürfen nur die ausgewiesenen Wege genutzt werden.
Adresse: Johann-Wilhelm-Lindlar-Straße, 51465 Bergisch Gladbach, ⊕ bergisches-wanderland.de

▸ **Grube Weiß**
Die ehemalige Grube Weiß war zu ihrer besten Zeit eine der ergiebigsten Erzquellen des Bensberger Erzreviers. Ab 1853 wurden dort bis in die 1930er-Jahre Blei-, Zink- und Kupfererz gefördert. Heute ist auf dem ehemaligen Abbaugebiet ein Kultur- und Erlebnispfad entstanden, der ohne vorherige Anmeldung nicht betreten werden darf. So handelt es sich hier um ein Naturschutz- und die natürliche Artenvielfalt sicherndes Fauna-Flora-Habitat-Gebiet. Vor allem Frösche und Kröten lassen sich in Setzteichen und Abraumhalden finden. Wer die Grube Weiß erkunden will, kann an Naturführungen mit verschiedenen Themenschwerpunkten teilnehmen.
Adresse: Enrico-Fermi-Straße, 51429 Bergisch Gladbach, ☎ 02204/141353, ⊕ bergisches-wanderland.de

▸ **Ringwallanlage Erdenburg**
Historisch interessierte Wanderer können sich im Stadtteil Moitzfeld am Rande des Naturschutzgebiets Hardt auf die Spuren der Antike begeben. Die Erdenburg ist eine Ringwallanlage aus drei konzentrisch verlaufenden Wällen und Gräben, die kurz nach Christi Geburt vermutlich von den Sugambrern angelegt wurde. Sie umfasst ein Oval von 230 mal 165 Metern, das noch heute sichtbar ist und komplett umrundet werden kann. Weitere Fakten bietet ein Informationsschild vor Ort. Ein Parkplatz befindet sich an der Straßenecke Wipperfürther Straße/Moitzfeld. Von dort aus führt ein kurzer Wanderweg bis zur Anhöhe der Erdenburg.
Adresse: Wipperfürther Straße, 51429 Bergisch Gladbach-Moitzfeld, ⊕ bergisches-wanderland.de

▶ Die Schlade

Die Schlade ist ein mehr als 100 Millionen Jahre altes Korallenriff inmitten eines Naturschutzgebietes, das noch heute die unterschiedlichen Lebensbereiche des urzeitlichen Riffs aufzeigt. Die Schlade bietet viele botanische Besonderheiten und mit ihren Erzgruben, Kalksteinbrüchen und Brennöfen zur Branntkalkerzeugung Einblick in die lokale Wirtschaftsgeschichte. So verdankt sie ihr heutiges Aussehen auch dem Menschen, und zwar durch die Freilegung von Aufschlüssen beim industriellen Abbau von Kalkstein und Brauneisenerzen. Das trockene Tal der Schlade zählt zu den 77 Nationalen Geotopen in Deutschland. Die schönsten Orte der Schlade werden über einen Geopfad erschlossen.
Adresse: In der Schlade, 51467 Bergisch Gladbach, ⊕ bergisches-wanderland.de

▶ ☺ Wandern im Königsforst

Der Staatsforst Königsforst ist ein überregional beliebtes rund 25 Quadratkilometer großes Naherholungsziel auf den Stadtgebieten von Bergisch Gladbach, Rösrath und Köln. Ein gut ausgebautes und gekennzeichnetes Wegenetz, zu dem auch der Abschnitt des Jakobswegs zählt, bietet vielfältige Möglichkeiten des Naturgenusses. Ein Bodenlehrpfad mit sechs Stationen sowie ein Waldlehrpfad mit 31 Stationen gehören zum Naturkundeangebot des Königsforsts und sprechen Jung und Alt an. Im nordwestlichen Teil des Königsforsts befindet sich ein rund 50 Hektar großes Wildgehege, das Gehege Brück. Hier können Rothirsche und Schwarzwild beobachtet werden. Man kann sich anhand einer Informationstafel am Wanderparkplatz in der Nähe der Bundesanstalt für Straßenwesen orientieren. Von hier aus gibt es zwei Rundwanderwege mit 75 Minuten und zwei Stunden Dauer.
Adresse: Brüderstraße, 51427 Bergisch Gladbach, ⊕ koenigsforst.net, ⊕ bergisches-wanderland.de

▶ Gärten der Bestattung

Im Waldgebiet des Strundetals, am Ortsrand von Bergisch Gladbach, liegen die Gärten der Bestattung. Das weitläufige, naturnahe Areal wirkt mit seiner idyllischen Ausstrahlung so ruhig und alltagsfern, wie man das nur bei einem entlegenen Waldstück vermuten würde. Der Ort richtet sich aber nicht nur an Trauernde. Zu beiden Seiten der Spazierwege gibt es viel zu entdecken: Meditationsplätze und Kunstinstallationen sowie lauschige Wasserläufe und Quellteiche verbinden sich zu einem harmonischen, inspirierenden Ganzen. Dazwischen: mal fantasievoll, mal zurückhaltend gestaltete Grabstätten. Hier finden auch regelmäßig Veranstaltungen und Ausstellungen statt. Auf Anfrage werden kostenlose Gruppenführungen angeboten.
Adresse: Kürtener Straße 10, 51465 Bergisch Gladbach, ☏ 02202/93580, ⊕ puetz-roth.de

▶ Radstation und Strunderadweg

Bergisch Gladbach ist wegen seiner besonders natürlichen Umgebung und seiner Fahrradangebote auch für Radfahrer einen Ausflug wert. Zentraler Dreh- und Angelpunkt dieser Angebotspalette ist die direkt am S-Bahnhof gelegene Radstation. Pendler können ihren Drahtesel hier überwacht abstellen, während Ausflügler hier kurzfristig ein Fahrrad ausleihen können. Auch E-Bikes, Tandems oder Hand-Bikes stehen in Kooperation mit Nextbike bereit und können per App ausgeliehen werden. Darüber hinaus hilft die Radstation auch bei Problemen mit dem eigenen Fahrrad, etwa mit schnellen Reparaturen, Rund-um-Check oder Fahrradreinigungen. Der S-Bahnhof ist Ausgangspunkt des reizvollen Strunderadwegs und wird zwischen März und Oktober vom mit Anhänger ausgestatteten Bergischen Fahrradbus der Linie 430 angefahren.
Adresse: Stationsstraße 3, 51465 Bergisch Gladbach, ☏ 02202/9598978, ⊕ radstation-gl.de

Veranstaltungen & Feste

Im April findet in der Stadtmitte ein Frühlingsfest mit Verkaufs- und Verzehrständen statt, sodann eine große Pfingstkirmes, die Laurentius-Kirmes im August, das Stadt- und Kulturfest mit großem Bühnenprogramm und Livemusik im September sowie ein stimmungsvoller Weihnachtsmarkt im Winter. Hier befindet sich zudem das Epizentrum des Bergisch Gladbacher Karnevalszugs am Karnevalssonntag. Ein zweiter kleinerer Zug führt am Karnevalssamstag durch Bensberg. Auch im Schlossstadtteil gibt es im April ein Frühlingsfest, im Juni ein Schlossstadtfest später im Jahr sowie ein Herbstfest, jeweils mit Verkaufsständen. Außerdem gibt es in beiden großen Zentren Anfang November ein großes Martinsfest, den stimmungsvollen Martinizauber mit vielen Verkaufsständen und Kunsthandwerkermarkt. Darüber hinaus wartet das Kunstmuseum Villa Zanders im Mai mit einem Kinder-Künstler-Fest auf, wo die Kleinsten kreativ werden können. Insbesondere an den Nachwuchs richtet sich auch das Papierfest mit großem Papiermarkt an der Papiermühle Alte Dombach, bei dem Kunst aus Papier ausgestellt wird und sogar selbst hergestellt werden kann.
In die Ortsteile der Stadt zieht es Besucher im Juli anlässlich des Schützen- und Dorffests in Schildgen und zum Dorffest in Paffrath. Der Stadtteil Refrath feiert Anfang Mai sein Kirschblütenfest. Spitzensport erlebt Bergisch Gladbach bei der jährlichen Durchfahrt des Radrennens „Rund um Köln" im Juni, wobei das Erklimmen des Bensberger Schlossbergs nicht nur geografisch den Höhepunkt des Profirennens darstellt. Überregional bekannte Laufveranstaltungen für jedermann bietet der TV Refrath durch seine jährlichen Austragungen von Königsforst-Marathon, Refrather Herbstwaldlauf, Stadtlauf und Martinilauf.

Bergneustadt

(Oberbergischer Kreis)

Die „Feste Neustadt" wurde 1301 gegründet. Noch heute öffnet ein Spaziergang über die Wallstraße, die Hauptstraße und durch die Burgstraße den Blick aufs mittelalterliche Stadtbild. Im 19. Jahrhundert machte sich die Textilindustrie einen Namen, seit 1950 kennzeichnet ein starkes industrielles Wachstum die Stadt. Zum heutigen Bergneustadt mit seinen rund 20 000 Einwohnern gehören 22 Ortschaften.

Tourist-Information im Rathaus
Kölner Straße 256
51702 Bergneustadt
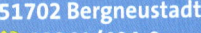 **02261/404-0**
 **bergneustadt-tourismus.de**
 **stadt-bergneustadt.de**

Tourist-Information im Heimatmuseum
Wallstraße 1
51702 Bergneustadt
 02261/43184
 heimatmuseum-bergneustadt.de

Sehenswertes

▸**Altstadtkirche**
Ursprünglich war die heutige evangelische Kirche eine Kapelle, die es bereits um 1353 gegeben haben muss. Heute ist die kleine schmucke, 1698 errichtete Kirche mit ihrem spitzen Doppelzwiebelturm eins der ältesten Wahrzeichen Bergneustadts.
Adresse: Kirchstraße 5, 51702 Bergneustadt, 02261/41719, ev-kirche-bergneustadt.de

▸**Burgbrunnen**
Vermutlich im 14. Jahrhundert wurde der Burgbrunnen am Ostrand des Kirchplatzes

gebaut. Er wurde von Quellen gespeist und versorgte die Menschen in der heute nicht mehr vorhandenen Burg mit Wasser. Der 18 Meter tiefe Brunnen wurde erst 1971 beim Abriss der Realschule entdeckt.

Informationen: 🌐 bergneustadt-tourismus.de

▸ Pastorat

Das Pastorat ist das einzige komplett aus Bruchsteinen gebaute Haus in der Altstadt. Nach dem zweiten Stadtbrand von 1742 wurde es wiederaufgebaut und dient auch heute noch als Pfarrhaus. In dessen Keller finden sich ein funktionsfähiger „Backes" (Backofen) und Reste der ehemaligen Stadtmauer.
Adresse: Kirchstraße 12, 51702 Bergneustadt, 📞 02261/470316

▸ Krawinkel-Haus

Das Krawinkel-Haus ist eins der ältesten Häuser der Altstadt und steht in unmittelbarer Nähe des abgerissenen „oberen Tores", eines ehemaligen Stadttores, das den nördlichen Teil der historischen Stadt begrenzte. Es ist das Stammhaus der Familie Krawinkel, die im 19. Jahrhundert die größte Strickwarenfabrik in Bergneustadt errichtete.
Adresse: Hauptstraße 50, 51702 Bergneustadt

▸ Krawinkel-Villa

Die Krawinkel-Villa wurde um 1880 errichtet, erhielt ihr heutiges Aussehen aber erst durch mehrfache Um- und Erweiterungsbauten. Zum klassizistisch geprägten Steinbau der Krawinkel-Villa gehört ein von einer Bruchsteinmauer eingefasster parkähnlicher Garten.
Adresse: Hauptstraße 9, 51702 Bergneustadt

▸ Fachwerkgaststätte Jägerhof

Die historische Fachwerkgaststätte Jägerhof ist ein Blickfang. Sie lag ursprünglich außerhalb der Stadtmauer, aber in direkter Nähe zum „oberen Tor". Ihre bebilderte, auf Speis und Trank hinweisende verschieferte Gaube und der Blumenschmuck machen dieses Haus besonders.
Adresse: Hauptstraße 47, 51702 Bergneustadt

▸ Haus Clarenbach

Haus Clarenbach diente zu Anfang des 19. Jahrhunderts als Bürgermeisterei und erste Post-Expedition in Neustadt. Nach einem Brand 1988 wurde es komplett wiederaufgebaut und zeigt die bergischen Farben Schwarz (Balken, Schiefer), Weiß (Fensterrahmen, verputzte Flächen im Fachwerk) und Grün (Fensterläden, Dachrinnen, Fallrohre, Haustür).
Adresse: Hauptstraße 21, 51702 Bergneustadt

▸ Losemundbrunnen

Zum 650. Stadtjubiläum hat der Heimatverein Bergneustadt 1950 den Brunnen geschenkt. Er wurde an der Stelle errichtet, an der schon seit Jahrhunderten der Stadtbrunnen war, wo seit jeher „schmutzige Wäsche" gewaschen wurde.
Adresse: Neben dem Hotel „Feste Neustadt", Hauptstraße 19, 51702 Bergneustadt

▸ Wiedenester Kreuzkirche

In Bergneustadt findet sich eine der für das Bergische so typischen Bonten Kerken, also eine zu Lehrzwecken mit religiösen Motiven ausgemalte alte Kirche. Die Wiedenester Kreuzkirche ist seit Jahrzehnten eine offene Kirche, die Besucher von nah und fern anzieht.
Adresse: Martin-Luther-Straße 1, 51702 Bergneustadt-Wiedenest, 📞 02261/9699728, 🌐 kirche-wiedenest.de

▸ Schwedenkreuz in Belmicke

Von grausigen Taten kündet das Schwedenkreuz auf der „Hohen Belmicke". Der uralte

Das Heimatmuseum in Bergneustadt zeigt Beispiele oberbergischer Wohnkultur des 19. und 20. Jahrhunderts.

Gedenkstein erinnert an die Ermordung des Drolshagener Stadtkämmerers Peter Butz im Dreißigjährigen Krieg durch schwedische Soldaten.
Adresse: An der Burg, 51702 Bergneustadt

Museen

▶ 😊 Heimatmuseum

Das Heimatmuseum ist seit 1984 in einem sehenswerten Fachwerkhaus aus der zweiten Hälfte des 18. Jahrhunderts untergebracht. Es bietet eine spannende Zeitreise in die Geschichte von Bergneustadt und des Bergischen Landes. Im Hof des Museums befinden sich eine Schmiede und das Backhaus.

Adresse: Wallstraße 1, 51702 Bergneustadt, 📞 02261/43184, 🌐 heimatverein-bergneustadt.de

Freizeit & Natur

▶ 😊 Freibad

Das beheizte 50-Meter-Becken des Freibads Bergneustadt dient Wettkampfveranstaltungen und Schulbetrieb genauso wie der Entspannung nach einem langen Arbeitstag. Außerdem gibt es eine 85 Meter lange Wasserrutsche und einen Sprungturm.
Adresse: Kölner Straße 397, 51702 Bergneustadt, 📞 02261/42695, 🌐 freibad-bergneustadt.de

▸ Wellness im Phönix Hotel

Auf mehr als 600 Quadratmetern bietet der großzügige Wellnessbereich im Phönix Hotel ein Hallenbad, einen Saunabereich mit finnischer Sauna, Bio-Sauna und Dampfbad sowie Relaxzone und Saunagarten.
Adresse: Am Räschen 2, 51702 Bergneustadt, ☏ 02261/94860, ⊕ phoenix-hotel.de

▸ ☺ Bowling Center Oberberg

Zwölf Bowlingbahnen, aber auch Billard-tische und Kicker bietet das Bowling Center Oberberg. Neben diversen Angeboten gibt es eine Bowlingschule und die Möglichkeit, dort Kindergeburtstag zu feiern.
Adresse: Stadionstraße 9, 51702 Bergneu-stadt, ☏ 02261/478847, ⊕ bowlingcenter-oberberg.de

▸ ☺ Sportzentrum Stentenberg

Hoch oben mit Blick auf Bergneustadt liegt das Sportzentrum Stentenberg mit dem Wilhelm-Bisterfeld-Stadion, einem weiteren Sportplatz, Tennisanlagen, einem Pumptrack sowie einem Beachvolleyballfeld.
Adresse: Rudolf-Harbig-Straße 18, 51702 Bergneustadt, ☏ 02261/49707, ⊕ stadt-bergneustadt.de

▸ Aussichtsturm auf dem Knollen

Ein beliebtes Ausflugsziel ist der Aussichts-turm auf dem 451 Metern hohen Knollen, der eine Fernsicht bis hin zur Rheinebene im Westen, zum Ebbegebirge im Nordosten und zum Westerwald im Süden erlaubt.
Adresse: Östlich von Hackenberg, erreichbar über die Wanderwege A1, A3 und von den Wanderparkplätzen Höh, Friedrich-Ebert-Straße und Aggertalsperre (Sperrmauer)

▸ Aussichtspunkt Aggertalsperre

Am Rand des Bergneustätter Stadtteils Hackenberg erhält man einen tollen Blick auf die Aggertalsperre und damit auf eins der bedeu-tendsten Bauwerke im Oberbergischen Kreis.

Der Aussichtsturm auf dem Knollen erlaubt eine Fernsicht bis zur Rheinebene, zum Ebbegebirge und zum Westerwald.

Adresse: Talsperrenstraße, 51702 Bergneustadt

▸ Luftsport-Club Dümpel

Wer möchte, kann in Bergneustadt auch in die Luft gehen – mit dem Luftsport-Club Dümpel. Das Mitfliegen ist an Wochenen-den und Feiertagen während der Saison im Motorflugzeug und -segler, im Segelflugzeug und beim Segelkunstflug möglich.
Adresse: Auf dem Dümpel, 51702 Bergneu-stadt, ☏ 02763/7596, ⊕ lsc-duempel.de

▸ Langlauf auf der Belmicke

Auf der Belmicke gibt es vier Loipenrund-kurse und eine Fernloipe. So kann man dort im Winter Langlauf betreiben und an schneefreien Tagen joggen oder spazieren gehen. Außerdem bietet die Belmicke den

perfekten Ausgangspunkt für ausgiebige Wanderungen.
Adresse: 51702 Bergneustadt-Belmicke, ⊕ wintersport-im-bergischen.de, ⊕ bergneustadt-tourismus.de

▶ Radfahren

Auf sicheren und gut beschilderten Wegen bietet Bergneustadt beste Voraussetzungen für eine Radtour, z. B. auf dem Bergischen Panorama-Radweg. Vorschläge gibt es bei den Tourist-Informationen.
Informationen: ⊕ bergneustadt-tourismus.de

▶ Feuer-&-Flamme-Weg

Trotz mehrfacher Brände zeigt sich die Altstadt von Bergneustadt immer noch malerisch. Ein zwölf Kilometer langer Streifzug führt nicht nur in die Geschichte der Feuerwehr, die bis zu den Römern zurückreicht, sondern auch an einem ehemaligen Feuerwehrerholungsheim vorbei und zur Feuerwehrhelmausstellung im Heimatmuseum.
Start/Ziel: Heimatmuseum Bergneustadt, Wallstraße 1, 51702 Bergneustadt, ⊕ bergisches-wanderland.de, ⊕ dasbergische.de

▶ Schauspielhaus

Das Schauspielhaus Bergneustadt wurde 1994 gegründet und ist das erste professionelle private Theater im Oberbergischen Kreis. Es bietet im Jahr rund 120 verschiedene Veranstaltungen wie Theater-Eigenproduktionen, Gastspiele, Konzerte und Podiumsdiskussionen, Lesungen und Ausstellungen.
Adresse: Kölner Straße 273, 51702 Bergneustadt, ☎ 02261/470389, ⊕ schauspielhaus-bergneustadt.de

▶ ☺ Losemund-Theater

Bei den Inszenierungen des freien Losemund-Theaters spielen eine Erwachsenen-, Senioren- und eine Kinder- und Jugendgruppe. Das Repertoire umfasst alle Bereiche von Komödie bis Drama sowie Kinder- und Jugendstücke.
Adressen: Kleine Bühne: Kölner Straße 297, 51702 Bergneustadt; **Wüllenweber-Gymnasium:** Am Wäcker 26, 51702 Bergneustadt;
Informationen: ☎ 02261/9945476, ⊕ losemund.de

▶ Skulpturenpark Bergneustadt

Ein schöner Park mit altem Baumbestand gehört zum Evangelischen Altenheim in Bergneustadt. Dazu zählt seit einiger Zeit ein Skulpturenpark.
Adresse: Hauptstraße 41, 51702 Bergneustadt

Veranstaltungen & Feste

Jedes Jahr an einem Samstag rund um den 13. Mai wird in der „Feste Neustadt" **Stadtgeburtstag** gefeiert. Höhepunkt des Festes ist neben dem bunten Treiben der Landsknechte und Marketenderinnen in ihren historischen Kostümen das traditionelle Brunnengespräch am Losemundbrunnen. Seit Jahrhunderten findet immer zu Pfingsten anlässlich des **Schützenfestes** auch ein großes Volksfest mit Kirmesbetrieb statt. Im August gibt es das über die Grenzen Bergneustadts hinaus bekannte **Rathausplatz Open Air,** bei dem Musiker aus allen Bereichen auftreten. Am ersten Adventswochenende lässt der **Nikolausmarkt** in der Altstadt Weihnachtsstimmung aufkommen. Am selben Wochenende gibt es zudem im Krawinkel-Saal einen **Kunsthandwerkermarkt.** Am vierten Adventswochenende erfreut ein kleiner, aber feiner **Weihnachtsmarkt** mit Musik die Besucher. Das traditionelle **Turmblasen** an der Altstadtkirche rundet die Vorweihnachtszeit ab. Über die Feste hinaus findet von März bis November an jedem ersten Sonntag im Monat ein **Bauern- und Kleintiermarkt mit Trödelmarkt** auf dem Hagebaumarkt-Parkplatz statt.

Burscheid

(Rheinisch-Bergischer Kreis)

Bereits im Jahr 1175 wurde Burscheid erstmals urkundlich erwähnt und zählt damit zu den traditionsreichen Städten im Rheinisch-Bergischen Kreis. 1856 verlieh König Friedrich Wilhelm IV. Burscheid die Stadtrechte. Heute zählt Burscheid mehr als 19 000 Einwohner und ist eine Stadt im Grünen mit ländlich-bergischem Charakter. Eingebettet in die Naturarena des Bergischen Landes bietet die „Lindenstadt" Burscheid mit ihren grünen Hügeln, zahlreichen Tälern und Bächen einen hohen Erholungs- und Freizeitwert mit zahlreichen Kultur- und Sportangeboten. Der zentral gelegene Marktplatz ist ein beliebter Treffpunkt.

Touristen-Information
Höhestraße 7–9
51399 Burscheid
📞 **02174/670371**
🌐 **burscheid.de/tourismus-freizeit**

Sehenswertes

▶ 😊 **Lambertsmühle**

In Burscheid befindet sich die einzige Wassermühle in der Region. Sie wurde 2002 zu Schauzwecken wieder in Betrieb genommen. Die Lambertsmühle liegt im waldreichen Wiehbachtal. Das Ensemble, zu dem neben dem Mühlengebäude ein Stall, eine Remise, eine Scheune und ein Bauerngarten gehören, steht seit 1983 unter Denkmalschutz. Die Lambertsmühle ist eine der schönsten erhaltenen Mühlen in der Region.
Adresse: Lambertsmühle, 51399 Burscheid, 📞 02174/8147, 🌐 lambertsmühle-burscheid.de

▶ 😊 **Stadtbücherei**

Mitten im Herzen von Burscheid liegt die Stadtbücherei in einem denkmalgeschützten Fachwerkhaus mit Anbau direkt am Marktplatz. Ein gemütlicher Ort, um sich bei einer der zahlreichen Veranstaltungen zu treffen, zum Stöbern und Lesen, zur Ausleihe von Büchern und Filmen oder zur Beschaffung von Informationen.
Adresse: Hauptstraße 38, 51399 Burscheid, 📞 02174/61960

▶ **Wallace-Brunnen**

In Burscheid steht der deutschlandweit einzige Wallace-Brunnen. Fabrikant Albert Richartz-Bertrams brachte ihn um 1900 in die Lindenstadt, wo er jetzt den neugestalteten Sparkassenvorplatz ziert. Die Wallace-Brunnen gehen auf den britischen Mäzen Sir Richard Wallace (1818–1890) zurück, der sie als kostenlose Trinkwasserspender für die verarmte Pariser Bevölkerung nach dem Deutsch-Französischen Krieg (1870–1871) konzipierte.
Adresse: Höhestraße, 51399 Burscheid

Der Wallace-Brunnen vor der Sparkasse in Burscheid.

Die Lambertsmühle gehört zu den schönsten historischen Bauwerken in Burscheid.

▶ Gut Landscheid

Gut Landscheid ist ein ehemals wasser- umwehrter Rittersitz, der zwischen 1718 und 1725 von Ernst Bertram von Hall und seiner Ehefrau Maria Anna von Hochstetten erbaut wurde. Das heutige Haus Landscheid gilt als wichtiges Zeugnis für die Geschichte der Menschen im Bergischen Land. Seit 2010 befindet sich in dem ehemaligen Rittersitz das Hotel & Restaurant Gut Landscheid sowie ein Institut für Live-Coaching.
Adresse: Haus Landscheid 1–2, 51399 Burscheid, 📞 02174/39890, 🌐 gutlandscheid.de

Freizeit & Natur

▶ KulturBadehausBurscheid

Das 1913 errichtete Badehaus wurde umfassend saniert. Jetzt wird es vom Kulturverein Burscheid als Kulturzentrum genutzt. Den Besuchern werden neben interessanten Ausstellungen auch Kleinkunst, Kabarett und musikalische Leckerbissen angeboten.
Adresse: Bürgermeister-Schmidt-Straße 7c, 51399 Burscheid, 📞 02174/670109, 🌐 kulturverein-burscheid.de

▸ VitalBad Burscheid

Wem nach Wasser zumute ist, der findet im VitalBad Burscheid alles, was das Herz begehrt. Eine weit über Burscheids Grenzen hinaus bekannte Attraktion des modernen Familien-Freizeitbades ist das Natursole-Aktiv-Becken unter freiem Himmel.
Adresse: Im Hagen 9, 51399 Burscheid, 02174/787870, vitalbad-burscheid.de

▸ Panorama-Radweg Balkantrasse

Eine fahrradtouristische Besonderheit ist der Panorama-Radweg Balkantrasse, der auf der rund 30 Kilometer langen ehemaligen Kursbuchstrecke 411 der Deutschen Bahn von Leverkusen-Opladen nach Remscheid-Lennep führt. Die Balkantrasse ist in Burscheid durchgehend befahrbar und verbindet in idealer Weise die Rheinschiene mit dem Bergischen Land. Speziell für Familien ist hiermit ein besonderes Freizeitvergnügen

mit direkter Anbindung an die Burscheider Innenstadt geschaffen worden.
Informationen: balkantrasse.de

▸ Wanderwege

Burscheid verfügt über ausgezeichnete Wanderwege wie beispielsweise den Bergischen Weg oder den Eifgenbachweg. Die Wanderwege in einer Gesamtlänge von rund 150 Kilometern verlaufen entlang üppiger Kornfelder, ausgedehnter Waldflächen und idyllischer Bachläufe. Besonders im Eifgenbachtal kann man interessante Zeugnisse der Vergangenheit entdecken.
Informationen: meinburscheid.de

Veranstaltungen & Feste

Der Rathaussturm an Weiberfastnacht ist das Highlight des Burscheider Karnevals. Bei der **Burscheider Umweltwoche** im

Frühling arbeiten Schulklassen an Umwelt-
projekten, an zahlreichen Ständen informieren Firmen, Vereine, Verbände sowie
Initiativen die Besucher über die Möglichkeiten eines umweltbewussten Handelns.
Sie ist die größte Umweltveranstaltung in
Nordrhein-Westfalen. Parallel dazu findet
in der Innenstadt das **Familienfest** statt.
Hilgen ist Burscheids größter Stadtteil. Hier
findet im Sommer rund um den historischen Ziehbrunnen das große **Hilgener
Brunnenfest** statt. Der bekannte Orchester-
verein Hilgen gibt jährlich in der „Kirchen-
kurve" (vor der Evangelischen Kirche) im
August ein viel beachtetes **Serenaden-
konzert**. Weitere Highlights, zum Beispiel
die **Treffen der Oldtimerfreunde** (Sommermonate sonntags), der **Bauernmarkt,** der
Stadtlauf und das **Kulinarische Wochenende**
im Oktober sowie das **Tannenbaumfest** im
Dezember findet man im Veranstaltungskalender der Stadt.

Die Burscheider Umweltwoche.

Engelskirchen

(Oberbergischer Kreis)

Einen ganz besonderen Ehrenbürger gibt
es unter den rund 19 000 Einwohnern der
Gemeinde Engelskirchen: Hier ist bekannt-
lich das Christkind zu Hause. Jedes Jahr vor
Weihnachten gehen zahlreiche Briefe an
„Das Christkind in 51777 Engelskirchen"
ein. Kein Wunder, dass hier die Vorfreude
vor Weihnachten besonders groß ist und
das gesamte Gemeindegebiet ab Anfang
Dezember festlich mit Engeln geschmückt
wird. Aber Engelskirchen bietet noch viel
mehr: angefangen mit Wanderwegen über
die Aggertalhöhle bis hin zum LVR-Industriemuseum. In Engelskirchen wird auch
Geschichte erlebbar: Hier betrieb der Vater
des Philosophen und Gesellschaftstheo-
retikers Friedrich Engels eine Fabrik.

Bürgerbüro Engelskirchen
Engels-Platz 4
51766 Engelskirchen
📞 **02263/83-401 bis 83-405**
🌐 **engelskirchen.de**

Sehenswertes

▸ **Schloss Ehreshoven**
Das barocke Wasserschloss, das früher der
Sitz des Grafen von Nesselrode war, kann
leider nur von außen bestaunt werden, da es
sich in Privatbesitz befindet. Aber auch von
den umlaufenden Wegen aus hat man einen
guten Blick auf die malerische dreiflügelige
Barockanlage aus dem 16. und 17. Jahrhundert, die bis heute von Wassergräben umgeben ist. Geschlossene Gesellschaften können
einzelne Räume allerdings für Veranstaltungen mieten.
Adresse: Ehreshoven 23, 51766 Engelskirchen, 📞 02263/3021, 🌐 stift-ehreshoven.de

▶ Schwungbrücke Kastor

Wann genau die Bergbaugrube Kastor entstand, ist nicht bekannt, dafür aber, dass sie mit Unterbrechungen bis ins 20. Jahrhundert in Betrieb war und Hunderten Menschen Arbeit bot. 1932 wurden die letzten Maschinenhäuser abgerissen. Geblieben sind Reste der Abraumhalden, das Steigerhaus, einige Arbeiterhäuser sowie zwei mittlerweile verschlossene Stolleneingänge – und die Schwungbrücke Kastor. Sie entstand, weil der Eigentümer der Grundstücke, Graf von Nesselrode, dem Bau einer festen Brücke nicht zugestimmt hatte. In ihrer Bauweise ist sie einzigartig und kann noch heute in Engelskirchen-Loope betrachtet werden.
Adresse: Kastor, 51766 Engelskirchen-Loope, ⊕ bbv-loope.de

Das Wahrzeichen von Engelskirchen-Ründeroth ist der Haldy-Turm.

▶ Haldy-Turm

Er gilt als Wahrzeichen Engelskirchen-Ründeroths: Der Haldy-Turm oberhalb des Ortes wurde 1903 zu Ehren des Landrats Haldy errichtet, dem Ründeroth den Eisenbahnanschluss im Jahr 1886 sowie einen eigenen Bahnhof verdankte. Der Aussichtsturm ist 18 Meter hoch. 92 Stufen führen auf eine Aussichtsplattform, von der aus man einen Blick über Ründeroth und Umgebung hat.
Adresse: Dorffeld 19, 51766 Engelskirchen-Ründeroth

▶ Haus Ley

Die Wasserburg Haus Ley wurde im 15. Jahrhundert erstmals erwähnt. Sie gehörte der Adelsfamilie Von Neuhoffs. Im 17. Jahrhundert erwarb ein Graf die Burg, riss sie ab und erbaute dort ein Herrenhaus. Bis heute ist das unter Denkmalschutz stehende Haus Ley gut erhalten, es kann allerdings nur von außen besichtigt werden.
Adresse: Haus Ley, Am Leyer Feld, 51766 Engelskirchen

▶ ☺ Postkasten des Christkinds

Wer einen Wunschzettel hat und in Engelskirchen ist, sollte nach dem Postkasten für das Christkind Ausschau halten. Auf ihm steht „Ausschließlich für Wunschbriefe". Näher dran kommt man ans Christkind nur während des Engelskirchener Christkindmarktes (siehe Veranstaltungen & Feste).
Adresse: Engels-Platz, 51766 Engelskirchen

Museen

▶ ☺ Engel-Museum

Hier treffen sich Kitsch und Kunst: Rund 15 000 Engel aus verschiedenen Epochen und ganz unterschiedlich dargestellt gibt es in der Ausstellung der alten Schlosserei zu sehen. Die Sammlung steht im „Guinnessbuch der Rekorde" als größte Engelsammlung der Welt. Begonnen hat

In der Aggertalhöhle gibt es Reste eines alten Korallenriffs zu sehen.

die Sammlung Johann Fischer aus Kürten-Engeldorf. Hier gibt es auch Engelskirchener Leuchtengel zu kaufen. Gruppen können Führungen buchen.
Adresse: Engels-Platz 7, 51766 Engelskirchen, 📞 02263/9525885, 🌐 engel-museum.de

▶ 🕐 Industriemuseum

Das Gebäude, in dem sich das LVR-Industriemuseum befindet, strahlt Geschichte aus: Das massige Grauwacke-Gebäude der ehemaligen Baumwollspinnerei Ermen & Engels wird von einem Fabrikhof gesäumt, der Schornstein steht noch, ebenso wie die Eisenbahnschienen. Früher wurde hier Baumwolle gesponnen, heute beherbergt das unter Denkmalschutz stehende Gelände ein Ausstellungshaus mit Denkmalpfad. Das Wasserkraftwerk ist weitgehend erhalten. Besucher haben Zugang zum Turbinenkeller und können erfahren, wie durch Wasserkraft in der Fabrik Strom verteilt wurde. Darüber hinaus gibt es wechselnde Sonderausstellungen. Regelmäßig finden spezielle Touren für Familien statt.
Adresse: Engels-Platz 2, 51766 Engelskirchen, 📞 02234/9921555, 🌐 industriemuseum.lvr.de

▶ Schmiedemuseum Oelchenshammer

Das LVR-Industriemuseum betreibt ein paar Kilometer entfernt einen der letzten noch funktionierenden Schmiedehämmer im Oberbergischen Kreis: den Oelchenshammer. Er liegt in einem Seitental der Agger, direkt am Waldesrand. Der Hammer ist nur von April bis Oktober geöffnet, sonntags kann regelmäßig dem Schmied über die Schulter gesehen werden. Das Standesamt bietet hier auch Hochzeiten an, zusätzlich kann der Oelchenshammer für berufliche und private Veranstaltungen gebucht werden.
Adresse: Oelchensweg, 51766 Engelskirchen, 📞 02234/9921555, 🌐 industriemuseum.lvr.de

Freizeit & Natur

▶ 🕐 Aggertalhöhle

Vor Millionen von Jahren lag das Oberbergische Land auf dem Grund eines Meeres. Spuren davon kann man in der Aggertalhöhle in Engelskirchen-Ründeroth entdecken, in der Reste eines alten Korallenriffs zu sehen sind. Die Höhle verfügt über insgesamt 1071 Meter Ganglänge, der Gesamthöhenunterschied beträgt 31 Meter. Der Führungsweg selbst ist 270 Meter lang mit zehn Metern Höhenunterschied. Die Temperatur beträgt ganzjährig 6 bis 8 Grad, Besucher sollten sich also warm anziehen. Bei Kindergeburtstagen kann hier nach dem verwunschenen Zwergenschatz gesucht werden.
Adresse: Im Krümmel 39, 51766 Engelskirchen, 📞 02263/70702, 🌐 aggertalhoehle.de

▶ 🕐 Aggerstrand

An der frei zugänglichen Badebucht in Engelskirchen-Ründeroth kann nicht nur geschwommen werden, es stehen auch ein

Beachvolleyball- und ein Basketballplatz bereit. Eine Kletterwand, Tischtennisplatten, ein Freiluftkicker und ein Schachfeld sorgen für zusätzlichen Spaß außerhalb des Wassers.
Adresse: Kamperstraße 15, 51766 Engelskirchen

▶ 😊 Freizeitanlage Loopacabana

In Engelskirchen-Loope lockt die Freizeitanlage Loopacabana mit zwei aus Kies angelegten Badebuchten, die sich auch für kleine Kinder eignen. Es gibt eine Liegewiese und ein Volleyballnetz, das zum Federballspiel umgebaut werden kann.
Adresse: Overather Straße, 51766 Engelskirchen, ☎ 02263/47337, 🌐 initiative-loopacabana.de

▶ 😊 Panoramabad

Das Panoramabad Engelskirchen ist ein solarbeheiztes Freibad, das seinem Namen alle Ehre macht: Von hier aus hat man einen schönen Blick in die Landschaft. Das Schwimmbad verfügt über ein 1-Meter-Sprungbrett und einen 3-Meter-Turm. Eine Breitwellenrutsche und ein Kleinkinderbereich mit kleiner Rutsche runden das Angebot ab.

Adresse: Am Freibad, 51766 Engelskirchen-Rommersberg, ☎ 02263/3142, 🌐 panoramabad-engelskirchen.de

▶ 😊 Freibad Wallefeld

Das älteste Naturbad in Nordrhein-Westfalen liegt in Engelskirchen-Wallefeld und wird durch einen Verein betrieben. Es verfügt über ein separates Kleinkinderbecken mit Rutschen.
Adresse: Auf der Mauer 1, 51766 Engelskirchen, ☎ 02263/5446, 🌐 freibad-wallefeld.de

▶ Aussichtsturm Hohe Warte

Rund einen Kilometer südlich von Engelskirchen-Ründeroth liegt der 360 Meter hohe Hügel Hohe Warte. Auf ihm steht ein Aussichtsturm. Von oben reicht der Blick bis in die Kölner Bucht und ins Siebengebirge. Wer das sehen will, muss sportlich sein – Straßen führen hier nicht hin. Am besten wandert man von Ründeroth aus los.

▶ 😊 Lama-Trekking

Lamas kommen ursprünglich aus Südamerika, aber auch im Oberbergischen kann man das Anden-Feeling genießen. Auf dem Balsamhof in Engelskirchen leben Alpakas, Lamas, Schafe, Pferde, Enten und mehr. Hier kann man Feste feiern oder ein Lama-Trekking buchen. Feste Zeiten gibt es nicht. Das Angebot muss gebucht werden, aber auch Kleinfamilien können einen Termin für einen Ausflug mit den Tieren vereinbaren. Im Winter werden Glühwein-Wanderungen angeboten.

Das Panoramabad bietet neben Badespaß auch einen wunderschönen Panoramablick auf die Umgebung.

Adresse: Oberstraße 23, 51766 Engelskirchen, ☎ 02263/9038160, ⊕ lamatrekking-oberberg.de

▸ **Bergische Kaffeetafel**

In Engelskirchen kann an verschiedenen Stellen die Bergische Kaffeetafel bestellt werden. Meist ist eine Reservierung notwendig. Das Restaurant Bergische Schweiz bietet sie ab zwei Personen an, das Hotel Engelskirchen für Gruppen ab zehn Personen.
Informationen: ⊕ bergische-schweiz.de; ⊕ hotel-engelskirchen.de

▸ **Angeln**

Am Looper Stau ist Gastangeln auf rund 1,5 Kilometern Flussstrecke erlaubt. Der Stau hat eine Wassertiefe von maximal drei Metern. Im Wasser tummeln sich unter anderem Hechte, Karpfen und Zander. Nähere Informationen und eine genaue Wegbeschreibung gibt es auf der Internetseite der Angelsportfreunde Engelskirchen.
Informationen: ⊕ asf-engelskirchen.de

▸ ☺ **Reiten**

Im Verein kann man in Engelskirchen beim Reitsportverein Schwarzenberg reiten. Das Haus Selbach bietet neben Reitunterricht auch Kindergeburtstagsfeiern mit Ponyreiten und Schnitzeljagd an. Heilpädagogisches Reiten gibt es in der Reittherapie Koch.
Adressen: RSV Schwarzenberg: Zeithstraße 9, 51766 Engelskirchen, ⊕ rsv-ticket.de;
Praxis für Therapeutisches Reiten:
Haus Selbach 1, 51766 Engelskirchen, ☎ 01573/5128790, ⊕ haus-selbach.de, ⊕ reittherapie-koch.de

▸ **Höhlenweg**

8,4 Kilometer ist der Wanderrundweg Höhlenweg lang. Auf zehn Informationstafeln wird die Arbeit der Höhlenforscher beschrieben, die in Engelskirchen immer noch betrieben wird. Denn erst 2019 wurde hier das Windloch im Mühlenberg entdeckt, ein unterirdisches Reich voller Hohlräume, Kristalle und Kalkgebilde. Mit mehr als 8000 Metern ist es die größte Höhle Nordrhein-Westfalens. Zusätzlich zu den Infotafeln gibt es zwei Audiostationen, an denen man den Berichten der Wissenschaftler über ihre Entdeckungen lauschen kann. Über weitere Wanderstrecken informiert das Bergische Wanderland online.
Start: Bahnhof Ründeroth, 51766 Engelskirchen, ⊕ bergisches-wanderland.de

Veranstaltungen & Feste

Den Auftakt im Veranstaltungsreigen der Stadt machen die Karnevalsumzüge und -feiern im Februar. Am letzten Wochenende im Juni findet traditionell die Landpartie statt. Hier werden auf dem Engels-Platz die neuesten Trends für Haus und Garten vorgestellt. Es gibt Livemusik und Angebote für Kinder. Die Händlergemeinschaft Unternehmer für Engelskirchen veranstaltet meist am ersten Wochenende im Oktober den Goldenen Oktober mit Marktständen und verschiedenen Aktionen. Am ersten Sonntag im Monat findet das Transport- und Oldtimerfest im Industriemuseum statt. Am ersten Wochenende im November zieht es die Besucher auf den Martinsmarkt nach Ründeroth. Hier kann man mit etwas Glück auch St. Martin sehen, der Weckmänner an Kinder verteilt. Der Verein Lichtbrücke veranstaltet am ersten Adventswochenende im Aggertal-Gymnasium einen Weihnachtsbasar für den guten Zweck. Am dritten Adventswochenende ist es dann Zeit für den berühmten Christkindmarkt auf dem Veranstaltungsplatz hinter dem Rathaus.
Informationen: ⊕ renomueller.de/landpartie-engelskirchen; ⊕ ufe-ev.de; ⊕ industriemuseum.de; ⊕ lichtbruecke.com

Ennepetal

(Ennepe-Ruhr-Kreis)

Mit rund 57 Quadratkilometern ist das waldreiche Ennepetal eine der größten Kommunen in Nordrhein-Westfalen. Die rund 30 000 Einwohner zählende Stadt ist Bindeglied zwischen Ruhrgebiet, Bergischem Land und Sauerland. Ennepetal hat mit Milspe und Voerde zwei Zentren aufzuweisen. Die beiden Gemeinden schlossen sich 1949 zur Stadt Ennepetal zusammen. Riesige Waldflächen, eine abwechslungsreiche Landschaft und reizvoll gelegene Talsperren sind touristische Anziehungspunkte. Der Fuchs ist das Ennepetaler Symboltier und prägt das Stadtbild durch eine Vielzahl bunt bemalter Steinfiguren.

Stadt Ennepetal
Bismarckstraße 21
58256 Ennepetal
📞 **02333/9790**
🌐 **ennepetal.de**

Sehenswertes

▸ Bahnhof Milspe

Das Empfangsgebäude des historischen Bahnhofs, der heute noch Haltepunkt für den Bahnverkehr ist, gilt als eines der ältesten seiner Art in Nordrhein-Westfalen. Der Bahnhof wurde am 9. März 1849 im Zuge des Streckenbaus der Bahnverbindung zwischen Elberfeld und Dortmund durch die Bergisch-Märkische Eisenbahn-Gesellschaft eröffnet. Das Empfangsgebäude wurde im Fachwerkstil errichtet und mit Holz verkleidet. Bis 1954 trug der Bahnhof den Namen Milspe, obwohl sich Milspe und Voerde bereits 1949 zur Stadt Ennepetal vereinigt hatten. Der historische Bahnhof ist Station der Route Industriekultur.

Adresse: Bahnhofstraße 19, 58256 Ennepetal, 🌐 route-industriekultur.ruhr

▸ Heimhardtsbau

Das prächtige Mehrfamilienhaus aus dem Jahr 1908 befindet sich inmitten des Stadtteils Voerde, des zweiten großen Zentrums Ennepetals, und wirkt wie ein riesiger Wegweiser zur gastronomisch geprägten Lindenstraße. Das fünfgeschossige Eckhaus besitzt reichhaltige Stuckverzierungen im Stil des späten Historismus. Besonders sind auch das mit Ziegeln und Schiefer gedeckte Mansarddach sowie die beiden symmetrisch angeordneten Erker und Holzsprossenfenster. Der Heimhardtsbau bildet mit den ebenfalls denkmalgeschützten Nebenhäusern eine geschlossene Häuserfront.

Adresse: Milsper Straße 7, 58256 Ennepetal

▸ Evangelische Kirche Milspe

Die Evangelische Kirche im Stadtteil Milspe gehört zu den markantesten Bauwerken Ennepetals. Die fünfjochige neugotische Emporenhalle wurde 1896 errichtet und erhielt später ihre querhausartig wirkenden, polygonal geschlossenen Erweiterungen. Der ortsbildprägende Backsteinbau ist mit farbig abgesetztem Dekor und Werksteinschmuck an den Portalen und Maßwerkfenstern bestückt. Kanzel, Taufbecken und Teile des Gestühls stammen aus der Bauzeit. Im Zuge einer großen Sanierung 2003 ist die Kirche über einen gläsernen Durchgang mit dem Gemeindehaus verbunden worden.

Adresse: Kirchstraße 44, 58256 Ennepetal

▸ Gut Ahlhausen

Der Wohnplatz Gut Ahlhausen im Hülsenbecker Tal gehört zu den historisch bedeutendsten Vermächtnissen der Stadt. Der 1678 erbaute frühbarocke Gutshof ist eine der ersten urkundlich erwähnten Siedlungen im Stadtgebiet. Die Gutsanlage besteht noch heute aus Herrenhaus, Gesindehaus und

einem freistehenden Sonderwohnhaus, welche die unterschiedlichen Bauepochen veranschaulichen. Zum Denkmalbereich gehört auch die oberhalb im Wald gelegene Erbbegräbnisstätte des Gutes. Ein Wanderweg führt direkt am Gebäudeensemble vorbei.
Adresse: Ahlhausen, 58256 Ennepetal

▸ Historischer Ortskern Rüggeberg

Das abgelegene Dörfchen Rüggeberg liegt auf einem Höhenrücken zwischen den Flüssen Ennepe und Heilenbecke und wirkt mit seinen vielen historischen Gebäuden wie aus der Zeit gefallen. Im Mittelpunkt des Dorfes befindet sich der historische Marktplatz, von dem aus die Straßen sternförmig zu den umliegenden Bauerschaften führen. Die kleine evangelische Kirche stammt aus dem Jahr 1827. Auf dem Marktplatz befinden sich zudem ein Kriegerehrenmal und der Schmittenboom, ein heimatgeschichtliches Denkmal aus Stahl. Neben dem 1636 angelegten Alten Friedhof mit restaurierten Grabsteinen liegt der Kornkasten Rüggeberg, ein Getreidespeicher aus dem Jahr 1717.
Adresse: Hesterberger Straße, 58256 Ennepetal, ⊕ heimatverein-rueggeberg.de

Museen

▸ Industriemuseum Ennepetal

Das 1890 erbaute Backsteingebäude mit insgesamt 60 gusseisernen Säulen war ursprünglich zur Produktion von Holzschrauben errichtet worden, ehe es von 1951 bis 2005 als Eisengießerei genutzt wurde. Aus dieser Zeit stammt eine wertvolle Sammlung geschichtlicher Exponate wie Gussstücke, Modellformen, Arbeitsgeräte und historische Fotos. Seit 2010 ist das Gebäude ein Industriemuseum, hat allerdings nur einmal monatlich zwischen April und November geöffnet. In Zusammenarbeit mit dem Förderkreis Industriekultur Ennepetal wird den Besuchern eine Einführung in die Welt des Formens, Gießens und Schmiedens vermittelt. Doch auch die Bergbaugeschichte der Region wird thematisiert. Teilbereiche des Museums sowie das charmante Außengelände werden für Veranstaltungen wie Märkte oder Ausstellungen genutzt.
Adresse: Neustraße 53, 58256 Ennepetal, ☎ 02333/605807, ⊕ industrie-museum-ennepetal.de

▸ Schmiedemuseum Krenzer Hammer

Der Krenzer Hammer ist eine historische Werkzeugfabrik im Tal der Ennepe, die 1914 gebaut wurde. Die von einst 48 letzte noch immer produzierende Freiformschmiede der Stadt stellt Spezialwerkzeug für verschiedene Berufsgruppen her. Begonnen hatte die Schmiede der Firma Krenzer im Jahr 1878 mit der Produktion von Schlittschuhen. Der Förderverein Krenzer Hammer hat sich 2004 zusammengeschlossen, um das historische Kulturgut Krenzer Hammer zu erhalten und durch einen Museumsbetrieb für Besucher zu öffnen. Seitdem ist es hier einmal im Monat möglich, das Schmiedehandwerk

Im Krenzer Hammer gibt es einmal monatlich Schmiedevorführungen.

hautnah zu erleben und an Führungen teilzunehmen. Ferner finden auf dem idyllischen Gelände der Schmiede Veranstaltungen statt, darunter auch ein Schmiedefest.

Adresse: Peddenöde 3, 58256 Ennepetal, ☏ 02333/74903, ⊕ foerderverein-krenzer-hammer.de

Die Ennepetaler Kluterthöhle gehört zu den „Nationalen Naturmonumenten Deutschlands".

▶ Straßenindustriemuseum

Alltägliche Besorgungen machen und gleichzeitig auf den Spuren industrieller Historie wandeln: Das ist im Ennepetaler Straßenmuseum möglich. So sind die Exponate dieses Museums, darunter Industriedenkmäler und historische Maschinen Ennepetaler Betriebe, auf Straßen und Plätzen des gesamten Stadtgebiets installiert. Die Arbeitshelfer reichen von den handwerklichen Anfängen der Metallverarbeitung bis hin zur Umstellung von mechanischen auf vollautomatische und elektronische Fertigungsabläufe. So steckt in den Werkzeugen und Maschinen das technische Wissen von über 500 Jahren Industriegeschichte. Der Ausstellungsschwerpunkt der insgesamt 27 Exponate befindet sich entlang der Voerder Straße im Stadtzentrum von Milspe.

Adresse: Voerder Straße, 58256 Ennepetal, ☏ 02333/9790

Freizeit & Natur

▶ ☺ Kluterthöhle

Die Kluterthöhle ist nicht nur Ennepetals Wahrzeichen, sondern wohl zugleich der bekannteste Ort des gesamten Kreises. Das beeindruckende Naturmuseum besteht aus Riffkalk, der vor rund 370 Millionen Jahren im Meer gebildet wurde. Im Zweiten Weltkrieg diente die Höhle als Bunker zum Schutz vor Luftangriffen. 2019 wurde das imposante Höhlensystem als deutschlandweit viertes „Nationales Naturmonument" ausgezeichnet. Verschiedene Gruppenführungen laden hier Groß und Klein ein, sich auf die Suche nach urzeitlichen Spuren zu begeben. In 380 Gängen mit einer Gesamtlänge von 5800 Metern zeigen sich den Besuchern bei einer Temperatur von ganzjährig 10 Grad urzeitliche Gesteinsschichten, versteinerte Lebewesen ehemaliger Korallenriffe und unterirdische Seen. Die rein informative Führung „Erste Einfahrt" spricht Erstbesucher an, während sich besonders Abenteuerlustige sogar auf geführte Kriech- und Krabbeltouren begeben können und sich dabei durch engste Höhlenöffnungen winden müssen. Beliebt ist die Höhle nach vorheriger Anmeldung auch für Betriebsausflüge und Kindergeburtstage. Und auch Heiraten ist in diesem außergewöhnlichen Ambiente möglich. Als „längstes Behandlungszimmer Deutschlands" bietet die Kluterthöhle zudem Heilungsmöglichkeiten bei Atemwegserkrankungen oder Allergien.

Adresse: Gasstraße 10, 58256 Ennepetal, ☏ 02333/988011, ⊕ kluterthoehle.de

▶ Haus Ennepetal

Das markante Haus Ennepetal liegt im Herzen der Milsper Innenstadt und ist das kulturelle Zentrum der Stadt. Das

multifunktionelle Gebäude bietet einen weitläufigen Veranstaltungsbereich mit großem Bühnensaal und Foyer, wo regelmäßig Konzerte, Theateraufführungen, Ausstellungen und Messen stattfinden. Des Weiteren gibt es hier Kongress- und Tagungsräume. Die Räumlichkeiten können von Bürgern, Vereinen und Firmen für Feiern und Versammlungen angemietet werden. Zudem beheimatet der Gebäudekomplex eine Touristeninformationsstelle.
Adresse: Gasstraße 10, 58256 Ennepetal, 02333/98800, haus-ennepetal.de

▸ Freibad Platsch

Direkt am idyllischen Tal der Ennepe gelegen, befindet sich Ennepetals Kombischwimmbad bestehend aus Freibad, Hallenbad und Saunabereich. Das 2020 neu gestaltete Naturfreibad ist komplett chlorfrei: Das Wasser wird biologisch durch Sand und Mikroorganismen gereinigt. Herzstück des neuen Freibades ist ein großes, naturnah gestaltetes Entspannungsbecken mit Sandstrand. Zudem gibt es einen Schwimmerbereich mit 25-Meter-Becken, einen Kleinkindbereich mit Wasserspielplatz, eine 15 Meter lange Breitwellenrutsche, ein Solebecken sowie ein Beachvolleyballfeld. Im Hallenbad finden sich ein 25 Meter langes Sportbecken, ein Variobecken, ein Kleinkindbecken sowie eine spektakuläre 90 Meter lange Rutsche. Warme Entspannung versprechen eine finnische Sauna und stündlich wechselnde Aufgüsse sowie eine mildere Biosauna.
Adresse: Mittelstraße 108, 58256 Ennepetal, 02333/604400, platsch-en.de

▸ Volkssternwarte

Hoch über der Stadt im Stadtteil Hasperbach befindet sich eine Sternwarte für jedermann, die 1973 vom Verein Volkssternwarte Ennepetal errichtet worden ist. Sie verfügt über eine Beobachtungshütte mit drehbarem Spitzdach und eine vier Meter große Beobachtungskuppel. Bei klarem Wetter können die Besucher hier an Himmelsführungen teilnehmen und erhalten dabei viele Hintergrundinformationen zur Lage von Himmelskörpern und zu Sternbildern. Bei bedecktem Himmel wird die Astronomie anhand von Diavorträgen vorgestellt. Rund um die Sternwarte lohnt auch ein Spaziergang durch die idyllische Umgebung, bei dem man durch die Beschilderung eines maßstabsgetreuen Abstandsmodells die Entfernungen der Planeten abwandern kann.
Adresse: Hinnenberg 80, 58256 Ennepetal, 02333/62646, volkssternwarte-ennepetal.de

▸ Hülsenbecker Tal

Das Hülsenbecker Tal ist weit über die Stadtgrenzen Ennepetals hinaus als Erholungs- und Entdeckungsort bekannt. Vor allem für Kinder gibt es entlang der idyllischen Hülsenbecke jede Menge zu erkunden, darunter zwei Kinderspielplätze, einen Pferdehof, einen Ententeich sowie einen kleinen Tierpark. Letzterer besteht aus einem Wildgehege, einem Gelände mit Ziegen und Schafen sowie einem artenreichen Vogelpark. Im weiteren Verlauf des zugänglichen Bachs erwartet die Besucher ein historisches Wasserrad, das an dieser Stelle wieder in Betrieb genommen wurde und Strom erzeugt. Im oberen Bereich des Tals befindet sich eine große Konzertmuschel, bei der regelmäßig Veranstaltungen wie ein jährlich angebotenes Musik-Picknick oder eine Meilerwoche mit Vorführung der historischen Holzkohleherstellung stattfinden. Das Hülsenbecker Tal ist zudem Startpunkt neun verschiedener Wanderrouten, die auf einer Informationskarte abgebildet sind. Wer es besonders bergig mag, überquert die L 699 und erreicht nach rund zwei Kilometern in Richtung Osten den spektakulären Aussichtspunkt Hohenstein.
Adresse: Hülsenbecke, 58256 Ennepetal, 02333/9790, ennepe-ruhr-entdecken.de

▶ ☺ Heilenbecketalsperre

Die Heilenbecketalsperre ist ein beliebter Erholungsort am Rande von Ennepetal und bietet einen idyllischen, 2,4 Kilometer langen Rundwanderweg. 1896 wurde die den Fluss Heilenbecke stauende Talsperre errichtet und ist damit die älteste Südwestfalens. Ursprünglich war die Heilenbecketalsperre ein Wasserreservoir für die früheren Hammerwerke und Schleifkotten, die entlang der Heilenbecke an-

Auf der Staumauer der Heilenbecketalsperre bietet sich ein herrlicher Ausblick.

gesiedelt waren. Heutzutage dient sie jedoch hauptsächlich der Trinkwasserversorgung, jedoch auch der Aufhöhung der Ruhr bei Niedrigwasser. Ein Paradies ist die Talsperre auch für Angler, die hier Hechte, Karpfen und Bachforellen fangen können. Wer von der Talsperre aus weiterwandern will, findet ringsherum wunderschöne weitläufige Wandergebiete. So liegt in Richtung Norden nach rund einem Kilometer eine Minigolfanlage im idyllischen Heilenbecker Tal. Nach etwa zwei Kilometern Wegstrecke in nordöstliche Richtung erreicht man Rüggeberg, nach rund drei Kilometern in südöstliche Richtung die Ennepetalsperre auf Breckerfelder Gebiet und nach fünf Kilometern in Richtung Süden Radevormwalder Stadtgebiet.

Adresse: Hohlweg, 58256 Ennepetal, ⊕ minigolf-heilenbecke.de, ⊕ ennepe-ruhr-entdecken.de

Veranstaltungen & Feste

Zu den wiederkehrenden Veranstaltungen zählt hier die überregional bedeutende **Edelstein- und Mineralienbörse** im November mit 60 internationalen Ausstellern.

Neben einem großen Angebot an Mineralien, Edelsteinen, Fossilien, Schmuck und Sammlerzubehör gibt es auch Vorträge und Vorführungen. Im Dezember findet im Haus Ennepetal die große **Christmas Rock Night** statt. An zwei Tagen treten hierbei bis zu 30 nationale und internationale Rock- und Metalbands auf zwei Bühnen auf. Mit einem **Kunsthandwerker-Weihnachtsmarkt** wartet indes Anfang Dezember das Ennepetaler Industriemuseum auf. In Milspe verwandelt sich die Voeder Straße im Mai beim dreitägigen **Stadtfest „Ennepetal mittendrin"** in eine Partymeile. Dazu kommen zahlreiche Schausteller und Musiker ins Stadtzentrum und sorgen für ein buntes Familienfest inklusive Bühnenprogramm und Trödelmarkt. Strahlkraft hat auch der **Adventsmarkt** auf der Voeder Straße Ende November. Das überregional bedeutendste Fest findet mit der **Voerder Kirmes** jedoch im nördlichen Zentrum Ennepetals statt. Die viertägige Kirmes wird im Mai gefeiert und startet traditionell am Samstag mit einem großen Kirmeszug der örtlichen Vereine und Dorfgemeinschaften. Den Abschluss bildet ein Höhenfeuerwerk am Dienstag.

Erkrath

(Kreis Mettmann)

Erkrath ist eine schöne mittelgroße Stadt mit 46 000 Einwohnern, die sich in die Stadtteile Alt-Erkrath, Hochdahl und Unterfeldhaus unterteilt. Erkrath wird als „Stadt im Grünen" bezeichnet, nicht ohne Grund, denn Gäste, die Erholung in Natur und frischer Luft suchen, finden in der Stadt und dem Umland zahlreiche gute Gelegenheiten für Spaziergänge. Neben dem Neander- und Stindertal ist der Unterbacher See am Rande Erkraths ein vielbesuchtes Erholungsgebiet. Die Stadt ist zugleich auch das Tor zum Neanderthal und zum Bergischen Land.

Stadt Erkrath
Bahnstraße 16
40699 Erkrath
📞 **0211/2407-0**
🌐 **erkrath.de**

Sehenswertes

▶ Evangelische Kirche Erkrath

Die alte Fachwerkkirche von 1685 wurde abgerissen und 1828 wurde mit dem Bau der evangelischen Pfarrkirche begonnen. Drei Jahre später folgte die Einweihung. In den Jahren 1995 bis 1997 wurde die Kirche saniert und restauriert. Die Predigerkirche ist errichtet in der Form eines spätklassizistischen Saalbaues mit eckiger Apsis und vorgestelltem Westturm aus Backstein, zweigeschossiger Fenstergliederung sowie Lisenen. Auch das dazu gehörende Evangelische Pastorat, Bahnstraße 64, ein hohes, aus roten Backsteinen errichtetes Gebäude aus dem Jahre 1903, ist noch original erhalten und steht unter Denkmalschutz. Die Spitzbögen am Giebel, in den Friesen sowie im mittleren Fenster weisen auf die kirchliche Nutzung hin.
Adresse: Bahnstraße 57, 40699 Erkrath,
🌐 evangelische-kirche-erkrath.de

▶ Sankt Johannes der Täufer

Die Kirche Sankt Johannes der Täufer stammt aus dem 12. Jahrhundert. Von 1901 bis 1902 erhielt die Kirche eine Erweiterung, die ihr ihre heutige kreuzförmige Form gibt. Der romanische Baustil ist von außen schon leicht an den massiven Baukörpern, den kleinen Rundbogenfenstern und der sparsamen Wandgliederung zu erkennen. Eine Ausnahme ist die barocke Schweifhaube, die der Turm 1785 erhielt. Im Innenraum findet man ein gotisches Gewölbe.
Adresse: Kreuzstraße 32, 40699 Erkrath,
📞 02104/243134, 🌐 st-johannes-erkrath.de

▶ Neanderkirche

1903 wurde mit dem Bau der Neanderkirche, benannt nach dem Theologen und Kirchenliederdichter Joachim Neander (1650–1680), begonnen und 1905 wurde die Kirche eingeweiht. Die Kirche ist im Mischstil (Jugendstil, Wilheminischer Stil und Historismus) schlicht erbaut. Insbesondere findet man ein neuromanisches Tonnengewölbe mit barockem Deckenstuck, klassizistische Säulen und eine für einen Kirchbau eher ungewöhnliche Dachform, ein sich kreuzendes Krüppelwalmdach vor. Der Mauerstein kommt aus den heimischen Brüchen des Neandertals.
Adresse: Neanderweg 13, 40699 Erkrath, 📞 02104/44067, 🌐 evangelischekirchehochdahl.de

▶ Kirche Sankt Franziskus

Mit dem Bau der Sankt Franziskus Kirche wurde 1874 begonnen. Die Einweihung erfolgte 1876. Die Kirche ist geschmückt mit farbenprächtigen Fensterbildern. Alle neugotischen Kirchenfenster sind im Original erhalten und damit eine historische

Besonderheit. Sie wurden 1881 bis 1903 im gleichen Stil und von derselben Firma hergestellt. Die Franziskuskirche wurde mit Ziegelsteinen errichtet, die die Menschen 1876 mit eigenen Händen formten. An der Nordwand der Kirche ist dies gut zu sehen, hier findet man einige Fingerabdrücke in den Ziegeln.
Adresse: Trills 34, 40699 Erkrath,
⊕ st-franziskus-hochdahl.de

▶ Kirche Heilig Geist

1969 begann der Bau der Kirche, 1972 folgte die Einweihung. Die Kirche wurde vom berühmten Architekten Professor Gottfried Böhm gestaltet und erbaut. Es handelt sich um eine moderne Kirche mit vielen Ecken und Winkeln, vergleichbar einer geformten und gebauten Skulptur. Der begrünte Innenhof des Pfarrzentrums mit seinen überdeckten Arkaden und dem Brunnen aus Sandstein erschließt sich von Norden, Osten und Süden.
Adresse: Brechtstraße 5, 40699 Erkrath,
☏ 02014/40438

▶ Antoniuskapelle

Zum Hof Schlickum gehörend, wird sie auch Schlickumer Kapelle genannt. Das erste Gebäude auf dem Hügel war vermutlich ein Wehrturm zum Schutz des Hofes Schlickum, gegründet um 1050. Die erste Kapelle stammt aus dem 12. Jahrhundert. Das nachfolgende Bauwerk wurde 1506 von Luther von Eller zu Laubach errichtet und 1735 als einschiffiger Saalbau mit Tonnengewölbe erneuert.
Adresse: Schlickumer Straße 46, 40699 Erkrath

Museen

▶ Altes Backhaus

Im historischen Backhaus dreht sich alles um das Thema Brot. Das Backhaus wurde 1838 errichtet. Von 1989 bis 1990 wurde

es renoviert. Seitdem können Gruppen nach Anmeldung in dem Fachwerkhäuschen unter Anleitung nach alter Tradition Brot backen.
Adresse: Neanderweg 10, 40699 Erkrath

▶ Kunsthaus Erkrath

In einer alten Schule haben Erkrather Künstler sechs Ateliers untergebracht, der alte Klassenraum wurde ebenfalls in Eigenregie renoviert und zu einer professionellen Galerie ausgebaut.
Adresse: Dorfstraße 9–11, 40699 Erkrath,
☏ 02104/35105, ⊕ kunsthaus-erkrath.de

▶ 😊 Lokschuppen Hochdahl

Im restaurierten Lokschuppen Hochdahl stellt das Eisenbahn- und Heimatmuseum

Im Lokschuppen Hochdahl befindet sich das Eisenbahn- und Heimatmuseum.

Erkrath-Hochdahl e. V. Historisches rund um die erste Eisenbahn in Westdeutschland aus. Im Außenbereich befindet sich eine Fahrzeugausstellung. Ergänzt durch das angeschlossene Restaurant mit Biergarten und Spielplatz ist der Lokschuppen ein beliebtes Freizeitziel.
Adresse: Ziegeleiweg 1–3, 40699 Erkrath,
📞 0211/30269005,
🌐 lokschuppen-hochdahl.de

Die Wildpferde im Eiszeitlichen Wildgehege sind Nachzüchtungen.

Freizeit & Natur

▶ Stellarium

Das Stellarium Erkrath – so heißt das Erlebnisplanetarium der Sternwarte Neanderhöhe Hochdahl – hat heute circa 430 Mitglieder und befindet sich im Bürgerhaus in Erkrath. In den verschiedenen Räumlichkeiten werden circa 1200 Unterrichtsstunden für die Öffentlichkeit gegeben. Das Observatorium am Sternwartenweg dient mit mehreren Beobachtungstürmen, Werkstätten und Fachräumen der praktischen astronomischen Beobachtung, dem Erfahrungsaustausch und dem Unterricht.
Adresse: Sedentaler Straße 105 und Sternwartenweg 1, 40699 Erkrath,
📞 02104/947666

▶ Neandertal

Das Neandertal ist weit über die Grenzen Deutschlands hinaus bekannt und lockt jedes Jahr viele Besucher an. Neben dem Fund des Neandertalers vor über 160 Jahren und der damit einhergehenden menschheitsgeschichtlichen Bedeutung ist es heute ebenfalls ein Ausflugsziel für Naturliebhaber sowie Wanderer.
Adresse: Talstraße, 40699 Erkrath

▶ Fundstelle des Neanderthalers

Die Fundstelle des Neanderthalers befindet sich heute auf Erkrather Stadtgebiet, unweit des Neanderthal Museums, das zur Nachbarstadt Mettmann gehört. Die Fundstelle ist die bedeutendste Grabungsstelle im Neandertal. Hier fanden zwei Arbeiter 1856 die Schädelreste eines Neandertalers. Im Juli 2000 folgte dann die Sensation: Zwei Kölner Archäologen fanden an exakt derselben Stelle das zum Schädel passende Jochbein. Der Fundort wurde dann zu einem archäologischen Garten umgestaltet. Visuelle Bausteine wie Steinkreuze, Zeitachse, Fluchtstangen und Liegen verbinden sich mit der Topografie des Ortes und berichten von der wechselvollen Talgeschichte.
Adresse: Mettmanner Straße (L 357), 40699 Erkrath, 🌐 neanderthal.de

▶ 😊 Eiszeitliches Wildgehege

1935 wurde das Gehege durch den Naturschutzverein Neandertal gegründet. Noch heute können Besucher im Wildgehege Tiere aus der Eiszeit sehen. In den großen und weitläufigen Freigehegen leben Wisente

sowie Abbildzüchtungen von Auerochsen und Wildpferden, den sogenannten Tarpanen, die in Europa schon vor Hunderten von Jahren ausgestorben sind. Das Gehege ist rund um die Uhr zugänglich.
Adresse: Thekhauser Quall 2, 40699 Erkrath, 📞 0173/2817352, 🌐 wildgehege-neandertal.de

▸ 😊 Naturschutzzentrum Bruchhausen

Das Naturschutzzentrum Bruchhausen ist eine Naturschutz- und umweltpädagogische Einrichtung inmitten der Bruchhauser Feuchtwiesen der Stadt Erkrath. Hier werden Bildungs- und Freizeitangebote für Klein und Groß sowie Geburtstags- und Ferienprogramme für Kinder angeboten
Adresse: Bruchhauser Straße 47–49, 40699 Erkrath, 📞 02014/797989, 🌐 naturschutzzentrum-bruchhausen.de

▸ Rittergut Haus Morp

Das ehemalige Rittergut steht unter Denkmalschutz und war einst eine Wasserburg. Die Anlage lädt mit ihrem unter Landschaftsschutz stehenden Park zu ausgiebigen Spaziergängen ein. Der bekannte Industrielle Friedrich Grillo baute 1897 eine Parkanlage im englischen Stil, die heute teilweise sich selbst überlassen wird und wunderschöne Einblicke in die Vielfalt der Natur gibt. Der geschlossene Hof der Anlage dient als Atelier. Die Villen Grillo, Hecker und Sack gehören ebenfalls zum Ensemble.
Adresse: Düsseldorfer Straße 16, 40699 Erkrath, 📞 01577/5292389

▸ 😊 Stinderbachtal

Im naturbelassenen Landschaftsschutzgebiet des Erkrather Stinderbachtals befindet sich die Stindermühle. Hier gibt es idyllische Wander- und Spazierwege. Entlang des Baches können sich Naturfreunde und kleine Abenteurer auf Entdeckungstour

begeben, es gibt historisches Fachwerk, idyllische Streuobstwiesen, kleine Fischteiche, weidende Galloways sowie Rehe und Hirsche. Geocacher sind hier ebenfalls häufig zu finden. Ein Lokal und eine Minigolfanlage runden das Angebot ab.
Adresse: Stindertalweg 50, 40699 Erkrath, 📞 0211/243198

▸ 😊 Neanderbad

Das Neanderbad an der „Schönen Aussicht" ist ein modernes Hallen- und Freibad und bietet alle Möglichkeiten für Schwimmsport, Wassergymnastik, Badespaß und Erholung. Ob Sportbecken oder Wasserrutsche für Aktive, Solebecken mit Ruhebereich für Entspannungssuchende, Bewegungsbecken für Gesundheitsbewusste oder Kleinkinderbecken für die Kleinsten, im Neanderbad ist für jeden etwas dabei.
Adresse: Hochdahler Straße 145, 40699 Erkrath, 📞 02104/810081, 🌐 neanderbad.de

Veranstaltungen & Feste

Erkrath liegt auf der Grenze vom Bergischen zum Rheinischen, von daher hat die Stadt eine große Karnevalstradition. Die Närrische Markthalle ist ein ganz besonderer Magnet für die Jecken der Stadt und des Umlands. Ab 11.11 Uhr wird dann am Altweiber-Donnerstag in der Innenstadt am Bavierplatz gefeiert. Ein weiterer wichtiger Termin ist der Erkrather Karnevalsumzug am Samstag vor Altweiber. Das Sommerbrauchtum steht in Erkrath ganz im Zeichen des Schützenfests der St.-Sebastianus-Bruderschaft, das rund um Fronleichnam mit Kirmes und Schützenumzug Besucher anlockt. Zudem findet in Erkrath Anfang Juni das Straßenfest der Werbegemeinschaft statt, und in Hochdahl-Trills hat sich das beliebte Trillser Straßenfest im August etabliert.

Gevelsberg

(Ennepe-Ruhr-Kreis)

Die 31 000 Einwohner zählende Stadt Gevelsberg befindet sich kulturgeografisch in einer Übergangslage zwischen dem Ruhrgebiet im Norden sowie dem Sauerland und dem Bergischen Land im Süden. Hervorgegangen ist der Ort Gevelsberg aus der früheren Bauerschaft Mylinghausen, die erstmals im Jahr 1096 urkundlich erwähnt wurde. Die Stadtrechte erhielt man 1886, nachdem die Stadt 1867 von Mylinghausen in Gevelsberg umbenannt worden war. Bergbauhistorische Bedeutung kommt der Stadt durch ihren nördlichsten, bis 1969 eigenständigen Stadtteil Silschede zu, in dem noch bis 1925 Steinkohle abgebaut wurde. Zu den bedeutendsten Wahrzeichen von Gevelsberg zählt das Eisenbahnviadukt im Stefansbachtal.

Büro für Wirtschaftsförderung und Stadtmarketing
Rathausplatz 1
58285 Gevelsberg
☎ 02332/771106
🌐 gevelsberg.de

Sehenswertes

▶ Alter Kirchplatz

Der Alte Kirchplatz befindet sich am historischen Zentrum der Ursprungssiedlung Mylinghausen und ist die Keimzelle Gevelsbergs. Noch heute sind hier die Spuren des 1230 errichteten Sühneklosters zu sehen, das im Zuge der Reformation 1577 in ein freiweltliches Damenstift umgewandelt wurde. Die ursprüngliche Lage des Alten Kirchplatzes veranschaulicht eine historische Steintafel, an die Ermordung von Engelbert II. erinnert ein Denkmal. Außerdem stehen rund um den Kirchplatz einige historische Gebäude, die das bauliche Erbe des einstigen Zisterzienserinnenklosters darstellen,

Der Ennepebogen im Gevelsberger Zentrum ist ein Ort der Erholung und Begegnungen.

darunter die Bruchsteinwand vom Alten Äbtissinnenhaus aus dem 16. Jahrhundert sowie das Neue Äbtissinnenhaus von 1805.
Adresse: Am alten Kirchplatz, 58285 Gevelsberg

▸ Erlöserkirche

Die Erlöserkirche wurde im Jahr 1830 fertiggestellt und ist damit die älteste Kirche der Stadt. Sie befindet sich im früheren Dorfkern der Mylinghauser Bauerschaft, der Ursprungssiedlung des heutigen Gevelsbergs, und ist die Nachfolgekirche der 1235 erbauten Klosterkirche. Diese war wiederum als Sühnekirche und Wallfahrtsort für den im Jahr 1225 nicht weit entfernt in einem Hohlweg erschlagenen äußerst mächtigen Berg-Grafen Engelbert II., zugleich Erzbischof von Köln und Reichverweser, errichtet worden. Die heutige Kirche besteht aus einem fünfachsigen klassizistischen Saal mit Rundbogenfenstern und Gesimsen.
Adresse: Elberfelder Straße 16, 58285 Gevelsberg

▸ Kornbrennerei am Hagebölling

Das ehemalige Industriegebäude an der Verbindungsstraße nach Hagen fällt mit seinen 47 nach vorne gerichteten markanten Rundbogenfenstern sofort ins Auge. Bei dem denkmalgeschützten Gebäude handelt es sich um die ehemalige Kornbrennerei Niedernberg & Krüner, die 1888 erbaut und zu Beginn des 20. Jahrhunderts mehrfach erweitert worden war. Inzwischen ist die einstige Industrieanlage am Hagebölling zum Dorf mit Park geworden.
Adresse: Am Hagebölling 1, 58285 Gevelsberg

▸ 😊 Alltagsmenschen

In der Innenstadt Gevelsbergs begegnen einem 18 Menschen aus Beton. Die dauerhaft ausgestellten Skulpturen reihen sich entlang der Mittelstraße auf, beginnend am Ennepebogen bis hoch zum Timpen, und sind 2011 zum 125-jährigen Jubiläum der Stadt entstanden. Die ursprünglich 75 lebensgroßen Alltagsmenschen hat die Künstlerin Christel Lechner geschaffen. Wie selbstverständlich fügen sich die Figuren in das Alltagsgeschehen der Stadt ein und sollen Wärme, Herzlichkeit und Lebensfreude vermitteln. Besonders beliebt sind die City-Stars auch bei Kindern und als Selfie-Models.
Adresse: Mittelstraße, 58285 Gevelsberg

Freizeit & Natur

▸ 😊 Freizeitanlage Ennepebogen

Der Ennepebogen ist ein vielfältiger, zentral gelegener Ort und gilt als Schmuckstück zentrumsnaher Erholungsstätten. Es findet sich auf einer ehemaligen Industriebrache, auf der das alte Gevelsberger Elektrizitätswerk stand. Im Jahr 2013 wurde die idyllische Freizeitanlage an der Ennepe mit Strandbereich, großzügiger Rasenfläche, Terrassenfläche und Gastronomie fertiggestellt und wird nun auch für Veranstaltungen, etwa für Konzerte und Vereinsfeste, genutzt. Wer es sportlich mag, kann hier zudem Skateranlage, Kletterwände und Kinderspielgeräte nutzen. In der Nähe des Ennepebogens befindet sich das 1989 errichtete Kunstwerk „Gevelsberger Stadtzeichen".
Adresse: Mittelstraße 2, 58285 Gevelsberg, 📞 02332/771115

▸ Bürgerzentrum

Im Bürgerzentrum finden regelmäßig Kunstausstellungen, Veranstaltungen und Vereinstreffen statt, unter anderem ist hier der Neue Gevelsberger Kulturverein aktiv. Zudem hat die Volkshochschule Ennepe-Ruhr-Süd hier ihren Sitz und ist damit städteübergreifende Anlaufstelle für Seminare, Workshops und Veranstaltungen.
Adresse: Mittelstraße 86–88, 58285 Gevelsberg, 📞 02332/91860

Die alte Kornbrennerei ist zu einem Veranstaltungszentrum umfunktioniert worden.

zentren Gevelsbergs entwickelt und wartet mit einem vielseitigen Veranstaltungsprogramm auf. Von Comedy und Kabarett über Vorträge, Lesungen, Ausstellungen und Märkte bis hin zu Konzerten von regionalen und internationalen Musikern wird hier jede Menge Kultur geboten. Unter dem Motto „Miteinander – Füreinander für ein schöneres Quartier" dient die 1957 erbaute Kirche seit 2009 auch als Begegnungsort mit Stadtteilmittagstisch, für Vereinsangebote und Spielenachmittage für Senioren. **Adresse:** Uferstraße 3, 58285 Gevelsberg, 📞 02332/662691

▶ Kornbrennerei im alten Dorf

Eine zweite ehemalige Kornbrennerei befindet sich im alten Dorf an der Elberfelder Straße. Das Schmuckstück wurde im Jahr 1888 von der Familie Saure als Brennerei errichtet. Seitdem die Produktion 2001 endgültig eingestellt wurde, ist das Gebäude 2009 ins Eigentum des Verschönerungsvereins übergegangen und aufwendig saniert und umgestaltet worden. 2011 erfolgte die Eröffnung des Historisches und Modernes verbindenden Baudenkmals, das nun für Seminare, Vorträge, Konzerte sowie Kleinkunstdarbietungen in stilvoller Atmosphäre genutzt wird und auch für Familien-, Firmen- und Vereinsfeiern angemietet werden kann. Im oberen Geschoss kann man zudem den Bund der Ehe schließen. **Adresse:** Elberfelder Straße 39, 58285 Gevelsberg, 📞 02332/5558690, 🌐 diekornbrennerei.de

▶ Bürgerhaus Alte Johanneskirche

Das Bürgerhaus Alte Johanneskirche im Osten der Stadt hat sich zu einem der Kultur-

▶ 😊 Filmriss-Kino

Das Filmriss-Kino ist fester Bestandteil des Gevelsberger Kulturlebens. Das geschichtsträchtige Gebäude des urigen Lichtspielhauses wurde 1874 erbaut und erlangte in der Folgezeit große Bedeutung als Tanz- und Veranstaltungsort. 2003 zog das Filmriss-Kino ein und zeigt seitdem Filme mit thematischen Schwerpunkten. Neben dem Kinoprogramm finden hier auch Musik- und Kabarettveranstaltungen, Lesungen, Ausstellungen, Frühstücksmatineen und Theaterproduktionen für Groß und Klein statt. Das vielseitige Kino ist für seine Programmarbeit mehrfach von der Film- und Medienstiftung NRW ausgezeichnet worden. **Adresse:** Rosendahler Straße 18, 58285 Gevelsberg, 📞 02332/7590700, 🌐 filmrisskino.de

▶ 😊 Schwimm-In Gevelsberg

Die vielseitige Wasseroase richtet sich an Spaß- und Erholungssuchende gleichermaßen. Vor allem Kinder kommen im Spaßbad

Das sehenswerte Eisenbahnviadukt ist das Wahrzeichen des Stefansbachtals.

mit vier Rutschen mit Zeitmessung, Sprunganlage, Strömungskanal, Erlebnisbecken,
Wasserattraktionen und Kleinkinderbereich
auf ihre Kosten. Doch es gibt auch ein
25-Meter-Becken für Sportschwimmer. Über
die Stadtgrenzen hinaus bekannt ist das
weitläufige Saunadorf mit neun Schwitz-
räumen, Hamam, Saunagarten mit Natur-
schwimmteich, Ruhebereichen, Gastronomie
und Wellnessbereich mit Massageange-
boten. Zum Schwimm-In gehört auch ein
Freibad, das 2021 neu gestaltet wurde.
Adresse: Ochsenkamp 54, 58285 Gevelsberg, 📞 02332/66380, 🌐 schwimm-in-
gevelsberg.de

▶ 🌀 Erlebnispark
Der Erlebnispark Gevelsberg ist ein Hallen-
spielplatz für Kinder bis zwölf Jahre und
zieht seit 2005 Familien aus der ganzen Region an. Auf über 5000 Quadratmetern kann
der Nachwuchs hier rennen, toben, spielen,
klettern, singen und tanzen. Zahlreiche
Klettergerüste, Hüpfburgen und Rutschen

stehen zur Auswahl für eine Auszeit vom
Alltag. Hinzu kommen besonders inno-
vative Spielgeräte wie eine elektronische
Torwand oder ein elektronischer Tanzbogen,
wo zusammen mit anderen Mitspielern
Bewegungsaufgaben zu absolvieren sind. In
den Sommermonaten gibt es zudem einen
Wasserspielplatz. Das umgebaute Guss-
stahlwerk kann nach Voranmeldung auch für
Kindergeburtstage genutzt werden.
Adresse: Kölner Straße 110, 58285 Gevelsberg, 📞 02332/553433, 🌐 erlebnispark-
gevelsberg.de

▶ Kartbahn Cool Runners
In Gevelsberg befindet sich eine der bekanntesten Indoor-Kartbahnen der Region. Das
Cool Runners bietet eine große Halle mit
einer rund 400 Meter langen Rennstrecke,
die mit 4000 Reifen gesichert ist. Auch
Neulinge sind hier willkommen und erhalten
vom Streckenpersonal vor der ersten Fahrt
eine Einweisung in den Kartsport und die
entsprechenden Sicherheitshinweise. Der

Anbieter richtet sich auch an ambitioniertere Kartfahrer und bietet regelmäßig Rennen an. Der Familienbetrieb wurde 1996 gegründet und ist auch für Vereinsfeiern, Betriebsausflüge und Junggesellenabschiede eine gute Adresse.
Adresse: Mühlenstraße 13, 58285 Gevelsberg, 02332/914700, coolrunning.de

Malschule Maldumal

Die Malschule Maldumal hat einen Industrie- in einen Kunstraum verwandelt und sich auf die Fahnen geschrieben, den Spaß am kreativen Tun zu wecken. Im Mittelpunkt steht die künstlerische Selbstentfaltung mit verschiedenen gestalterischen Techniken wie Zeichnen, Aquarellieren, Acryl- und Ölmalerei sowie plastisches Arbeiten. Die Malschule spricht mit ihrem Angebot nicht nur Kinder und Jugendliche, sondern auch Erwachsene an. Die kreativen Workshops werden von Künstlern und Kunststudenten geleitet. Kreativort ist ein idyllisch gelegenes, mehr als 150 Jahre altes Gießereigebäude, das 2009 umgestaltet worden ist.
Adresse: Teichstraße 17, 58285 Gevelsberg, 02332/10915, maldumal.de

Freizeitanlage Stüting

Hoch über der Stadt, an der Grenze zu Schwelm und Ennepetal, befindet sich ein wunderschön gelegener Ort zum Spielen und Feiern. Das 1911 entstandene CVJM-Waldheim am Stüting ist ein beliebtes Familien- und Freizeitzentrum. Auf über 40 000 Quadratmetern befindet sich hier ein Abenteuer versprechendes Waldgebiet mit uraltem Baumbestand, Fußballplatz, Tennisplätzen, Grillplatz, Terrasse und einem Veranstaltungsraum. Der CVJM lädt bei seinem vereinsoffenen Café regelmäßig zu Kaffee und Kuchen ein. Außerdem können Gebäude und Außenflächen angemietet werden.
Adresse: Stütingstraße 70, 58285 Gevelsberg, 02332/4177, cvjm-gevelsberg.de

Stefansbachtal

Ein wunderschönes Wandergebiet für einen kürzeren Spaziergang bietet die Natur des Stefansbachtals. Hier führt ein asphaltierter Weg entlang der Stefansbecke und ermöglicht gerade den kleinsten Naturentdeckern durch leicht zugängliche Bachbetten, malerische Brücken und idyllische Kuhweiden jede Menge Abwechslung. Die bekommt man hier allerdings auch durch den Anblick des imposanten Eisenbahnviadukts. Die riesige Brücke wurde 1911 erbaut und grenzt direkt ans Fußball- und Leichtathletikstadion. Ebenso befindet sich im Stefansbachtal eine familiäre Minigolfanlage mit 18 Sterngolfbahnen. Beliebt ist das Gebiet auch bei Geocachern, die hier unter anderem eine Angelrunde oder eine Serie mit Sportmysterys in Angriff nehmen können.
Adresse: Ochsenkamp, 58285 Gevelsberg, sterngolf-gevelsberg.de, ennepe-ruhr-entdecken.de

Stadtwald mit Wilgehege

Der Gevelsberger Stadtwald eignet sich als herrliches Wandergebiet mit vielen verschiedenen Streckenoptionen. Als riesiges Naturschutzgebiet und Fauna-Flora-Habitat ist er die zentrale Erholungsoase der Stadt und grenzt im Süden an Ennepetal. Wer von Norden aus kommt, erreicht nach der Fußgängerüberquerung der Bahngleise an der Kirchwinkelstraße das Neue Forsthaus. Das 1911 vom Verschönerungsverein errichtete Gebäude mit idyllischem Ententeich beherbergt ein Café und grenzt unmittelbar an ein 22 000 Quadratmeter großes Wildgehege mit Hirschen, Rehen, Schafen und Mufflons. Weiter westlich, an der Brinkstraße, befindet sich zudem ein Wildschweingehege. Wer weiter bergauf wandert, sollte sich für das imposante Ehrenmal Zeit nehmen.
Adresse: Bahnhofstraße, 58285 Gevelsberg, ennepe-ruhr-entdecken.de

▶ Rocholz und Berger See

Der Stadtteil Berge im Gevelsberger Nordosten ist etwas für Naturgenießer. Das Gebiet rund um den Berger See und die Schönungsteiche am Rocholz besticht durch seine Artenvielfalt und ist vor allem als Forschungsort für Ornithologen bekannt. Einen Spaziergang wert ist hier auch der der 1696 erbaute Adelssitz Gut Rocholz. Der nahe gelegene Berger See lädt mit seinem Rundweg und vielen Sitzgelegenheiten zum Entspannen und Verweilen ein. Der idyllische See wurde künstlich aufgestaut und ist rund sechs Hektar groß. Eine Anfahrt ist sowohl mit dem Pkw bis zum Wanderparkplatz Berchemallee als auch mit der S-Bahn bis zum Bahnhof „Gevelsberg-Knapp" möglich. Am Rocholz führt zudem ein Radweg vorbei.
Adresse: Berchemallee, 58285 Gevelsberg, 🌐 ennepe-ruhr-entdecken.de

▶ Golfclub Gut Berge

Auf der 18-Loch-Anlage um das Gestüt Gut Berge sind Hobbysportler bis sportlich ambitionierte Golfer willkommen.
Adresse: Berkenberg 1, 58285 Gevelsberg, 📞 02332/913755, 🌐 gutberge.de

Veranstaltungen & Feste

Auf dem Gelände des Ennepebogens findet im August oder September das **Musikfestival Dickes G** statt. Musik erklingt auch beim **internationalen Gitarrenfestival** in der Musikschule im April. Sportlich geht es beim **Gevelsberger Stadionlauf** im April zu, der zudem durchs Stefansbachtal führt. Viermal jährlich verwandelt sich die Stadt zu einer großen Flaniermeile: im März beim **Gevelsberger Frühling** mit Straßentrödelmarkt, Ende Mai beim **Boulevard Gevelsberg** mit Bühnenprogramm, Straßenkünstlern und Autoshow, Anfang November beim **Martinsmarkt** mit Adventsmarkt sowie Ende November beim abendlichen, bis 22 Uhr andauernden **Mondscheinbummel.** Den Veranstaltungsglanzpunkt des Stadtlebens stellt die am letzten Juni-Wochenende stattfindende **Gevelsberger Kirmes** dar. Die meisten der Fahrgeschäfte und Verzehrbuden befinden sich auf der bergigen Elberfelder Straße und geben der Kirmes seit jeher das Motto „schrägste Kirmes Europas". Höhepunkt des fünftägigen Fests ist der Kirmeszug am Sonntag.

Am Gevelsberger Stadtwald befindet sich ein altes Forsthaus mit angrenzendem Wildpark.

Gummersbach

(Oberbergischer Kreis)

Die Kreisstadt Gummersbach mit rund 53 000 Einwohnern ist durch den Handballverein VfL Gummersbach über die Kreisgrenzen hinaus bekannt. Dabei hat die Stadt mehr zu bieten als nur Sport. Die Innenstadt lädt zum Shoppen ein, für Events und Kultur sorgen die Schwalbe-Arena und die Halle 32. Und natürlich gibt es da die kleinen Orte mit Charme und die Talsperren, die für einen Erholungswert der besonderen Art sorgen. Geprägt ist die Gummersbacher Landschaft vom Fluss Agger.

Touristik-Information
Rathausplatz 1
51643 Gummersbach
📞 **02261/87404**
🌐 **gummersbach.de**

Sehenswertes

▶ Bonte Kerke Lieberhausen

Die Bonten Kerken (hochdeutsch: bunten Kirchen) mit ihren mittelalterlichen Deckenmalereien sind in Deutschland fast ausschließlich im Bergischen Land erhalten geblieben. Fünf Stück sind es insgesamt. Die Bonte Kerke in Lieberhausen ist eine spätromanische Pfeilerbasilika mit Mittelschiff aus dem 11. Jahrhundert. Die Fresken, die hier in besonders großer Anzahl vorhanden sind, wurden liebevoll restauriert.
Adresse: Kirchplatz, 51647 Lieberhausen, 📞 02763/7246, 🌐 lieberhausen.de

▶ Oberbergischer Dom

Die Evangelische Kirche in Gummersbachs Stadtmitte wird auch als Oberbergischer Dom bezeichnet. Sie stammt aus der Mitte des 12. Jahrhunderts und wurde später

umgewidmet. In den Gewölben von Querhaus und Chor sind restaurierte spätgotische Ausmalungen zu sehen, im Inneren ein spätromanischer Taufstein.
Adresse: Von-Steinen-Straße, 51643 Gummersbach, 📞 02261/22133

▶ Evangelische Kirche Hülsenbusch

Die Kirche aus dem 18. Jahrhundert ist im Barockstil erbaut, besonders sehenswert sind die im zierlicheren Rokokostil gearbeiteten Prinzipalstücke.
Adresse: Otto-Gebühr-Platz 2, 51647 Gummersbach, 📞 02261/22277

▶ Aussichtsturm Derschlag

Der Aussichtsturm Derschlag wirkt wie ein kleiner Burgturm und bietet einen schönen Ausblick auf das Oberbergische Land. Der Turm wurde 1904 von Otto Bubenzer im Stil einer künstlichen Ruine auf dem Dorner Kopf im Süden von Gummersbach-Derschlag errichtet. Im Jahr 2004 feierte das Wahrzeichen von Derschlag sein 100-jähriges Bestehen und wurde renoviert.
Adresse: 51645 Gummersbach-Derschlag

▶ Aussichtsturm Meerhardt

Zehn Meter hoch ist der Aussichtsturm Ruine Meerhardtfels in Gummersbach-Dieringhausen. Errichtet wurde der Turm 1908 in Gestalt einer künstlichen Ruine. Er bietet einen Ausblick auf Dieringhausen und das Aggertal. 2003 wurde der Turm zuletzt renoviert. Zu erreichen ist er über die 65 Stufen lange „Schwindsuchttreppe", die zwischen 1913 und 1920 gebaut wurde und von der Dieringhauser Straße abgeht.
Informationen: 🌐 dieringhausen.de

Museen

▶ 😊 Eisenbahnmuseum Dieringhausen

11 000 Quadratmeter umfasst das Areal des Eisenbahnmuseums – und bietet alles,

was es für einen echten Dampfbahnbetrieb braucht: Drehscheibe, Dampfbekohlung, Wasserkräne und Werkstätten. Der historische Lokschuppen umfasst elf Stände. Hier kann man sich allerdings nicht nur ansehen, wie ein alter Dampfeisenbahnhof funktioniert, sondern auch mitfahren: Die Dampflok „Waldbröl" fährt regelmäßig vom Museum aus nach Wiehl. Besonders beliebt sind Spezialfahrten wie die Nikolausfahrt.

Adresse: Hohler Straße 2, 51645 Gummersbach, 📞 02261/77597, 🌐 eisenbahnmuseum-dieringhausen.de

Freizeit & Natur

▸ 😊 Freizeitcamp Aggertalsperre

Die Aggertalsperre liegt zwischen Gummersbach, Bergneustadt und dem sauerländischen Meinerzhagen. Der Stausee wird aus den Wasserläufen von Agger, Genkel und Rengse gespeist und umfasst 20,5 Millionen Kubikmeter. Auf dem Campingplatz in Gummersbach-Lantenbach finden Tagesausflügler und Badegäste eine Liegewiese mit Badestrand und Badeplattform an der Aggertalsperre. Es gibt eine Badeinsel, einen Spielplatz, Picknick- und Grillmöglichkeiten sowie einen Bootsverleih, der Kajaks, Tretboote und mehr anbietet.

Adresse: Derschlager Straße 4, 51647 Gummersbach-Lantenbach, 📞 02261/66527, 🌐 freizeitcamp.de

▸ 😊 Naturfreibad Bruch

Idyllisch gelegen am Vorstaubecken der Aggertalsperre befindet sich das Naturfreibad Bruch. Besucher können sich am Sandstrand mit großer Liegewiese niederlassen und die Natur und den Ausblick aufs Wasser genießen oder ins kühle Nass eintauchen. Für Kinder stehen Spielgeräte bereit, außerdem gibt es einen Liegen- und Bootsverleih.

Adresse: Am Vorbecken 13, 51647 Gummersbach-Bruch, 📞 02261/28211, 🌐 gumbala.de

▸ 😊 Gumbala Bade- und Saunaland

Das Gummersbacher Freizeitbad verfügt über eine Badelandschaft mit Sport- und Schwimmbecken, Erlebnisbecken mit Strömungskanal und Whirlpools sowie eine 34 Meter lange Reifenrutsche. Für die Kleinsten gibt es ein Kleinkinderbecken inklusive Kinderrutsche. Im Saunabereich warten Farblichttherapie, Dampfbad, Finnische Sauna, Bio-Sauna und Erlebnisduschen auf die Besucher. Zusätzlich können Massagen gebucht werden.

Adresse: Singerbrinkstraße 31, 51643 Gummersbach, 📞 02261/789796, 🌐 gumbala.de

Das Eisenbahnmuseum in Dieringhausen lässt die Geschichte der Dampfeisenbahn lebendig werden.

Die Aggertalsperre ist ein beliebtes Ausflugsziel. Hier kann gebadet und gewandert werden.

▶ Golfanlage Gimborner Land

Viel Grün und eine anspruchsvolle Topografie: Die 27 Hektar große Golfanlage Gimborner Land verfügt nicht nur über einen Neun-Loch-Parcours, sondern auch eine umfangreiche Übungsanlage. In der Golfschule werden Anfänger- und Fortgeschrittenenkurse angeboten, neben der klassischen Greenfee gibt es auch spezielle Angebote für Gäste.

Adresse: Kreuzstraße 10, 51647 Gummersbach-Berghausen, 📞 02266/440447, 🌐 gimborner-land.de

▶ 🔵 Minigolfanlage Derschlag

Golfspaß auch für kleine Besucher: In Gummersbach-Derschlag befindet sich eine Tennis- und Minigolfanlage, umgeben von viel Grün.

Adresse: Klosterstraße 41A, 51645 Gummersbach, 📞 02261/52408

▶ Schwalbe-Arena

Ein Ort, der Handballerherzen höherschlagen lässt: Die Schwalbe-Arena wurde 2013 auf dem Steinmüllergelände gebaut. Sie bietet Platz für 4000 Handballfans, Spiele und den Trainingsbetrieb des VfL Gummersbach, wird aber ab und an auch für andere Veranstaltungen genutzt.

Adresse: Steinmüllerallee, 51643 Gummersbach, 📞 02261/80830, 🌐 schwalbe-arena. de, 🌐 vfl-gummersbach.de

▶ 🔵 Sportpark Steinmüllergelände

Der Spiel- und Sportpark Gummersbach ist erst ein paar Jahre jung. Das Areal umfasst 3600 Quadratmeter und bietet sich vor allem für Jugendliche an. Skater und BMX-Fahrer kommen im Skatepark auf ihre Kosten. Kletterer können an der Boulderwand ihr Geschick testen. Für Turner und Sportbegeisterte gibt es eine Calestenics-Anlage, für Handballer ein Beachhandballfeld, das auch zum Beachvolleyballfeld umgebaut werden kann. Abgerundet wird das Angebot durch einen Streetballkorb.

Adresse: Hubert-Sülzer-Straße, 51643 Gummersbach

▸ 🚲 Rad- und E-Bike-Verleih

Wer die Stadt oder die Umgebung nicht zu Fuß erkunden will, kann sich ein E-Bike leihen. Angeboten werden E-Mountainbikes und E-Trekking-Bikes. Auch für Kinder steht ein Angebot bereit.

Informationen: 🌐 fshh.io/gummersbach

▸ Staumauer Aggertalsperre

Die Staumauer der Aggertalsperre bietet einen wunderbaren Blick auf die drei Täler und die drei Arme der Talsperre, die wie Mini-Fjorde anmuten. Hobby- und Profifotografen kommen hier gleichermaßen auf ihre Kosten. Darüber hinaus gibt es entlang der Talsperre zahlreiche Wandermöglichkeiten wie zum Beispiel den Energieweg, einen 11,9 Kilometer langen Rundweg, der sich in acht Stationen der Geschichte der Energiegewinnung widmet. Die Infotafeln sind kinderfreundlich gestaltet. Gruppen können beim Aggerverband eine Staumauerbesichtigung buchen.

Adresse: Ecke Hagener Straße/Sperrmauer, 51645 Gummersbach, 🌐 bergisches-wanderland.de, 🌐 aggerverband.de

▸ 🎭 Halle 32

Seit 2013 gibt es das Veranstaltungszentrum Halle 32, das aus einer alten Werkshalle der Dampfkesselfabrik L. & C. Steinmüller entstanden ist. Hier wird ein abwechslungsreiches Kulturprogramm mit Musik, Theater, Comedy und Kabarett geboten. Regelmäßig gibt es auch Veranstaltungen für Kinder.

Adresse: Steinmüllerallee 10, 51643 Gummersbach, 📞 02261/9200680, 🌐 halle32.de

▸ Aussichtsplattform Steinbruch Talbecke

Grauwacke wird im Bergischen schon seit Jahrhunderten abgebaut, um dann als Schotter für den Straßenbau oder als Werkstoff für die moderne Küchengestaltung verwendet zu werden. Von der Aussichtsplattform im Steinbruch Gummersbach-Talbecke hat man einen Überblick über den Steinbruch und einen schönen Ausblick auf das Bergische Land. Die Aussichtplattform kann in weniger als 30 Minuten über einen Wanderweg erreicht werden.

Adresse: Talbeckestraße, 51647 Gummersbach-Becke

▸ Berg Homert

So hoch ist sonst keiner: Die höchste natürliche Erhebung des Oberbergischen Kreises ist der Berg Homert mit 518 Metern über NN. Von hier aus hat man einen guten Überblick über die Umgebung.

Adresse: 51647 Gummersbach-Oberrengse

▸ Wanderweg zum Unnenberg

Vom Wanderparkplatz im Gummersbacher Ortsteil Unnenberg führt ein Spaziergang zum Aussichtsturm Unnenberg (Gemeinde Marienheide). Der Unnenberg ist mit rund 506 Metern nicht ganz so hoch wie die Homert – doch die Aussichtsplattform des Stahlturms auf rund 32 Meter Höhe bietet Weitblick ins Bergische Land, an klaren Tagen sogar bis zum Siebengebirge.

Adresse: 51647 Gummersbach-Unnenberg

Veranstaltungen & Feste

Auf den Gummersbacher Dörfern werden im Mai/Juni Schützenfeste gefeiert. In der Gummersbacher Innenstadt steigt im Mai ein Frühlingsfest mit abwechslungsreichem Programm von Händlern, Gastronomie und Vereinen. Für Kinder gibt es Spielangebote. Im Herbst findet eine Mobilitätsshow in der Innenstadt statt. Der Weihnachtsmarkt mit Gänseparade lockt im Dezember ins Zentrum.

Haan

(Kreis Mettmann)

Haan wird auch als „Die Gartenstadt zwischen Bergischem und Rheinland" bezeichnet. Liebevoll gepflegte Grünflächen und die räumliche Nähe zum Neandertal sowie zahlreiche historische und gut erhaltene Gebäude und denkmalgeschützte Schiefer- und Fachwerkhäuser machen den Charme des Städtchens mit seinen ca. 30 000 Einwohnern aus. Reizvoll sind auch die idyllischen Landschaften des Düssel-, Itter- und Neandertals. 1975 wurde Gruiten eingemeindet und bietet mit seinem historischen Dorfkern ein beliebtes Ausflugsziel für Wanderer und Tagesbesucher.

> **Rathaus Haan**
> **Kaiserstraße 85**
> **42781 Haan**
> 📞 **02129/911-0**
> 🌐 **haan.de**
>

Sehenswertes

▶ **Historische Altstadt**
Die Gartenstadt Haan besitzt viele denkmalgeschützte Bauten. In Teilen der Haaner Innenstadt finden sich zum Beispiel entlang der Kaiserstraße zahlreiche unter Denkmalschutz stehende Häuser mit dunklem Schiefer und grünen Fensterläden im typischen Stil der bergischen Architektur. Sie geben dem Zentrum von Haan eine ganz besondere Atmosphäre. Für einen historischen Stadtrundgang durch den „Denkmalbereich II – Stadtmitte

Haan" kann der dazugehörige Flyer (auch als Download) als Informationsquelle genutzt werden.
Informationen: 🌐 haan.de

▶ **Innenstadt Haan**
Die Innenstadt von Haan bietet neben historischer Architektur auch eine gemütliche und familiäre Atmosphäre. Die vielen noch inhabergeführten Geschäfte und das vielseitige gastronomische Angebot ermöglichen einen entspannten Einkaufsbummel und einen angenehmen Aufenthalt. Zudem findet mittwochs und samstagvormittags der Haaner Wochenmarkt statt, der auf eine lange Tradition zurückblicken kann. Rund 40 Markthändler, von denen viele über Jahrzehnte auf dem Haaner Wochenmarkt vertreten sind, machen den Markt mit ihrem vielfältigen, regionalen und frischen Angebot zu etwas ganz Besonderem.
Informationen: 🌐 einkaufen-in-haan.de

▶ **Historisches Dorf Gruiten**
Das historische Dorf Gruiten ist immer einen Besuch wert. Bis in die 1960er-Jahre noch geprägt durch den Kalkabbau, ist das

Die Innenstadt der Gartenstadt Haan.

Dorf nun ein malerisches Kleinod, das mit seinen gut erhaltenen Fachwerkhäusern den größten denkmalgeschützten Teil der Stadt und ein typisch bergisches Dorf darstellt. Der Bürger- und Verkehrsverein Gruiten e. V. hat einen Rundgang durch das historische Dorf entwickelt, mit dem sich dieser wunderbare Fleck ausgiebig erkunden lässt.

Adresse: Gruiten Dorf, 42781 Haan, 🌐 bvv-gruiten.de, 🌐 historisches-dorf-gruiten.de

Museen

▶ Haaner Ansichtskartenmuseum

Im Haaner Ansichtskartenmuseum befindet sich eine Sammlung von rund 800 alten Karten, die Ansichten aus Haan, Gruiten und dem Ittertal zeigen. Ein Besuch ist nach terminlicher Vereinbarung möglich.

Adresse: Bernd Wodrich, Wilhelmstraße 6, 42781 Haan, 📞 02129/6108

▶ Heimatmuseum Haus Stöcken

Eines der ältesten Häuser Haans ist das Haus Stöcken, das 1365 erstmals urkundlich erwähnt wurde. Hier wurde der bekannte Heimat- und Mundartdichter Jakob Litsch geboren, der aus seinem Geburtshaus ein Museum gemacht hat. Die Sammlung des Dichters bildet die Grundlage des einzigen Heimatmuseums der Gartenstadt Haan. In der Dauerausstellung sind typische Gegenstände aus Haan und der Umgebung zu bestaunen, so etwa eine Pistolensammlung, eine „Dröppelminna" – eine bauchige historische Kaffeekanne – sowie alte Rechnungen. Lieblingsstück von Anne Backhaus, der jetzigen Eigentümerin des Hauses Stöcken, ist der Dariuskopf vom Taufbecken der alten Haaner Kirche.

Adresse: Stöcken 1, 42781 Haan, 📞 0173/6191254, 🌐 bgv-haan.de

▶ Königs Klassik-Radios

Im Autoradiomuseum Königs Klassik-Radios sind seit 2002 seltene Autoradios zu sehen. Auf dem Blog koenigs-klassik.de können Besucher in die Geschichte historischer Autoradios eintauchen und neuerdings auch Anleitungen und Informationen zum Thema Oldtimerradios finden.

Adresse: Rainer Königs, Elberfelder Straße 5, 42781 Haan, 📞 02129/566880, 🌐 koenigs-klassik.de

Freizeit & Natur

▶ Grube 7

Der ehemalige Steinbruch ist seit 1997 ein Naturschutz- und Naherholungsgebiet. Das sich selbst überlassene Gebiet bietet schützenswerten Pflanzen- und Tierarten wie Orchideen sowie Kreuz- und

Gruiten-Dorf ist ein pittoreskes Örtchen mit einmalig schönen Fachwerkhäusern.

Geburtshelferkröten eine Heimat. Die Arbeitsgemeinschaft Natur und Umwelt e.V. (AGNU) kümmert sich nun um die Fläche.

Auch wenn das Naturschutzgebiet nicht betreten werden darf, gibt es tolle Wanderwege, auf denen sich die Grube 7 erkunden lässt. Aussichtspunkte, die an den alten Bruchkanten liegen, ermöglichen zudem einen hervorragenden Blick in diesen Fleck mit herrlicher Natur.

Adresse: AGNU, Grube 7 in Gruiten, 42781 Haan, ⊕ agnuhaan.wordpress.com

Ein besonderer Spaß außerhalb von Gruiten-Dorf ist die Wassertretanlage.

▶ ☺ Schwimm- und Sportbad

Das Schwimm- und Sportbad in Haan bietet mit seinen fünf 25 Meter langen Bahnen ideale Trainingsbedingungen für Sportler, Hobbyschwimmer und Familien. Für Abwechslung und Spaß im Hallenbad sorgen das 1-Meter-Sprungbrett und die 3-Meter-Sprungplattform. Das Lehrschwimmbecken ist ideal für Schwimmanfänger sowie für Aquafitness geeignet. Für die Kleinsten gibt es außerdem ein gut temperiertes Planschbecken. Hinzu kommt eine attraktive Saunalandschaft mit Finnischer Sauna, Bio-Sauna und Infrarot-Sauna. Nach einem Saunagang kann man sich im Kaltwassertauchbecken abkühlen sowie im Ruheraum oder Außenbereich relaxen.

Adresse: Alter Kirchplatz 12, 42781 Haan, 📞 02129/9354-440, ⊕ stadtwerke-haan.de

▶ ☺ Wassertretanlage im Dorf Gruiten

Der Bürger- und Verkehrsverein Gruiten e.V. errichtete 2018 eine Wassertretanlage mitten in der Düssel, die durch das historische Dorf Gruiten fließt. Die Anlage, die aus massiven Muschelkalkstufen besteht, bietet vor allem Wanderern eine tolle Abkühlung, da sie direkt am beliebten und frequentierten neanderlandSTEIG (1. Etappe) liegt.

Adresse: In der Nähe vom Haus am Quall, Am Quall 12, 42781 Haan

Veranstaltungen & Feste

Der Höhepunkt im Veranstaltungskalender der Stadt ist die Haaner Kirmes im September. Für die Straßenkirmes mit jährlich ca. 400 000 Besuchern wird die komplette Haaner Innenstadt und ein Teil der B 228 gesperrt. Auch die Haaner Gartenlust für Gartenfreunde im Juni und der Haaner Sommer in den Ferien mit Strand in der Stadt und tollen Kinderangeboten locken in die Gartenstadt.

Heiligenhaus

(Kreis Mettmann)

Das ehemalige Straßendorf Heiligenhaus hat sich im Laufe der Jahre zu einer quirligen und attraktiven Kleinstadt mit ca. 27 000 Einwohnern gemausert. Eingebettet in eine topografisch reizvolle Landschaft, sorgt sie für eindrucksvolle Weitblicke – zu jeder Tages- und Jahreszeit. Bei klarer Sicht kann man von bestimmten Standorten aus weite Blicke in das Ruhrgebiet und bis nach Düsseldorf genießen.

**Bürgerhaus Heiligenhaus
Hauptstraße 159
42579 Heiligenhaus**
📞 02056/130
🌐 heiligenhaus.de

Sehenswertes

▸ **Waggonbrücke**
Die erste Waggonbrücke Deutschlands steht in Heiligenhaus in der Bahnhofstraße nahe dem ehemaligen Bahnhof Heiligenhaus. Sie wurde von Ulrich Diehl im Jahr 2009 aus einem gebrauchten Eisenbahnwaggon der Deutschen Bahn errichtet. Über die Brücke führt ein Radweg.
Adresse: Bahnhofstraße 32, 42579 Heiligenhaus

▸ **Kirche St. Suitbertus**
Die Katholische Kirche St. Suitbertus wird aufgrund ihres hohen neugotischen Turmhelms auch Dom genannt. Ihre Grundsteinlegung erfolgte 1896.
Adresse: Hauptstraße 132, 42579 Heiligenhaus

▸ **St.-Jakobus-Kapelle**
Die St.-Jakobus-Kapelle in Heiligenhaus-Hetterscheidt wurde im neoromanischen Stil 1908/09 anstelle einer ehemaligen Kapelle von 1792 gebaut, deren Glocke heute noch im Kapellenturm von St. Jakobus läutet.
Adresse: Abtskücher Str. 37, 42579 Heiligenhaus

▸ **Haus Rossdelle**
Haus Rossdelle am Rinderbach im Vogelsangbachtal

Gleich drei Museen findet der interessierte Besucher im geschichtsträchtigen Ortsteil Abtsküche.

nördlich von Heiligenhaus war ein ehemaliges Lehnsgut der Reichsabtei Werden. Es stammt vermutlich aus dem 16. Jahrhundert.

Museen

▸ Die Heimatkundliche Sammlung (Museum Abtsküche)

Die Heimatkundliche Sammlung liegt unmittelbar im Denkmal- und Naherholungsbereich Abtsküche. War bei der Entstehung des Museums im Jahre 1975 der Bereich

Der neanderlandSTEIG führt durch den Kreis Mettmann, ein Highlight ist der Heiligenhauser Teil.

der bäuerlichen Lebens- und Arbeitswelt Schwerpunkt der Sammlung, so konzentrieren sich seit Mitte der 1980er-Jahre die Bemühungen verstärkt auf den Aufbau einer alltagsgeschichtlichen Sammlung des 20. Jahrhunderts: Objekte aus Arbeit und Alltag werden als Belege für die Kultur des beginnenden Industriezeitalters gezielt gesammelt. Regelmäßige Sonderausstellungen und Veranstaltungen machen einen Besuch im denkmalgeschützten Haus immer wieder interessant.
Adresse: Abtsücher Straße 37, 42579 Heiligenhaus, ☎ 02056/68687, 🌐 geschichtsverein-heiligenhaus.de

▸ Feuerwehrmuseum der Freiwilligen Feuerwehr

Das Spezialmuseum beherbergt eine bemerkenswerte Sammlung von unterschiedlichsten Exponaten aus über 100 Jahren Feuerwehrgeschichte. Ein Kernbereich der umfangreichen Sammlung ist die Dokumentation der Löschtechniken. Lederne Helme, Löscheimer, Handdruck- und Motorspritzen, Feuerpatschen und Feuerlöscher, Atemschutz- und Kommunikationsgeräte zeigen

anschaulich die technische Entwicklung von den Anfängen bis zur Gegenwart. In der nahegelegenen Museumsscheune repräsentieren zudem zahlreiche und weitgehend funktionsfähige Feuerwehroldtimer acht Jahrzehnte der Feuerwehrfahrzeugentwicklung.
Adresse: Abtsücher Straße 24, 42579 Heiligenhaus, 🌐 feuerwehrmuseum-heiligenhaus.de

▸ Wald- und Wassermuseum Heiligenhaus

Der Ort für das Museum hätte kaum besser gewählt werden können: Das kleine Stückchen Erde trägt den Namen „Im Paradies". Mitten im Naturschutzgebiet Vogelsangbachtal ist das kleine Museum im denkmalgeschützten ehemaligen Wasserwerk, einige Wanderminuten vom Museum Abtsküche und der Museumsscheune der Feuerwehr entfernt, untergebracht. Auf dem Boden liegt ein Wildschweinfell, ein wuchtiger Schreibtisch steht dahinter, und darauf thront eine uralte Schreibmaschine. An den Wänden zeugen große und kleine Geweihe von Jagderfolgen, und die ausgetretenen Stiefel sehen aus, als wäre jemand gerade erst

Der Hefelmann-Park verbindet Heiligenhauser Historie und Moderne.

herausgeschlüpft. Das alte Jägerzimmer ist ein Bestandteil des Heiligenhauser Waldmuseums, das seit April 2008 seine Pforten für Schulklassen, Familien oder auch Erwachsenengruppen geöffnet hat – allerdings nur nach Anmeldung!

Adresse: Im Paradies 2, 42579 Heiligenhaus, 📞 02056/5825300, 🌐 ubz-heiligenhaus.de

Freizeit & Natur

▸ Wanderungen am neanderlandSTEIG

Der neanderlandSTEIG verbindet auf rund 240 Kilometern die Naturschönheiten und Sehenswürdigkeiten des Neanderlandes und reiht sich in die bedeutenden kulturtouristischen Wanderwege Deutschlands ein. Wanderfreunde können auf dem neanderlandSTEIG Ausblicke und Einblicke in die idyllische niederbergische Landschaft genießen und die Region als grüne Lunge inmitten der Ballungsgebiete zwischen Rhein und Ruhr erleben. In Heiligenhaus führt die mittelschwere Etappe des neanderlandSTEIGs über den nördlichen Teil der Stadt. Die Route beginnt moderat und geht über in anspruchsvolle Steigungen. Die Wanderung zwischen tollen Bachtalerlebnissen, Höhenweitsichten und beeindruckenden Eisenbahnbrückenbauten aus der Hochzeit der Industrialisierung hat einen ganz eigenen Charakter. Durch die Täler wandert man auf traumhaften schmalen Pfaden.

Informationen: 🌐 neanderlandsteig.de

▸ Im Paradies und Vogelsangbachtal

Durch das Naherholungsgebiet Im Paradies und das Vogelsangbachtal führt ein naturkundlicher Wanderweg. Einen Halt kann man an der Süßmosterei Dahlbeck machen, die auf dem Weg liegt.

Adresse: Im Paradies, 42579 Heiligenhaus

▶ ☺ Heljensbad

Umgeben von weitläufigen Feldern und Wiesen befindet sich in landschaftlich reizvoller Stadtrandlage das Heljensbad. Neben Ruhe, Erholung, Fitness und Natur im und ums Wasser schätzen die Besucher des Bades ebenso die Saunalandschaft. Das Heljensbad ist ein idealer Ort, um nach einer Fahrradtour den Tag mit einem Sprung in das erfrischende Nass ausklingen oder sich mit Wellness und Massage verwöhnen zu lassen.
Adresse: Selbecker Straße 12, 42579 Heiligenbad ☏ 02056/922171, ⊕ heljensbad.de

▶ ☺ Hefelmann-Park mit Wasserspielplatz

Heiligenhaus verfügt über mehrere Spielplätze, die Leuchtturmcharakter haben. Insbesondere der neue Wasserspielplatz im Hefelmann-Park neben dem Rad- und Wanderweg Niederbergbahn hat im Sommer seinen besonderen Reiz für die Kleinen. Der Hefelmann-Park bietet auf den großen Grünflächen die Möglichkeit zum Picknick, und eine Grillstelle kann kostenlos genutzt werden.
Adresse: Am Hefelmann-Park 13, 42579 Heiligenhaus

▶ ☺ John-Steinbeck-Park

In zentraler Lage befindet sich in Heiligenhaus der John-Steinbeck-Park. Benannt ist er nach dem amerikanischen Schriftsteller, der mit Romanen wie „Von Mäusen und Menschen" und „Jenseits von Eden" Weltruhm erlangt hat. Drei der vier Großeltern John Steinbecks waren Einwanderer aus Europa, und sein Großvater väterlicherseits war der Tischler Johann Adolph Großsteinbeck, der seinen Namen in Amerika zu Steinbeck verkürzte. Er stammte aus Heiligenhaus, wo er auf einem der Steinbecker Höfe am Zehnthofweg geboren wurde. Noch heute trägt das Gut den Namen Großsteinbeck. Aus Anlass des 100. Geburtstages des bekannten

Schriftstellers und Literaturnobelpreisträgers John Steinbeck wurde der Volkspark Anfang März 2002 in „John-Steinbeck-Park" umbenannt. Heute gibt es dort unter anderem einen besonders schönen Spielplatz mit Seilbahn, Teufels- und Hamsterrad und verschiedenen Schaukeln.
Adresse: Zwischen Südring im Norden, der Straße „In der Blume" im Osten, der Herzogstraße im Süden und der Laubecker Straße im Westen

▶ ☺ Boule-Bahn und BMX-Anlage Thormälen-Park

Im neuen Thormählen-Park wurde eine Boule-Bahn errichtet. Regelmäßig kann man hier Gruppen beobachten, die ihrem Hobby nachgehen. Wenn dann bei sommerlichen Temperaturen die Teams gegeneinander antreten, wähnt man sich schon fast in mediterranen Gefilden. Für die Kinder und Jugendlichen mit BMX-Rädern ist am Thormählen-Park eine BMX-Anlage installiert.
Adresse: Am Thormählenpark, 42579 Heiligenhaus

Veranstaltungen & Feste

Das kulturelle Angebot in Heiligenhaus ist so vielfältig wie seine Bürger. Angefangen vom **Stadtfest** mit Strandbar im Juni, über das **Weinfest** im Juli, das **Museumsfest** in der Abtsküche im August sowie den **Martinsmarkt** im November. Ein großer Magnet ist auch **HeiligenRock,** das jährliche Musikfestival in der Innenstadt im August. Ein ganz besonderer Tipp: Jeden ersten Donnerstag im Monat von 16 bis 21 Uhr (November bis April 16 bis 20 Uhr) gibt es auf dem Rathausplatz den **Feierabendmarkt.** Und am zweiten Dezemberwochenende findet auf dem Rathausplatz und im Innenhof der **Heiligenhauser Weihnachtsmarkt** statt.

Hilden

(Kreis Mettmann)

Hilden ist mit knapp 56 000 Einwohnern die viertgrößte Stadt des Kreises Mettmann. Die Stadt kann auf eine über 1000 Jahre alte Geschichte zurückblicken und hat bekannte und wichtige Personen hervorgebracht. Neben den beiden reformierten Theologen Anton und Wilhelm Hüls ist besonders der Wundarzt Wilhelm Fabry (1560–1634) zu nennen. Wegen der Entwicklung neuer Instrumente und Operationsmethoden gilt er als Begründer der modernen Chirurgie in Deutschland. Hilden sieht sich heute als „liebenswerte und kulturbegeisterte Familienstadt im Kreis Mettmann". Ein besonderer Treffpunkt ist der historische Alte Markt.

Rathaus
Am Rathaus 1
40721 Hilden
📞 02103/72-0
🌐 hilden.de

Stadtmarketing Hilden GmbH
Mittelstraße 41
40721 Hilden
📞 02103/910344
🌐 stadtmarketing-hilden.de

Sehenswertes

▸ Reformationskirche
Die Reformationskirche ist im Rheinland die älteste, dreischiffige, spätromanische Kreuzbogenemporenbasilika. Archäologen konnten drei Vorgängerbauten der heutigen Kirche nachweisen. Ihre jetzige Gestalt erhielt die „Vierte Hildener Kirche" 1255.
Adresse: Markt 18, 40721 Hilden, 📞 02103/984230, 🌐 evangelisches-hilden.de

▸ Bürgerhaus, Altes Rathaus
Im klassizistischen Bürgerhaus in der Mittelstraße war von 1900 bis 1990 das Rathaus von Hilden untergebracht. Heute finden dort unter anderem Ausstellungen statt.
Adresse: Mittelstraße 40, 40721 Hilden

▸ Mittelstraße
Bis in die frühen 1960er-Jahre fuhr hier noch eine Straßenbahn. Heute ist die Mittelstraße verkehrsberuhigt und eine der schönsten und umsatzstärksten Einkaufsstraßen des Kreises Mettmann. Hier spielt sich das gesellschaftliche Leben Hildens ab.
Adresse: Mittelstraße, 40721 Hilden

▸ Haus auf der Bech
Das Haus auf der Bech wird auch Haus op der Bech oder Haus an der Bech genannt. Das Haus ist denkmalgeschützt und ein stattliches traufständiges Fachwerkhaus. Es wurde bereits 1588 errichtet.
Adresse: Schwanenstraße 17, 40721 Hilden

▸ Kückeshaus
Das Kückeshaus, früher auch Keukeshaus, Kocheshaus, Koicheshuyß oder Kuychehus genannt, ist ein denkmalgeschütztes Fachwerkhaus. Das Besondere sind die Andreaskreuze in den Gefachen, den Wänden. Es wurde zwischen 1766 und 1767 als Armenhaus der damaligen Reformierten Gemeinde Hilden errichtet.
Adresse: Eisengasse 2/Ecke Schwanenstraße 12, 40721 Hilden

Museen

▸ Haus Hildener Künstler H6
Die Künstlerszene in Hilden wird geprägt durch diesen sehr aktiven Künstlerverein. Das Haus Hildener Künstler H6 bereichert das kulturelle Leben in Hilden durch Ausstellungen, verschiedene Kunstprojekte und kreativ-künstlerische Angebote.

Adresse: Hofstraße 6, 40723 Hilden, ☎ 02103/51752, 🌐 hofstrasse6.de

▸ **Kunstraum Gewerbepark-Süd**

Im Gewerbepark-Süd befindet sich der Kunstraum. Hier zeigt das Kulturamt jährlich vier große Ausstellungen mit Arbeiten von renommierten Künstlern wie Mack, Immendorff, Rizzi, Alt, Uecker, Naegeli sowie Werkschauen von Künstlergruppen

Die Hildener Innenstadt bietet schöne Fachwerkarchitektur.

und Künstlervereinigungen wie dem Bergischen Künstlerbund, dem BBK und anderen. Einzelausstellungen renommierter lokaler Künstler runden das Ausstellungsprogramm ab.
Adresse: Hofstraße 64, 40721 Hilden, ☎ 02103/60735, 🌐 gewerbepark-sued.de

▸ **QQTec Museum**

Der gemeinnützige Verein QQTec e. V. betreibt seit 2005 in Hilden ein Forum für kulturelle Veranstaltungen. Dabei liegt – neben Atelierhaus, Kunstschule, Technik-Museum und der Konzertreihe „Jazz um Drei" – ein weiterer Schwerpunkt auf der Galerie QQArt. Hier finden wechselnde Ausstellungen regionaler, nationaler sowie internationaler Künstler statt. Das QQTec-Museum präsentiert eine große Auswahl von Geräten aus der Geschichte des Radios und des Fernsehens von 1925 bis in die 1980er-Jahre. Von den ersten industriell gefertigten Radios über die Volksempfänger bis zu den Nachkriegsmodellen mit magischem Auge

und Elfenbeintasten findet sich alles aus dieser Zeit.
Adresse: Forststraße 73, 40721 Hilden, ☎ 0172/2008495, 🌐 qqtec.de

▸ **Rheinisches Karnevalsmuseum**

Das Rheinische Karnevalsmuseum, auch Heinrich-Wimmer-Karnevalsmuseum, wurde von Hildener Jecken gegründet und zeigt jede Menge Orden, Uniformen, Kostüme und vieles mehr rund um das Thema Winterbrauchtum.
Adresse: Grabenstraße 1–5, 40721 Hilden, ☎ 02103/47171, 🌐 rheinisches-karnevals-museum.de

▸ **Städtische Galerie im Bürgerhaus**

In den zentral gelegenen Räumen des Bürgerhauses im Erdgeschoss wurde Anfang der 1990er-Jahre die Städtische Galerie eröffnet. Das Ausstellungsprogramm wird vom Kulturamt konzipiert. Auf rund 60 Kubikmetern finden achtmal im Jahr Wechselausstellungen von lokalen,

nationalen und internationalen Kunst-
schaffenden statt.
Adresse: Mittelstraße 40, 40721 Hilden

▶ Städtischer Kunstbesitz

Die Sammlung des Städtischen Kunstbesit-
zes wird kontinuierlich durch Ankäufe und
Schenkungen erweitert. Neben zahlreichen
Gemälden und Grafiken sind auch Skulpturen im Hildener Stadtgebiet zu finden.
Auf den Straßen und Plätzen, in Parks und
an Fassaden gibt es in Hilden Kunst zu
entdecken. Im Geoportal ist die „Kunst im
öffentlichen Raum" aufgeführt. Als Beispiele
sind die „waghalsige moderne Pyramide"
am Kleinen Warringtonplatz, das naturalis-
tische Denkmal des berühmtesten Hildener
Bürgers Wilhelm Fabry am Alten Markt oder
die eigenwillige Pandora im Stil des zeitge-
nössischen Kunstprofessors Karl-Henning
Seemann in der Fußgängerzone zu nennen.
Auch die achtteilige Tapisserie „1000 Jahre
Hilden" von der Künstlerin Katharina Gun
Oehlert kann im Bürgersaal des Bürgerhauses auf der Mittelstraße besichtigt werden.
Informationen: ⊕ geoportal.hilden.de/
karten/kunst

▶ Wilhelm-Fabry-Museum

In der Dampfkornbranntwein-Brennerei
Vogelsang in Hilden wurde seit 1864
Korn gebrannt. Mit der 1887 eingebauten
Dampfmaschine ist es ein einzigartiges
Industriedenkmal für das Rheinland. Nach
mehrjährigem Dornröschenschlaf seit der
Stilllegung 1979 wurde die Anlage restauriert und am 17. September 1989 als
Museum eröffnet. Das Museum versteht sich
als medizinhistorisches Spezialmuseum, in
dem die Zeit Wilhelm Fabrys im Mittelpunkt
steht.
Adresse: Benrather Straße 32, 40721 Hilden,
📞 02103/5903, ⊕ wilhelm-fabry-
museum.de

Freizeit & Natur

▶ ☺ Hildorado

Das Hildorado ist ein perfektes Familienbad,
das verkehrsgünstig im Zentrum der Stadt
Hilden liegt. Neben dem Sport- und Freizeitangebot gibt es auch einen Saunabereich.
Adresse: Grünstraße 173, 40721 Hilden,
📞 02103/795-201, ⊕ hildorado.de

▶ ☺ Waldbad

Am Rande des Stadtwaldes Hilden gelegen
bietet das Waldbad ideale Möglichkeiten
zur Erholung. Ein 50-Meter-Sportbecken, ein
50-Meter-Nichtschwimmerbecken sowie
ein Sprungbecken mit einer Sprunganlage
stehen Sportlern und allen anderen Wasserratten zur Verfügung. Für zusätzlichen Spaß
sorgen das Beachvolleyballfeld, die Tischtennisplatten und der Kicker.
Adresse: Elberfelder Straße 173, 40724 Hilden, 📞 02103/795-200, ⊕ waldbad.de

▶ ☺ Stadtpark

Klein, aber fein: Der Stadtpark ist eine Idylle
inmitten der Hildener Innenstadt, nur wenige Gehminuten von der Fußgängerzone, der
Mittelstraße entfernt. Ein kleiner Ententeich,
eine Minigolfanlage mit einer Eisdiele und
ein Spielplatz machen den Park attraktiv und
einladend. Ein Besuch lohnt sich bei schönem Wetter ganz besonders!
Adresse: Innenstadt, 40721 Hilden

▶ ☺ Am Holterhöfchen

Das Holterhöfchen ist eine weitere schöne Grün- und Parkanlage in Hilden. Das
Besondere: Hier werden Freizeit und Bildung
kombiniert. Auf dem Gelände befinden
sich sowohl das städtische Schulzen-
trum als auch Freizeitangebote wie das
Hildorado, ein Kleinspielfeld, eine Skateranlage, die Dreifachsportanlage und eine
archäologische Ausgrabungsstätte: die

Ringwallanlage, eine frühmittelalterliche Schutz- und Befestigungsanlage.
Adresse: Am Holterhöfchen, 40724 Hilden

▶ 🌐 Hildener Stadtwald

Der Hildener Stadtwald erstreckt sich auf einer Fläche von ca. 430 Hektar und ist ein klassischer Mischwald. Er besteht zu zwei Dritteln aus Laubbäumen und zu einem Drittel aus Nadelbäumen. Die mit dem Stadtwald verbundenen Aufgaben sind der Naturschutz und die Forstwirtschaft im engeren Sinne, also die nachhaltige Holzproduktion. Darüber hinaus dient der Wald vor allem der Erholung der Hildener Bürger. Zu diesem Zweck bietet er allen Besuchern und Naturfreunden Bänke, Waldspielplätze, Trimmpfad, Laufstrecken verschiedener Längen Hundeauslaufwiese, Reitwege und Wanderwege.
Adresse: Zum Forsthaus 61, 40721 Hilden

▶ Hildener Heide

Die Hildener Heide ist ein leicht hügeliges, größtenteils bewaldetes Heidegebiet. Sie gehört zum Naturraum Hilden-Lintorfer Sandterrassen und damit zur Bergischen Heideterrasse, liegt am östlichen Stadtrand von Hilden und steht teilweise unter Naturschutz. Im westlichen Teil liegt die Waldkaserne, in der das einzige Ausbildungsmusikkorps der Bundeswehr stationiert ist. Zwischen Kaserne und Heidefläche liegt der 106,6 Meter hohe Jaberg, der die höchste Erhebung im Stadtgebiet Hilden ist. Auf seinem Gipfel steht seit 1931 der Jaberg-Turm, ein 13,2 Meter hoher Aussichtsturm, der an Wochenenden bestiegen werden kann.

Veranstaltungen & Feste

Hildens Versanstaltungskalender ist prall gefüllt und hat in jeder Jahreszeit eine Menge zu bieten: den **Wilhelm-Fabry-Antik-Markt** 3- bis 4-mal jährlich, im Mai und Juni die **Jazz-Tage,** das **Weindorf, die Hildener Genusstage,** den **Hildener Frühling** und die **Schützenfeste;** die **Herbstkirmes Itterfest** im Oktober und die **Lichterwochen** im November; das Hildener **Winterdorf** und der **Weihnachtsmarkt** in der Adventszeit bilden den Abschluss.
Informationen: 🌐 stadtmarketing-hilden.de

Hildener Heide – ein schönes Stück Natur.

Hückeswagen

(Oberbergischer Kreis)

Die Schloss-Stadt Hückeswagen mit rund 15 000 Einwohnern beeindruckt ihre Besucher durch die malerische Innenstadt mit vielen denkmalgeschützten Häusern und ihrem Schloss auf einem Bergsporn. Im Sommer erfreut sich die Bevertalsperre mit ihren vielfältigen Freizeitmöglichkeiten großer Beliebtheit und zieht Besucher aus ganz Nordrhein-Westfalen an. Golfplatz, Fahrrad- und Wanderwege runden das Angebot ab.

Stadtverwaltung Hückeswagen
Bahnhofplatz 14
42499 Hückeswagen
📞 02192/88-806
🌐 hueckeswagen.de

Sehenswertes

▶ **Historische Altstadt**
Kleine Gässchen und denkmalgeschützte Schieferhäuser, die früher den Tuchmachern gehörten, machen den Charme der Altstadt Hückeswagens aus. Mittendrin: das Schloss der Grafen von Hückeswagen. In der Altstadt finden häufig Feste statt. Wer mag, kann in der Touristikinformation eine Führung buchen.
Adresse: Islandstraße, 42499 Hückeswagen, 📞 02192/88-806

▶ **Schloss Hückeswagen**
Das Schloss Hückeswagen steht auf einem Bergsporn oberhalb der Hückeswagener Innenstadt. Erstmals erwähnt wurde es 1189. Im Jahr 1260 wurde die Grafschaft Hückeswagen an die Grafen von Berg veräußert und bis 1800 bewohnt. Danach verfiel das Schloss. Erst nach Übernahme in Privatbesitz wurde es Mitte des 19. Jahrhunderts umfassend restauriert. Im Nordflügel befindet sich das Heimatmuseum. Vor dem Schloss stehen ein historischer Brunnen und ein historischer Pavillon.
Adresse: Auf'm Schloss 1, 42499 Hückeswagen

▶ **Ampelmännchen**
Ein kleiner Hingucker sind die Ampelmännchen in Hückeswagen. Die Schloss-Stadt war die erste Stadt in Westdeutschland, die 2010 ostdeutsche Ampelmännchen anbrachte. Sie sind auf den Ampeln in der Innenstadt zu finden.

Das Wahrzeichen Hückeswagens ist das Schloss, das über der Stadt thront.

▸Friedenskapelle Voßhagen

In Voßhagen gibt es einen Ehrenfriedhof, in dem Zwangsarbeiter des Zweiten Weltkriegs beerdigt sind. Daneben hat der Freundeskreis Friedenskapelle Voßhagen in den 1980ern eine Kapelle gebaut. Besucher können in einem Buch Gedanken, Wünsche und Fürbitten eintragen, Wanderer finden hier einen Ort zur Rast mit Blick auf die Natur. Neben Friedensgebeten, die hier stattfinden, gibt es auch regelmäßig ein Sommerfest.

Die Bevertalsperre ist ein beliebtes Ausflugsziel. Hier kann gebadet und gesegelt werden.

Adresse: Voßhagen 1, 42499 Hückeswagen, ⊕ friedenskapelle-vosshagen.de

Museen

▸Heimatmuseum

Im Nordflügel des Hückeswagener Schlosses befindet sich das Heimatmuseum, das Aufschluss über bergische Wohnkultur aus dem 18. und 19. Jahrhundert und bergisches Handwerk gibt. Zusätzlich geht es hier ums Schloss und seine Bewohner. Auf einer Videoleinwand werden historische Filme gezeigt.

Adresse: Auf'm Schloss 1, 42499 Hückeswagen, ☏ 02192/935204

▸ 3-Städte-Depot für regionale Industriegeschichte

Seit 2013 gibt es den Verein 3-Städte-Depot, der sich dafür engagiert, die Industriegeschichte Radevormwalds, Hückeswagens und Wipperfürths greifbar zu machen. Hier können nach Anmeldung alte Maschinen bestaunt werden, vom alten Webstuhl über die Bandwebmaschine bis hin zur Bügelhubsäge. Im Experimentiercenter kann manches ausprobiert werden.

Adresse: Peterstraße 75, 42499 Hückeswagen, ☏ 02192/931009, ⊕ 3-staedte-depot.de

Freizeit & Natur

▸ Bevertalsperre

Die Bevertalsperre ist bei Hobbysportlern, Radfahrern und Wassersportlern beliebt. Bei gutem Wetter kann man hier schwimmen oder sich am Ufer einer der Buchten sonnen. Badestellen befinden sich am Biker-Treff Zornige Ameise, am Campingplatz I und II und am Käfernberg.

Adressen: Großberghausen 5, Großberghausen 18, Wefelsen 10, Käfernberg 6, 42499 Hückeswagen

▸Angeln

Geangelt werden kann an der Bevertalsperre und an der Wuppertalsperre. Genaue

Informationen gibt es beim Wupperverband.
Informationen: 🌐 wupperverband.de;
🌐 campingbevertalsperre.de

▸ 😊 Segeln und Bootsfahrten

An der Bevertalsperre kann bei der Segler-
Vereinigung Wuppertal gesegelt werden. Zusätzlich gibt es eine Schule für Sportschiffer,
die nicht nur Kurse für den Sportführerschein
anbietet, sondern auch Kindergeburtstage
ausrichtet.
Informationen: 🌐 svwu.de; 🌐 schule-fuer-
sportschiffer.de

▸ 😊 Kanufahren

Auf der Wuppervorsperre befindet sich eine
Kanuwanderstrecke, für die eine Boots-
plakette benötigt wird. Geführte Touren
gibt es auch. Zusätzlich vermietet das Haus
am See an der Bevertalsperre Kanus und
Tretboote.
Adresse: Haus am See, 📞 02192/859844,
🌐 wupperverband.de, 🌐 paddleplanet.de

▸ 😊 Bürgerbad

Das Hückeswagener Bürgerbad verfügt
über ein großes Mehrzweckbecken mit zwei
Sprungbrettern, ein Nichtschwimmerbecken
und eine Wasserrutsche. Zusätzlich gibt es
eine Sauna. Regelmäßig finden hier Veranstaltungen für Kinder statt, die Kinder-
schwimmkurse – auch in den Schulferien –
sind sehr beliebt.
Adresse: Zum Sportzentrum 9,
42499 Hückeswagen, 📞 02192/931387,
🌐 buergerbad-hueckeswagen.de

▸ Stand-up-Paddling

Beim Stand-up-Paddling steht man auf einer
Art Surfbrett und bewegt sich mithilfe eines
langen Paddels fort. Der Sport stammt aus
Hawaii, hat es aber mittlerweile auch auf die
Hückeswagener Bevertalsperre geschafft.
Hier kann man Bretter mieten oder an Kur-
sen teilnehmen.

Adresse: Campingpark Bevertalsperre,
Großberghausen 18, 42499 Hückeswagen,
📞 0151/11673030, 🌐 kaiao-sup.de

▸ Tauchen

Unterhalb der Oberfläche der Bevertal-
sperre gibt es eine Menge zu entdecken:
Bootswracks, alte Kellergebäude, einen
Steinbruch und Reste der alten Staumauer.
Hier darf getaucht werden. Es werden
Kurse für Anfänger und Fortgeschrittene
angeboten.
Adresse: Campingplatz 1, Käfernberg 6,
42499 Hückeswagen, 📞 0172/8203672,
🌐 nauticodiver.de

▸ 😊 Reiten

Pferdefreunde können das Angebot
der Reitanlage Wüste nutzen, die auch
Kindergeburtstage ausrichtet, oder sich
in der Reitschule Tabak anmelden, in
der auch regelmäßig Ferienspaß angeboten
wird.
Informationen: 🌐 reitanlage-wueste.de;
🌐 zucht-reiterhof-tabak.de

▸ 😊 Klettergarten und Segways

Der GHW Hochseilgarten bietet Besuchern
einen Parcours mit Hindernissen in luftiger
Höhe – sechs bis 15 Meter über der Erde,
zwischen den Bäumen. Wer lieber auf dem
Boden bleiben will, kann dort auch eine
Segway-Tour buchen.
Adresse: Zum Sportzentrum 17,
42499 Hückeswagen, 📞 02192/9356661,
🌐 ghw-klettergarten.de

▸ 😊 Minigolf

Mitten im Grünen – im Brunsbachtal – liegt
die Minigolfanlage des Jugendzentrums
Hückeswagen. Insgesamt gibt es 18 Bahnen,
auf denen gespielt werden kann.
Adresse: Zum Sportzentrum 3,
42499 Hückeswagen, 🌐 juze-hueck.de/
minigolf-am-jugendzentrum

▸ Golfclub Dreibäumen

Der Golfclub Dreibäumen, an der Grenze zu Wermelskirchen und Bergisch Born, bietet einen 18-Loch-Kurs. Gemessen an der typischen bergischen Topographie ist der Platz vergleichsweise angenehm flach.

Adresse: Stoote 1, 42499 Hückeswagen, 02192/854720, dreibaeumen.de

▸ Wandern

Um die Schloss-Stadt Hückeswagen gibt es viele abwechslungsreiche Wanderrouten, z. B. den Beverrundweg, den Bergischen Panoramasteig und das Wasserquintett. Sie führen durch Laub- und Nadelwälder, am Fluss Wupper und an Talsperren entlang und bieten herrliche Ausblicke auf die bergische Landschaft.

Informationen: bergisches-wanderland.de; sgv-berg.de

▸ ◔ Streifzug Wasserweg

Die 4,3 Kilometer lange Rundstrecke „Das Wasserreich im Bergischen" führt rund um die Wuppertalsperre und bietet auf verschiedenen Infotafeln Informationen rund um die Wupper, das Wasser im Bergischen, Wasserkraftnutzung und die Funktion von Talsperen. Die Tour eignet sich besonders für Familien: Für Kinder finden sich auf den Infotafeln Texte mit der Maus aus „Die Sendung mit der Maus". Der Wasserweg ist Teil der Bergischen Streifzüge.

Start: Parkplatz am Mühlenweg, Ecke Ernst-Pflitsch-Straße, 42499 Hückeswagen, bergisches-wanderland.de

▸ Kultur-Haus Zach

Das Kultur-Haus Zach liegt zentral in der Hückeswagener Innenstadt. Seit 2009 wird es von einem Verein betrieben, der sich darum kümmert, kulturelle Veranstaltungen in die Schloss-Stadt zu bringen. Im Kultur-Haus Zach finden regelmäßig Ausstellungen, Konzerte, Kabarettveranstaltungen und Filmvorführungen statt.

Adresse: Islandstraße 5–7, 42499 Hückeswagen, kultur-haus-zach.de

Die Friedenskapelle Voßhagen bietet Rast für Wanderer.

▸ ◔ Herzwurzelhof

Auf dem Biobauernhof Herzwurzelhof werden verschiedene Workshops und Kurse rund um Tiere und Natur angeboten. Auf der Streuobstwiese gibt es regelmäßig Schnittkurse und Vorträge. Familien und Gruppen können Workshops und Auszeiten buchen.

Adresse: Maisdörpe 9, 42499 Hückeswagen, 02192/8596810, herzwurzelhof.com

Veranstaltungen & Feste

Im Sommer finden in der Regel Open-Air-Konzerte auf dem Schlossplatz statt. Im September lockt das Altstadtfest mit viel Programm, Livemusik und einem großen Trödelmarkt Besucher aus dem Bergischen an.

Kürten

(Rheinisch-Bergischer Kreis)

Es wird kein Zufall sein, dass der Komponist Karlheinz Stockhausen die Gemeinde Kürten (rund 20 000 Einwohner) zu seiner Wahlheimat erklärt hat. Der Erholungswert der Gemeinde ist hoch. Hier locken Wälder, Wiesen und jede Menge Natur, der historische Ortskern und die Kirchdörfer Bechen, Biesfeld, Dürscheid und Olpe laden zum Erkunden ein. Wanderer und Mountainbiker finden hier ebenso Freizeitmöglichkeiten wie Familien und Golfer.

Kürten Touristik, Rathaus
Karlheinz-Stockhausen-Platz 1
51515 Kürten
📞 **02268/9390**
🌐 **kuerten.de**

Sehenswertes

▶ Bechener Esel

Bechen wird auch als Eselsdorf bezeichnet – und tatsächlich: Nahe der Evangelischen Kirche findet sich eine Eselskulptur, die die Künstlerin Heide Dobberkau schuf und die seit 1983 im Ort zu sehen ist. Es gibt zahlreiche Geschichten dazu, wie Bechen zu dem Namenszusatz kam. Die beliebteste: Früher kamen die Bechener mit ihren Eseln auf den Markt in Köln. Da die Esel aber stur waren, waren die Bechener selten pünktlich. In Köln verfestigte sich deshalb der Spruch: „Lasst uns warten, bis die Bechener Esel kommen." Von der Eselsskulptur ab führt der Rundwanderweg „Bechener Eselspfad" auf einer rund 4,6 Kilometer langen Route zu den Sehenswürdigkeiten im Dorf.
Adresse: Ortsmitte Bechen, 🌐 bechen.de, 🌐 ig-bechen.de

▶ St. Margareta

Die dreischiffige neugotische Landkirche, die 1897 fertiggestellt wurde, blieb von der Modernisierungswelle der 1960er-Jahre verschont. Im Inneren stechen besonders die Schnitzereien an der Kanzel und der prachtvolle Altar ins Auge.
Adresse: Hauptstraße 27, 51515 Kürten-Olpe, 📞 02268/7320, 🌐 st-margareta-kuerten-olpe.de

▶ Kreuzkapelle Olpe

Die Kreuzkapelle in Olpe wurde zwischen 1520 und 1527 zusammen mit einer Kirche erbaut. Die Kirche gibt es mittlerweile nicht mehr, die Kapelle steht jedoch nach wie vor. 1901 wurde sie erweitert. An der Kapelle befindet sich ein romanisches Portal, das

Das Wahrzeichen von Bechen ist der Esel. Von ihm aus führt der Bechener Eselspfad durchs Dorf.

auf 1130 bis 1140 datiert werden kann und früher in der Kirche stand. Auf dem Friedhof finden sich erhaltene Grabplatten aus dem 18. Jahrhundert.
Adresse: Hauptstraße 24, 51515 Kürten-Olpe, ⊕ dorf-olpe.de

▸ Wallfahrtskirche Zur schmerzhaften Mutter Gottes
Erstmals findet eine Kirche in Kürten-Biesfeld 1693 Erwähnung. 1908 wurde mit einem Neubau begonnen, 1961 wurde er eingeweiht. In der Vergangenheit soll es viele Pilger in die Kirche nach Biesfeld gezogen haben.
Adresse: Neuensaaler Straße 1, 51515 Kürten-Biesfeld, ⊕ ig-biesfeld.de

▸ Stockhausens Grabstätte
Der Komponist Karlheinz Stockhausen (1928–2007) war Wahl-Kürtener und gilt als einer der bedeutendsten Komponisten des 20. Jahrhunderts. Seine Oper „Licht", an der er 28 Jahre lang arbeitete, ist mit 29 Stunden Spielzeit verteilt auf sieben Tage die längste Oper der Musikgeschichte. Ein Auszug aus diesem Werk ist auf seinem Grabstein auf dem Kürtener Waldfriedhof zu sehen. Die Platte mit zwei Metern Durchmesser hat der Komponist selbst noch zu Lebzeiten entworfen. Vom Friedhof aus startet ein Kreuzweg.
Adresse: Waldfriedhof, 51515 Kürten, ⊕ karlheinzstockhausen.org

▸ Gut Hungenbach
Die Hotel- und Tagungsanlage besteht aus einem Gebäude aus dem 18. Jahrhundert sowie Fachwerkhäusern, die dorthin verlegt wurden, damit sie erhalten werden können. Unter den Häusern ist eines, das zum Rittergut Varresbeck gehörte, sowie das Wohnhaus von Johann Heinrich Jung-Stilling.
Adresse: Hungenbach 12, 51515 Kürten-Hungenbach, ☎ 02268/801510, ⊕ guthungenbach.de

Museen

▸ Chinaforum Galerie T
Im China-Forum Galerie T werden wechselnde Ausstellungen mit Kunst aus China gezeigt.
Adresse: Forsten 43, 51515 Kürten, ⊕ chinaforum-t-galerie.com

Freizeit & Natur

▸ 😊 Splash Sauna- und Badelandschaft
Das Splash verfügt über eine große Badewelt inklusive Wasserrutsche, Wasserfall, Wildwasserkanal, Blubberbuchten, Kinderplanschbecken, Relax-Whirlpool, Solebecken, Außenbecken und Liegewiese. Darüber hinaus gibt es einen Saunabereich inklusive Massagemöglichkeiten.
Adresse: Broch 8, 51515 Kürten, ☎ 02268/90319, ⊕ splash-kuerten.de

▸ Große Dhünn-Talsperre
Die Große Dhünn-Talsperre liegt in einem Naturschutzgebiet zwischen Kürten, Odenthal und Wermelskirchen. Sie ist das zweitgrößte Wasserreservoir Deutschlands. Wassersport ist hier verboten, dafür gibt es zahlreiche Möglichkeiten, entlang der Talsperre wandern zu gehen.
Informationen: ⊕ wupperverband.de; ⊕ bergisches-wanderland.de

▸ 😊 Erlebniswelt Bauernhof
Beim Melken zusehen, Kälber streicheln, im Heustall toben – das und mehr bietet die Erlebniswelt Bauernhof an. Gruppen können hier auch ökologische Schatzsuchen oder Bachwanderungen buchen sowie basteln, töpfern oder Indianerschmuck herstellen. Auch für Erwachsene gibt es Programm: Sie können einen Traktor mieten und auf Erkundungsfahrt gehen.
Adresse: Zur Linde 38–41, 51515 Kürten, ☎ 02207/4146, ⊕ mdbauernhof.de

▸ Angeln

Der Angelpark Bosbach ist ein kleiner Forellen-
teich in Kürten-Grundemühle mit Angelmög-
lichkeit. Auch Nachtangeln wird angeboten.
Adresse: Grundermühle 4a, 51515 Kürten-
Grundemühle, ☏ 02268/1407

▸ ☺ Reiten

Pferdenarren werden sich in der rheinisch-
bergischen Gemeinde gleich zu Hause
fühlen. Denn in Kürten gibt es eine große
Auswahl an Reiterhöfen. Das Angebot reicht
vom Westernreiten im Westernstall Erlen-
busch bis hin zum Ritt im Damensattel in der
Reitschule Biesenbach, wo es übrigens auch
Ponyreiten für die Kleinen gibt. Im Reitstall
Koenen wird spielerisches und therapeutisches Reiten sowie Voltigieren angeboten
Informationen: ⊕ erlenbusch-westernreiten.
de; ⊕ reitschule-biesenbach.de; ⊕ silvia-
jackes.de; ⊕ deinpferdimgruenen.de;
⊕ reitstall-koenen.de; ⊕ eyberg.de;
⊕ ferienhof-biesenbach.de

▸ Golf-Club Kürten

Der Golf-Club Kürten bietet einen 18-Loch-
Golf-Parcours auf 115 Hektar. Für Gäste ist
er nur bei einer Verbandsmitgliedschaft
bespielbar. Für den öffentlichen Sechs-Loch-
Course reicht die Platzreife. Darüber hinaus
gibt es eine Driving Range, zwei Zielgrün, ein
Chipping-Green und zwei Putting-Greens,
die von jedem genutzt werden können.
Adresse: Johannesberg 13, 51515 Kürten,
☏ 02268/8989, ⊕ gckuerten.de

▸ Planwagenfahrten

Der Ferienhof Biesenbach bietet Planwa-
genfahrten durch die Natur des Bergischen
Landes an. Optional kann eine anschließende
Bergische Kaffeetafel dazubestellt werden.
Hier können auch Braut- und Festkutschen
gebucht werden.
Adresse: Weidener Straße 66, 51515 Kürten,
☏ 02268/2882, ⊕ ferienhof-biesenbach.de

*Der Kürtener Mühlenweg nimmt Wanderer mit
auf eine Reise in die Geschichte der Mühlen.*

▸ Mühlenweg

Zwischen Wupper und Sieg klapperten
einst mehr als tausend Mühlen. Durch
die Nutzung von Wasserkraft wurden
Korn gemahlen, Schießpulver hergestellt
oder Knochen gemahlen. Der Kürtener
Mühlenweg nimmt Wanderer auf seinem
13,5 Kilometer langen Rundweg mit auf eine
Reise in die Geschichte der Mühlen. Neben
historischen Mühlengebäuden wird auf
Infotafeln am Wegesrand über die Mühlen
informiert.
Start: Parkplatz am Splash-Bad, Broch 8,
51515 Kürten, ⊕ bergisches-wanderland.de

Veranstaltungen & Feste

Auf dem Gut Hungenbach werden im Sommer in der Regel Open-Air-Konzerte angeboten. Auf dem Karlheinz-Stockhausen-Platz
findet meist am ersten Adventswochenende
ein Weihnachtsmarkt statt. In Bechen gibt
es die Bechener Weihnacht am Esel auf dem
Dorfplatz mit Vorführungen, Bastelange-
boten und mehr. Ebenfalls in Bechen gibt
es das Eselsfest im Sommer, bei dem über
drei Tage mit Livemusik und viel Programm
gefeiert wird. In der fünften Jahreszeit finden
Karnevalsumzüge und -sitzungen in Kürten
und den Kirchdörfern statt.

Langenfeld

(Kreis Mettmann)

Bergischer Löwe und Posthorn zieren das Wappen der Stadt Langenfeld (ca. 60 000 Einwohner), die mit dem Erhalt der Stadtrechte im Jahr 1948 als junge Kommune gilt. Das bedeutet nicht, dass Langenfeld arm an Geschichte wäre. Entstanden aus Richrath und Reusrath vereint die Stadt, wie sie sich heute in ihren Grenzen zeigt, insgesamt fünf Ortsteile: Richrath und Reusrath sowie Immigrath, Wiescheid und Berghausen.

Stadt Langenfeld Rhld.
Konrad-Adenauer-Platz 1
40764 Langenfeld
📞 **02173-794-0**
🌐 **langenfeld.de**

Sehenswertes

▶ Wasserburg Haus Graven

Die Anfänge der Wasserburg Haus Graven liegen vermutlich im 13. Jahrhundert. Die Motte Schwanenmühle, die nur wenige 100 Meter entfernt liegt, ist mit Sicherheit der Vorgängerbau von Haus Graven. Die Gebäude wurden zunächst als Teppichatelier und für kulturelle Veranstaltungen genutzt. 1995 erfolgten umfangreiche Renovierungen und ein Umbau zu Wohnzwecken. Ende 2010 mietete die Stadt Langenfeld die Wasserburg und übergab sie dem Verein Wasserburg Haus Graven e. V. zur kulturellen Nutzung.
Adresse: Zur Wasserburg/Haus Graven 1, 40764 Langenfeld-Wiescheid, 🌐 haus-graven.de

▶ Schwanenmühle

Die Schwanenmühle wird bereits 1341 in einer Urkunde im Zusammenhang mit Haus Graven erwähnt. Sie ist damit die Langenfelder Mühle mit der frühesten schriftlichen Erwähnung. Sie gehörte früher zur Wasserburg Haus Graven und war lange Jahre im Besitz der Grafen von Mirbach.
Adresse: Zur Schwanenmühle 1, 40764 Langenfeld-Wiescheid (Krüdersheide)

▶ Kirche St. Martin

Der aus Kohlensandbruchsteinen und Tuffquadern errichtete 22 Meter hohe Turm von St. Martin ist das älteste Gebäude von Langenfeld. Experten datieren ihn in die zweite Hälfte des 12. Jahrhunderts. Tatsächlich ist die ursprüngliche Kirche wahrscheinlich noch viel älter. Grabungsfunde lassen vermuten, dass die erste Steinkirche bereits im frühen 10. Jahrhundert erbaut wurde. Möglicherweise wurde zunächst eine Kirche aus Holz errichtet, von der sich jedoch keine Reste fanden. Hinweise geben einige Gräben, die aus der Zeit der ersten Kirche stammen. Als zeitlicher Ansatz für den Bau wird das 9. Jahrhundert in Betracht gezogen. Keramikfunde belegen diese These. Besonderheiten im Innenraum der Kirche sind das Taufbecken aus Drachenfelstrachyt (zweite Hälfte des 12. Jahrhunderts) und eine Lindenholzstatue „Madonna mit Kind" (um 1480).
Adresse: Kaiserstraße 28, 40764 Langenfeld-Richrath, 🌐 kklangenfeld.de

▶ Dückeburg

Die Dückeburg ist eine ehemalige Wasserburg an der Reusrather Straße, deren Ursprung bis in das 15. Jahrhundert zurückgeht. Sie wird privat bewohnt.
Adresse: Reusrather Straße , 40764 Langenfeld-Reusrath

▶ Gut Hecke

Das sogenannte „Vorlaubenhaus" wurde 1717 gebaut. Das Gebäude stellt eine Seltenheit dar, und der Vorbau bildet mit dem Haus eine Einheit. Ursprünglich diente Gut Hecke als Unterstellplatz für Kutsche und Pferd. Hier soll Napoleon auf der Durchreise einmal übernachtet haben.

Adresse: Opladener Straße, 40764 Langenfeld-Reusrath

Museen

▸ 😊 Stadtmuseum mit Stadtarchiv

Im 1909 errichteten Freiherr-vom-Stein-Haus, das ursprünglich eine Schule war, befindet sich seit 1998 das Langenfelder Stadtmuseum mit einer Dauerausstellung zur Langenfelder Stadtgeschichte sowie das Stadtarchiv. Pro Jahr gibt es zusätzlich vier bis fünf Sonderausstellungen zu kunst- und kulturhistorischen Themen. Auch Veranstaltungen wie Vorträge, Konzerte, Tagungen, Empfänge und Eheschließungen finden hier statt. Die Dauerausstellung reicht von den Mammutzahnfunden der Steinzeit bis hin zum modernen Langenfeld von heute. Behandelt werden unter anderem Kirchen- und Postgeschichte, Industrialisierung, Krankenhaus, Schwimmbad und LVR-Klinik, die Kinogeschichte sowie die beiden Weltkriege. Viele zeitgemäße audiovisuelle und interaktive Elemente gestalten die Präsentation abwechslungsreich, und auch an die jüngsten Besucher wurde gedacht: Der Hamster „Ham vom langen Feld" nimmt sie mit auf eine spannende Museumsrallye.

Adresse: Freiherr-vom-Stein-Haus, Hauptstraße 83, 40764 Langenfeld, 📞 02173/794-4410, 🌐 stadtmuseum-langenfeld.de

Freizeit & Natur

▸ Further Moor

Das Kernstück des Naturschutzgebietes Further Moor umfasst 43 Hektar Fläche und stellt eine im Kreis seltene Heidemoor- und Übergangsmoorfläche mit gefährdeten Pflanzenarten dar. Dieser Bereich ist von dichten, unterschiedlich zusammengesetzten Waldbeständen schützend umgeben. Die Wanderwege im Further Moor sind überwiegend eben und gut ausgebaut. Sie eignen sich somit auch für Jogging und Fahrradtouren. Das Further Moor ist eine typische Niederrheinlandschaft und Rest eines ehemals großen zusammenhängenden Moorgebietes. Heute ist es einer der letzten Lebensräume für seltene Pflanzen und Tiere und als hochwertiges Biotop ein bedeutendes Naturschutzgebiet. Libellen, Frösche und Eidechsen bevölkern die Moorlandschaft. Zahlreiche Vogelarten, darunter auch seltene Gäste wie der Kleinspecht und die Waldschnepfe, brüten im Moor. Deshalb muss der Besucher auf den gekennzeichneten Wanderwegen bleiben.

Im Langenfelder Stadtmuseum erwartet die Besucher eine bunte Mischung an Themen.

▸ Posthornwanderweg

Der Posthornweg ist ein 35,8 Kilometer langer Rundwanderweg, der um Langenfeld herum führt und der Stadtgrenze folgt. Er verläuft abschnittsweise auch auf dem Gebiet der Nachbarstädte Solingen, Leichlingen, Monheim am Rhein, Düsseldorf und

Hilden. Als Wegzeichen besitzt der Wanderweg ein Posthorn im Kreis, das sich auf die lange Tradition Langenfelds in der Postbeförderung seit 1668 bezieht. Die Auffrischung der Wegzeichen erfolgt in regelmäßigen Abständen durch die Ortsabteilung Langenfeld des Sauerländischen Gebirgsvereins.
Informationen: ⊕ uvl-langenfeld.de

Eine Menge Spaß bietet die im Kreis Mettmann einzigartige Wasserskianlage.

▸ 🕑 Wasserskianlage

Im Stadtteil Berghausen in unmittelbarer Nähe des Knipprather Walds befindet sich das Wasserskigelände. Hier können sich die Wasserskisportler so richtig austoben. Ob groß oder klein, ob jung oder alt, für jeden gibt es hier die richtigen Kurse.
Adresse: Baumberger Straße 88, 40764 Langenfeld, 📞 02173/39462222, ⊕ wasserski-langenfeld.de

▸ 🕑 Freizeitpark Langfort

Im Freizeitpark Langfort stehen dem Besucher eine Vielzahl von Sport- und Spielmöglichkeiten zu Verfügung. Hier kann Fußball, Volleyball, Basketball, Hockey gespielt werden, es gibt eine Inliner- und Rollschuhbahn, einen großen Boule-Platz, Tischtennisplatten, Sport- und Fitnessgeräte für jedes Alter, eine Skateranlage sowie Spiel- und Liegewiesen. Man kann auch überdachte Grillplätze anmieten. Neben dem Generationengarten für ältere Jahrgänge wird auch für Kinder

jede Menge geboten, denn der Spielplatz hält eine Seilbahn, Rutschen, Schaukeln, ein Kletternetz, einen Matschplatz mit großem Spielschiff sowie einen Kleinkinderspielbereich bereit.
Adresse: Zum Stadion 93, 40764 Langenfeld, 📞 02173/794-5562

▸ 🕑 Stadtbad Langenfeld

Das Schwimmbad liegt direkt am Freizeitpark Langfort und ist sowohl zu Fuß, mit dem Rad, mit dem Auto als auch mit dem Bus sehr gut zu erreichen. Neben einem Hallenbad gibt es auch ein Freibad mit Sprungtürmen und Wasserrutsche.
Adresse: Langforter Straße 72, 40764 Langenfeld, 📞 02173/96095-0, ⊕ sglangenfeld.de

Veranstaltungen & Feste

Im April wird das **Stadtfest** mit großer Kirmes gefeiert. Für ein ganzes Wochenende sorgen dann Tänzer und Sänger auf zwei Showbühnen für gute Stimmung. Immer am vierten Sonntag im Mai findet das **Kinderfest** im Freizeitpark zur Völkerverständigung und Integration statt. Es bietet vielfältige Veranstaltungen für Kinder und von Kindern, internationale Küche sowie die Präsentation der Jugendarbeit von Sportvereinen. Im Juni lädt dann das **ZNS-Sommerfest** seit 1989 mit Bühnenveranstaltungen, Trödelmarkt, Auto-Präsentationen und einem verkaufsoffenen Sonntag ein. Seit 1979 gibt es ebenfalls im Juni das **Erdbeerfest.** Auch im Juni feiern die **Schützen** in den einzelnen Stadtteilen ihre Feste. „Langenfeld live" sorgt dann in den Sommerferien im Juli und August für kostenlose Open-Air-Konzerte auf dem Marktplatz, jeweils mittwochs. Im August kredenzen die Langenfelder Gastronomen auf der **Schlemmermeile** ihre Köstlichkeiten, von Live-Musik untermalt. Flugzeugfreunde kommen im September auf ihre Kosten, wenn am ersten

Wochenende des Monats die Luftsportgruppe Erbslöh zum **Flugplatzfest** in Wiescheid einlädt. Neben Flugvorführungen werden Rundflüge durchgeführt und Oldtimer ausgestellt. Die Veranstaltung endet mit einem Ballonglühen und einem Feuerwerk bei Livemusik. Ebenfalls im September, am zweiten Wochenende, steigt die **Kirmes** in Berghausen mit dem Schürreskarren-Rennen, das seit 1929 stattfindet. Kulinarisches rund um die Kartoffel und Live-Musik werden auf dem Platz des SSV Berghausen beim **Kartoffelfest** dargeboten, und beim **Schoppenfest** werden Weine aus allen Weinregionen Deutschlands zum Verkosten und Kaufen angeboten. Der Oktober steht in Langfort ganz im Zeichen des dortigen **Kürbisfests,** und in Richrath wird das **Herbstfest** gefeiert. Im Dezember schließt der **Weihnachtsmarkt** im Zentrum dann das Langenfelder Veranstaltungsjahr ab.

Leichlingen

(Rheinisch-Bergischer Kreis)

Die „Blütenstadt" Leichlingen (28 000 Einwohner) weist eine mehr als 1000-jährige Geschichte auf. Als Bindeglied zwischen Bergischem Land und Rheinland ist der bereits im 10. Jahrhundert urkundlich erwähnte Ort ein beliebtes Ziel für Freunde bergischer Naturlandschaften, denn die Stadt liegt mitten im Grünen, umschlossen von dichten Wäldern und weitläufigen Feldern. Ob Skulpturenpark, Sandberge oder Champignonfarm: Hier wird nicht selten das Außergewöhnliche geboten.

Touristen-Information
Am Büscherhof 1
42799 Leichlingen
📞 **02175/992222**
🌐 **leichlingen.de**

Sehenswertes

▸ Schloss Eicherhof

Der edle Rokoko-Bau von Jacob Wilhelm Behagel Edler von Hack wurde 1762/63 nach französischem Vorbild fertiggestellt. Das zweigeschossige Herrenhaus mit Mansardendach lässt geschichtsinteressierte Zeitgenossen träumen. Ein Rosenrondell von Emma Schniewind auf dem Vorplatz rundet das Gesamtbild stilvoll ab. Heute dient das Gutshaus als Firmensitz und Tagungsort.
Adresse: Am Hammer 13, 42799 Leichlingen, 📞 02175/168008, 🌐 schloss-eicherhof.de

▸ Der Alte vom Berge

Eine der bekanntesten und ältesten Kirchen der Region steht in Witzhelden und ist unverrückbar mit dem Bild des Ortskerns verbunden. Ihr eindrucksvoller Turm mit dem Pyramiddach stammt aus dem 12. Jahrhundert. Die jetzige Pfarrkirche wurde im 18. Jahrhundert über zwei Vorgängerbauten errichtet und zwischen 1973 und 1982 komplett renoviert.
Adresse: Hauptstraße 2, 42799 Leichlingen, 📞 02174/3465, 🌐 kirchbauverein-witzhelden.de

▸ Evangelische Kirche Leichlingen

Dieser Bau atmet Geschichte. Mehr als 1000 Jahre hat die erste Kirche Leichlingens mittlerweile auf dem Buckel. Bereits im Mittelalter erweitert, wurde 1753 ein Neubau vorgenommen, wobei man auch heute noch ältere Teile wahrnehmen kann, die in der Kirche verbaut worden sind. So sorgen ein Kirchturm-Hahn aus dem 12. Jahrhundert und eine Glocke aus dem 16. Jahrhundert für Aufsehen bei den Besuchern der Kirche, die im Laufe ihrer langen und wechselhaften Geschichte auch die Konfession wechselte.
Adresse: Marktstraße 15, 42799 Leichlingen, 📞 02175/3874, 🌐 kirche-leichlingen.de

Schloss Eicherhof versieht jede Veranstaltung mit adligem Glanz.

▶ Fernmeldeturm Witzhelden

Der knapp 134 Meter hohe Turm aus dem Jahre 1975 dient dem Richtfunk sowie als UKW-Sender. Er trägt den Spitznamen „Rich". Obwohl er nicht öffentlich zugänglich ist, bietet er vor der idyllischen bergischen Dorfkulisse eine imposante Erscheinung.

Adresse: 42799 Leichlingen-Witzhelden

Museen

▶ Sinneswald

Auf dem Gelände einer historischen Spinnerei im Murbachtal entwickelten Wicze Braun und Wolfgang Brudes ein Natur-Museum, das Künstlern der Region die Möglichkeit gibt, ihre Skulpturen auszustellen. Die Themen der Ausstellungen wechseln jährlich. Die Arbeiten aus verschiedenen Materialien stammen von mehr als 60 Künstlern und werten die ohnehin idyllische Landschaft noch weiter auf.

Adresse: Wietsche 1, 42799 Leichlingen, 📞 02175/2854, 🌐 sinneswald.net

Freizeit & Natur

▶ Diepentalsperre

Jahrelang war die Talsperre im sie umgebenden Naherholungsgebiet ein großer Publikumsmagnet. 2016 wurde festgestellt, dass sie den technischen Anforderungen nicht mehr genügte, die an eine moderne Talsperre gestellt würden. Die Diepentalsperre wird seit 2018 renaturiert, eine naturnahe Bachlandschaft soll die Seenlandschaft ersetzen. Bis die Umbauarbeiten beendet sind, kann es noch einige Jahre dauern. Ein Spaziergang rund um das ehemals beliebte Ausflugsziel lohnt dennoch.

Adresse: Diepental, 42799 Leichlingen

Auf dem Leichlinger Obstweg kann man die Region mit allen Sinnen erwandern.

▶ Leichlinger Champignonzucht

Austernseitling, Brauner Champignon, Weißer Champignon, Kräuterseitling, Limonenseitling, Shiitake, Kastanienseitling, Pom Pom Blanc oder Samthaube: Zu einer Entdeckungsreise durch die Welt der Pilze lädt die Leichlinger Champignonzucht ein. Für Gruppen ab zehn Personen werden Führungen angeboten, bei denen man über die Kultur und die gesundheitsfördernden Eigenschaften der Gewächse aufgeklärt wird. Und im Hofladen kann man die Leckereien dann auch gleich erwerben.
Adresse: Bergerhof 71, 42799 Leichlingen, ☎ 02175/4282, ⊕ leichlinger-champignonzucht.de

▶ Leichlinger Obstweg

Der Name des rund neun Kilometer langen Wanderweges ist Programm. Indem man dem Apfelsymbol folgt, passiert man Wälder, bergische Dörfer, Streuobstwiesen und jede Menge neue und alte Obstbäume. Wer ein gemäßigtes Tempo anschlägt braucht rund drei Stunden für den Weg. Abzweigungen nach Leverkusen, Solingen und Witzhelden sind ausgeschildert. Idealer Startpunkt der Wanderung ist die Kurze Straße in Leichlingen.

Informationen: ⊕ leichlingen.de; ⊕ bergisches-wanderland.de

▶ Leichlinger Sandberge

Ein kleines Naturschauspiel an der Grenze zu Langenfeld bieten die Leichlinger Sandberge als Bestandteile der Bergischen Heideterrasse. Früher konnte man hier im feinen Sand viele Ammoniten und andere versteinerte Zeugnisse längst vergangener Zeiten entdecken. Nachdem der Mensch die Sandberge für industrielle Zwecke ausgebeutet und Teile davon sogar in eine Mülldeponie umgewandelt hatte, blieb nur noch ein Bruchteil davon bestehen. Der unberührte Teil des Heidbergs wurde 1983 Naturdenkmal und kann am besten von der Straße Am Stockberg eingesehen werden.

Veranstaltungen & Feste

Kids in Action: Jedes Jahr in den Sommerferien lädt der Bürgermeister der Stadt Leichlingen zum Leichlinger Kindersommer auf den Spielplatz unterhalb der Feuerwehr am Wallgraben ein. Diverse ausgefallene Spielangebote wechseln sich mit tollen Möglichkeiten ab, die Natur zu erforschen. In jedem Jahr nehmen viele Institutionen teil und überraschen die kleinen und großen Teilnehmer wieder mit neuen Ideen. Das große Stadtfest für die ganze Familie steigt im September mit einem Mix aus Künstlern, Leckereien, Händlern, Kirmes-Klassikern, Bühnenprogramm und Kindertrödelmarkt. Dem traditionellen Beispiel folgend, wird der Leichlinger Obstmarkt im Oktober auch 125 Jahre nach seiner Einführung mit einem riesigen Angebot an regionalem Obst und Gemüse sowie Pilzen aus den umliegenden Wäldern aufwarten. In aller Ruhe kann man sich über Aufzucht und verschiedene Sorten informieren, während die lieben Kleinen sich an einem Kinderprogramm erfreuen.

Lindlar

(Oberbergischer Kreis)

Die Gemeinde Lindlar (rund 21 000 Einwohner), auch „steinreiches" Lindlar genannt, ist geprägt durch die Grauwacke, die hier bis heute abgebaut wird. Familien kommen aber nicht nur nach Lindlar, um nach Fossilien zu suchen und einen Steinbruch aus nächster Nähe zu sehen. Das LVR-Freilichtmuseum zieht Jahr für Jahr viele Besucher an, die sich an Natur und Geschichte erfreuen, ebenso locken die vielen Freizeitangebote nach Lindlar.

Lindlar Touristik
Am Marktplatz 1
51789 Lindlar
☎ **02266/96407**
🌐 **lindlar-touristik.de**

Sehenswertes

▸ Burgruine Eibach
Erbaut wurde die Wasserburg Eibach im Jahr 1352, 1782 wurde sie bei einem Brand zerstört, heute sind nur noch die Überreste zu sehen, die bewachsen aus dem Wasser hervorragen. Erhalten hingegen sind das ehemalige Torhäuschen und der danebenstehende Bauernhof. Nicht weit entfernt befinden sich auch die Burg Neuenberg und die Zwergenhöhle.
Adresse: Eibachstraße 55,
51789 Lindlar-Frielingsdorf-Scheel

▸ Burgruine Neuenberg
Wann genau die Burg Neuenberg gebaut wurde, ist nicht überliefert. Dafür aber, dass sie ein Schauplatz im Dreißigjährigen Krieg war, wodurch sie auch in Mitleidenschaft gezogen wurde. Zerstört wurde sie allerdings nicht von den Schweden. Sie wurde im 17. Jahrhundert absichtlich demoliert, da sie baufällig geworden war und man befürchtete, dass sie einem Angriff nicht mehr standhalten konnte. Teile der Außenmauern, des Eingangs und des Wehrgrabens sind allerdings erhalten geblieben. Zu erreichen ist sie nur zu Fuß, sie liegt östlich der Neuenbergstraße, nordwestlich von der Burg Eibach und nordöstlich von der Zwergenhöhle.
Adresse: Neuenbergstraße, 51789 Lindlar-Frielingsdorf-Scheel

▸ Schloss Heiligenhoven
Erste historische Zeugnisse über das Schloss Heiligenhoven stammen aus dem 14. und 15. Jahrhundert. Das Schloss, das früher Edelleute beherbergte, wurde 2015 an eine Gesellschaft verkauft, die darin eine Privatklinik eröffnen will. Vom Freilichtmuseum aus kann man zu Fuß in fünf Minuten den Schlosspark erreichen.
Adresse: Heiligenhoven 1, 51789 Lindlar

▸ Kapelle Frauenhäuschen
Die idyllische kleine Bruchsteinkapelle Frauenhäuschen wirkt wie aus der Zeit gefallen. Erstmals erwähnt wurde sie im Jahr 1460 als „Heiligenhäuschen an der Frauenweide".
Adresse: Eibenweg 2, 51789 Lindlar

Die Burgruine Eibach in Lindlar-Frielingsdorf.

Lindlar

▸ Weißes Pferdchen

Das im Jahr 1612 errichtete „Weiße Pferdchen" ist eines der ältesten Fachwerkhäuser
im Bergischen Land und wurde früher als
Fuhrmannsherberge genutzt. Es befindet
sich in Lindlar-Hohkeppel auf einem Höhenrücken, von dem aus man einen schönen
Ausblick über das Bergische Land hat.
Adresse: Laurentiusstraße, 51789
Lindlar-Hohkeppel

Museen

▸ 🕐 Freilichtmuseum

Das LVR-Freilichtmuseum Lindlar ist bei
sonnigem Wetter ein Publikumsmagnet.
Auf Spazierwegen kommen die Besucher
an alten bergischen Häusern vorbei. Viele
von ihnen wurden vom ursprünglichen
Standort abgebaut und auf dem Areal des
Freilichtmuseums wiederaufgebaut, um
so zu zeigen, wie das Bergische Land vor
rund 100 Jahren aussah. Es gibt Bauernhöfe,

eine Seilerei, eine Schmiede, ein altes Backhaus und mehr zu entdecken. Kinder können
im Heu toben und die Tiere bewundern,
die im Museum leben. In den Ferien gibt es
für sie zusätzliches Programm. Außerdem
werden im Freilichtmuseum regelmäßig
Handwerksvorführungen gezeigt, Seminare
angeboten und Feste gefeiert.
Adresse: Heiligenhoven 12, 51789 Lindlar,
📞 02266/90100, 🌐 freilichtmuseum-lindlar.
lvr.de

Freizeit & Natur

▸ 🕐 Zwergenhöhle

Unterhalb der Ruine Neuenberg liegt in
Lindlar die sagenumwobene Zwergenhöhle.
Leben hier wirklich Zwerge? Für Familien
mit Kindern lohnt sich der Ausflug zur zwölf
Meter langen und sieben Meter breiten Kalk-
und Tropfsteinhöhle, von der aus Gänge in
den Berg führen. Aber auch für Geschichtsinteressierte, schließlich wurden hier in

Das Bergische Freilichtmuseum ist ein beliebtes Ausflugsziel für Familien.

360 Stufen führen hoch zum Kegel von Metabolon.

der Höhle auch Reste von prähistorischen Gefäßen gefunden.
Adresse: Zur Zwergenhöhle, 51789 Lindlar (von dort aus ein Stück zu Fuß)

▶ ☺ Metabolon

Eine ehemalige Mülldeponie als Freizeitziel? In Lindlar geht das. Die ehemalige Leppe-Deponie wurde aufgeschüttet, entstanden ist Metabolon (Eigenschreibweise: metabolon), eine eindrucksvolle Kulisse für einen Forschungsstandort, außerschulischen Lernort und viele teils außergewöhnliche Freizeitmöglichkeiten. Eines der Highlights ist sicherlich die 110 Meter lange Doppelrutsche. Um sie zu erreichen, muss man die 360 Stufen zum Kegel hinauf allerdings erst mal bewältigen. Freigegeben ist sie ab acht Jahren, für Kinder ab drei Jahren gibt es weiter unten eine geschwungene Rutsche. Für Mountainbiker stehen ein asphaltierter Pumptrack sowie ein naturnaher Trailpark bereit. Zusätzlich kann man auf Metabolon

Gleitschirm fliegen, Longboard fahren oder Cross-Golf spielen.
Adresse: Am Berkebach, 51789 Lindlar, 📞 0800/8058050
Informationen:
🌐 bavweb.de;
🌐 bikepark-metabolon. de; 🌐 delta-club.de;
🌐 crossgolfgermany.de

▶ ☺ 2T Kletter- und Boulderhalle

Die Halle verfügt über 1500 Quadratmeter Seilkletterfläche mit insgesamt 160 Routen in verschiedenen Schwierigkeitsbereichen. Zusätzlich gibt es einen Boulderbereich mit einer Wandfläche von 1000 Quadratmetern. Angeboten werden Kurse und Individualtraining für Erwachsene und Kinder, auch Geburtstage können hier gefeiert werden.
Adresse: Bismarckstraße 1, 51789 Lindlar, 📞 02266/8058833, 🌐 2tklettern.de

▶ Escape Rooms

Die 2T Kletterhalle verfügt mittlerweile über zwei Escape Rooms. Die beiden Abenteuer „Das Geheimnis der 2 Tiger" und „Brauerei des Grauens" dauern rund 1,5 Stunden. Teilnehmer müssen mindesten 14 Jahre alt sein.
Adresse: Bismarckstraße 1, 51789 Lindlar, 📞 02266/8058833, 🌐 2tklettern.de

▶ 2T Brauerei

In der noch relativ jungen Brauerei von 2T wird Craftbeer in kleinen Mengen hergestellt. Gruppen können die Brauerei besichtigen und das Bier verkosten.
Adresse: Bismarckstraße 1, 51789 Lindlar, 📞 02266/8058850, 🌐 dbpotus.de

▶ 🙂 Steinbrüche und Fossiliensuche

In Lindlar finden sich noch viele Steinbrüche, in denen bergische Grauwacke abgetragen wird. Das Gestein ist über 350 Millionen Jahre alt – und birgt so manches Geheimnis. Familien können sich mit Hammer und Meißel auf die Suche nach Fossilien machen und Steinbrüche besichtigen, von deren Anhöhen man wunderschöne Aussichten hat. Vermittelt werden Besichtigungen und Fossiliensuchen von Lindlar Touristik.
Adresse: Am Marktplatz 1, 51789 Lindlar, 📞 02266/96407, 🌐 lindlar-touristik.de

▶ 🙂 Parkbad

Das Schwimmbad verfügt über ein Lehrschwimmbecken mit Kleinspielgeräten, eine 60-Meter-Rutsche, ein 1- und ein 3-Meter-Brett. Zusätzlich gibt es eine große Liegewiese mit Beachvolleyballfeld. Hier können auch Kindergeburtstage gefeiert werden.
Adresse: Brionner Straße 1, 51789 Lindlar, 📞 02266/96180, 🌐 parkbad-lindlar.de

▶ 🙂 Minigolf

Zwischen April und Oktober kann man unweit des Schwimmbads Minigolf spielen – auf der Bahn 19.
Adresse: Brionner Straße 1, 51789 Lindlar, 📞 02266/4839651, 🌐 bahnneunzehn.de

▶ Flugplatz

Nahe der Grenze zu Engelskirchen liegt der Lindlarer Segelflugplatz, betrieben vom Luftsportverein Bergische Rhön.
Adresse: Holzer Straße, 51789 Lindlar, 📞 02236/967738, 🌐 lsv-lindlar.de

▶ Golfplatz Schloss Georghausen

Ein Golfplatz mit besonderer Atmosphäre: In Lindlar-Hommerich erstreckt sich der Golfplatz Schloss Georghausen rund um das gleichnamige barocke Wasserschloss aus dem 14. Jahrhundert. Gastspieler mit Clubausweis und Handicap 54 oder besser sind herzlich willkommen.
Adresse: Georghausen 8, 51789 Lindlar, 📞 02207/4938, 🌐 golfclub-georghausen.de

▶ 🙂 Reiten

Das Angebot an Reitställen in Lindlar ist groß. Reiten lernen kann man zum Beispiel beim Reitverein Lindlar. Eine Besonderheit ist der Islandpferdehof Töltmyllan, auf dem rund 130 Islandpferde wohnen. Hier fand mehrfach die Deutsche Islandpferdemeisterschaft statt.
Adressen: Reitverein Lindlar: Lingenbach, 51789 Lindlar, 🌐 reitverein-lindlar.de; **Islandpferdehof Töltmyllan:** Mühlenweg 19, 51789 Lindlar, 📞 02266 478251, 🌐 toeltmyllan.de

▶ 🙂 Freizeitpark

Die 56 Hektar große Fläche des Freizeitparks verfügt über einen Abenteuerspielplatz mit Wiese, eine Teichanlage, Wanderwege und Tennisplätze. Es gibt eine Spielwiese mit Spielgeräten und Tischtennis sowie eine Minihalfpipe. Seit 2015 befindet sich auf dem Areal auch ein Skatepark.
Adresse: Kölner Straße, 51789 Lindlar

▶ Radfahren

In Lindlar gibt es zahlreiche Radwege. Beliebt ist die ausgebaute Bahntrasse Sülztalbahn. Weitere Karten für Radwege gibt es bei der Radregion Rheinland. Lindlar Touristik bietet einen E-Bike-Verleih an.
Informationen: 🌐 suelztalbahn-lindlar.de; 🌐 radregionrheinland.de

▶ Wandern

Ob lange oder kurze Strecke, Rundweg oder Teil des Bergischen Panoramasteigs: Die Wandermöglichkeiten in Lindlar sind zahlreich. Wanderkarten und Tipps ebenso wie die Vermittlung zu geführten Wanderungen gibt es bei Lindlar Touristik.

Adresse: Am Marktplatz 1, 51789 Lindlar, 📞 02266/96407, 🌐 lindlar-touristik.de

Marienheide

(Oberbergischer Kreis)

Hier findet sich jede Menge ländliche Idylle: Marienheide ist geprägt von der Natur. Rund 14 000 Menschen wohnen in einem der 52 Orte der Gemeinde. 85 Prozent des Gebiets bestehen aus Wald, Wasser und Wiese. In den Dörfern kann an vielen Stellen Geschichte entdeckt werden. Touristen zieht es an die Brucher- oder Lingese-Talsperre oder auf einen der Wanderwege. Und nicht zuletzt ist Marienheide auch ein Pilgerort, der jährlich von Tausenden besucht wird.

> **Gemeinde Marienheide, Touristik**
> **Hauptstraße 20**
> **51709 Marienheide**
> 📞 **02264/4044139**
> 🌐 **marienheide.de**

▶ **Liederweg Hohkeppel**

Der 3,8 Kilometer lange Rundweg, der durch Hohkeppel ins Tal und zurück führt, umfasst insgesamt zwölf Stationen, an denen Liedtafeln zum Singen alter bergischer Volkslieder stehen. Die entsprechenden Melodien können mittels App und QR-Codes abgespielt werden.
Start: Weißen Pferdchen 2, 51789 Lindlar, 🌐 heimatverein-hohkeppel.de/liederweg

▶ 🕐 **Lindlar Quiz**

Moderne Schnitzeljagd: Das Lindlar Quiz führt die Besucher mit der App Biparcour entlang der Sehenswürdigkeiten. Zusätzlich bietet die Gemeinde die Lindlar-Rallye und das Steinhauerpfad-Quiz an. Das macht häufig auch Kindern Spaß, die eine normale Wanderung langweilig finden.
Informationen: 🌐 lindlar-touristik.de

Veranstaltungen & Feste

Im Sommer findet in Lindlar das **Klavierfestival** über mehrere Tage statt, bei dem internationale renommierte Musiker am Klavier des Kulturzentrums Platz nehmen. Wer lieber Pop oder Rock mag, ist bei den **Klangräumen** im Herbst richtig: Rund um den Ortskern spielen Bands in verschiedenen Kneipen oder Restaurants. Groß gefeiert wird in Lindlar auch der **Karneval.** Neben Karnevalszügen im Lindlarer Ortskern und den umliegenden Dörfern sind es vor allem die Damensitzungen der KG Rot-Weiß Lindlar, die über die Ortsgrenzen hinaus bekannt sind. Für weitere Veranstaltungen und Feste sorgt das Lindlarer Freilichtmuseum, das übers Jahr mit **Tierkindertag, Obstwiesenfest, Bauernmarkt** u. Ä. lockt.
Informationen: 🌐 klavierfestival-lindlar.de; 🌐 klangraeume-lindlar.de; 🌐 kg-lindlar.de; 🌐 freilichtmuseum-lindlar.lvr.de

Sehenswertes

▶ **Schloss Gimborn**

Ein bisschen wie im Märchen: Einst wohnte auf Schloss Gimborn umgeben von viel Natur das Rittergeschlecht von Ginburne, erstmals erwähnt wurde das Schloss in der Ortschaft Gimborn im Jahr 1180. Das Rittergeschlecht erlosch zwischen dem 13. und dem 14. Jahrhundert und das Schloss fing an zu verfallen, bis es ein Edelmann im 16. Jahrhundert erwarb und es Anfang des 17. Jahrhunderts neu errichtet wurde. Der mittelalterliche Turm ist geblieben. Und auch heute noch wohnt ein Adelsmann in dem von Kirche, Schule, Gutshof und Schlosshotel umgebenen Schloss. Hier kann auch geheiratet werden.
Adresse: Schlossstraße 10, 51709 Marienheide-Gimborn, 🌐 ibz-gimborn.de

Die Schlossanlage Gimborn liegt ländlich. Einst lebten hier die Ritter von Gimburne.

▶ Klosteranlage

1420 wurde die Klosteranlage von Dominikanermönchen gegründet. Mehrfach brannten die Gebäude ab, 1717 entstanden Kloster und Wallfahrtskirche in ihrer jetzigen Form. St. Mariä Heimsuchung wird jährlich von mehreren Tausend Pilgern besucht, vorwiegend zu Beginn der Oktav am ersten Wochenende im Juli.

Adresse: Klosterstraße 6, 51709 Marienheide, ⊕ kath-kirche-marienheide.de

▶ Bonte Kerke

Die Bonte Kerke (hochdeutsch: bunte Kirche) in Marienheide-Müllenbach ist eine Wehrkirche aus dem 11. Jahrhundert und eine der fünf Bonten Kerken in Oberberg, die ihren Namen von den mittelalterlichen Deckenmalereien und Wandfresken haben. Die Glock der Bonten Kerke in Müllenbach, die in ihrer Form an einen Zuckerhut erinnert, soll die älteste Kirchenglocke im Kreis sein. Der Taufstein kommt vom Drachenfels in Königswinter und besteht aus Drachenfels-Trachyt. Gruppen können Führungen buchen.

Adresse: Kirchstraße 4, 51709 Marienheide-Müllenbach, ☏ 02264/2860890, Führungen: 02204/843042, ⊕ bunte-kirchen.de

Museen

▶ Bergisches Drehorgelmuseum

Das kleine Museum in Marienheide-Kempershöhe beherbergt Unesco-Weltkulturerbe: die Drehorgel. Es befindet sich in der ehemaligen Dorfkirche. Hier gibt es mechanische Musikinstrumente aus drei Jahrhunderten zu bestaunen: von der Musikuhr über die Walzenspieldose bis hin zur Drehorgel. Ergänzt werden die Ausstellungsstücke durch Geschichten, Gedichte und Lieder. Regelmäßig finden hier Veranstaltungen zu besonderen Aspekten der Drehorgel statt.

Im Museum Haus Dahl wird anschaulich über das Landleben im 19. Jahrhundert berichtet.

Adresse: Kapellen-
weg 2–4, 51709 Mari-
enheide-Kempershöhe,
📞 02264/2013181,
🌐 leierkastenheiterkeit.
com

Die Brucher-Talsperre in Marienheide ist bei Badegästen und Wanderern gleichermaßen beliebt.

▸ 🔵 Museum Haus Dahl

Das älteste oberber-
gische Bauernhaus
steht in Marienheide-
Dahl. Es stammt aus
dem Jahr 1586, wurde
aufwendig restauriert
und 2004 als Museum
wiedereröffnet. Im
Inneren finden die Be-
sucher eine Dauerausstellung, die Leben und
Arbeit auf dem Land zeigt, mit Schwerpunkt
auf dem 19. Jahrhundert. Besucher erfahren
unter anderem auch Kurioses, wie beispielsweise, warum das Haus „Eulenlöcher" hat.
Kleine Spiele sorgen dafür, dass auch Kinder
Spaß an einer Führung haben.
Adresse: Dahl 3, 51709 Marienheide-Dahl,
📞 02261/28771, 🌐 museum-haus-dahl.de

▸ Museum und Denkmal Lambach-Pumpe

Die in Marienheide erfundene Lambach-
Pumpe revolutionierte das Leben der
Menschen auf dem Land. Die Pumpe, die
in den 1880ern von Gottlieb Lambach entworfen wurde, brauchte für ihren Antrieb
keinen Strom, sondern lediglich Wasser
und sorgte dafür, dass in vielen Haushal-
ten das kühle Nass aus dem Hahn fließen
konnte. Der Verein Lambach-Pumpe Marienheide hat eine solche Pumpe, Modell L 380,
restauriert und in einem Pumpenhaus aufgestellt. Das Museum verfügt außerdem
über ein Wasserrad, das von der Pumpe angetrieben wird.
Adresse: Ecke Hauptstraße/Lingerstraße,
41709 Marienheide, 📞 02264/6732,
🌐 oberwipper.de

Freizeit & Natur

▸ 🔵 Brucher-Talsperre

Was selbst viele Einheimische nicht wissen:
Die Brucher-Talsperre ist nicht nur ein beliebtes Freizeitziel, sondern auch die Heimat von
Edelkrebsen. Der im Bergischen heimische
Flusskrebs ist durch fremdländische Krebs-
arten bedroht. In der Brucher-Talsperre geht
es ihm aber noch gut. Da er nachtaktiv ist,
kann man ihn allerdings erst nach Sonnen-
untergang antreffen. Tagsüber kann man an
einer der Badestellen ins Wasser springen
oder entlang der Brucher-Talsperre spazieren
gehen. Der Weg um den See ist rund 3,5 Kilometer lang. Gruppen können Führungen
buchen. Es können Ruder-, Tret- und Segel-
boote gemietet werden.
Adresse: Müllenbacher Straße, 51709 Marienheide, 🌐 wupperverband.de; 🌐 skgb.de;
🌐 igz-brucher-talsperre.de

▸ 🔵 Lingese-Talsperre

Die Lingese-Talsperre wurde zwischen 1897
und 1899 erbaut und ist einer der ältesten
Stauseen des Wupperverbands. Der Weg um
die Talsperre ist rund fünf Kilometer lang.
Darüber, welche Fischarten in Bergischen

Talsperren leben, informiert ein Fischlehrpfad entlang des Ufers.

▸ Aussichtsturm Unnenberg

22 Meter hoch ist der Aussichtsturm Unnenberg. Mit einer Höhenlage von 506 Metern über Normalnull ist er die höchste Erhebung im Oberbergischen Kreis. Von oben hat man einen Panoramablick auf Genkel- und Aggertalsperre in Gummersbach. Spielt das Wetter mit, sind auch die Spitzen des Kölner Doms und das Siebengebirge am Rhein zu erkennen.
Adresse: Unnenbergstraße, 51709 Marienheide

▸ Pilgerweg

Marienheide liegt an der Heidenstraße, einem jahrhundertealten Heer- und Handelsweg von Leipzig nach Köln, im Mittelalter auch Pilgerweg nach Santiago de Compostela. Auf dem Gelände der katholischen Kirche in Marienheide liegt ein Wegestein, der die gesamte Strecke zeigt.
Informationen: ⊕ kath-kirche-marienheide. de; ⊕ bergisches-wanderland.de

▸ Wandern

Rund 200 Kilometer umfasst das Wanderwegenetz in Marienheide. Auch verschiedene Themenwege führen durch die Gemeinde, wie der Bergische Panoramasteig oder die Bergischen Streifzüge.
Informationen: ⊕ bergisches-wanderland. de; ⊕ sgv-bergischesland.de

▸ Bergischer Fuhrmannsweg

Der 13,5 Kilometer lange Bergische Fuhrmannsweg führt entlang der Straßen, die die Bergischen Fuhrleute früher bewältigen mussten, und gibt einen Einblick in ihre Lebenswelt. Es wird von holprigen Wegen, den Gefahren, hochexplosives Schwarzpulver zu transportieren, und den Geschichten, die sich die Fuhrleute in den Fuhrmannskneipen

erzählten, berichtet. Der Rundweg beinhaltet zwei Audiostationen, an denen es Geschichten um die Fuhrleute zum Hören gibt.
Start: Busbahnhof, 51709 Marienheide, ⊕ bergisches-wanderland.de

▸ Radfahren

Für Radfahrer, E-Biker und Mountainbiker gibt es in Marienheide viele Möglichkeiten. Die Radrouten sind Teil des Radwegenetzes Radregion Rheinland. Ein Einstieg in die Radroute „Wasserquintett Bahntrassenweg" bietet sich zum Beispiel am Bahnhof Marienheide in Richtung Brucher-Talsperre an. Im Sommer fährt der Bergische Fahrradbus.
Informationen: ⊕ dasbergische.de; ⊕ radregionrheinland.de

▸ Quellgebiet der Wupper

In Marienheide heißt die Wupper noch Wipper, im nordöstlichen Teil der Gemeinde nahe der Ortschaft Böcklinghausen entspringt sie. Dort liegt ein vier Hektar großes Naturschutzgebiet – das „Quellgebiet der Wupper". In dem Bereich entspringen ganze 37 Quellen, die unterhalb zur Wupper zusammengefasst wurden.
Adresse: 51709 Marienheide-Holzwipper

▸ ☺ Kurpark Heilteich

Mitten in Marienheide liegt der Kurpark Heilteich. Geprägt ist die Anlage von drei Teichen, die kaskadenartig miteinander verbunden sind. Im Park gibt es auch einen Spielplatz.

Veranstaltungen & Feste

Der Marienheider Veranstaltungskalender ist durchs Vereinsleben und die Schützenfeste geprägt. So findet Mitte Juni beispielsweise das Gimborner Schützenfest statt. Am ersten Juliwochenende wird in Marienheide Schützenfest gefeiert. Anfang Mai gibt der Musikzug der Feuerwehr traditionell sein Frühjahrskonzert.

Mettmann

(Kreis Mettmann)

Die „Neanderthal-Stadt" Mettmann (rund 40 000 Einwohner) liegt im Herzen des „neanderlands", wie sich der Kreis Mettmann touristisch nennt. In direkter Nachbarschaft zur Landeshauptstadt Düsseldorf, dem Ruhrgebiet und dem Bergischen Land vereint die Stadt rheinische Lebensfreude mit bergischem Charme. Erstmalig urkundlich erwähnt wurde die Stadt bereits im Jahre 904. Bergisches Fachwerk, Fassaden aus der Gründerzeit, traditionelles Handwerk, die charmante historische Oberstadt und das berühmte Neandertal prägen die gemütliche Kreisstadt mit ihrer mehr als 1100-jährigen Geschichte.

Kreisstadt Mettmann
Neanderstraße 85
40822 Mettmann
📞 **02104/980-121**
🌐 **neanderthalstadt.me**

Tourist-Info Schaufenster Mettmann
Mühlenstraße 17
40822 Mettmann

Sehenswertes

▶ Stadtgeschichtshaus

Direkt am historischen Markplatz steht die „Alte Bürgermeisterei" von 1584, die heute das Stadtgeschichtshaus beherbergt. Im Laufe seiner mehr als 400-jährigen Geschichte diente das Haus vielen unterschiedlichen Zwecken, unter anderem als Wohnsitz des Bürgermeisters und während

Das Stadtgeschichtshaus ist eines der historisch wichtigsten Gebäude der Stadt. Davor befindet sich der bekannte Pferdebrunnen.

der napoleonischen Zeit auch als Rathaus. Nach Voranmeldung können Sie in der guten Stube des Bürger- und Heimatvereins „Aule Mettmanner" eine traditionelle Bergische Kaffeetafel genießen und Brautleute können im Biedermeier-Zimmer den Bund fürs Leben schließen.

Adresse: Mittelstraße 10, 40822 Mettmann

▶ Historische Oberstadt mit St. Lambertus

Seit dem Mittelalter umgibt ein dicht geschlossener Häuserring schützend die Kirche St. Lambertus. Die pittoresken Häuser und der Marktplatz bilden das kulturelle Zentrum der Oberstadt von Mettmann und sind Kulisse für die zahlreichen Feste in der Stadt.

Adresse: Markt, 40822 Mettmann

▶ Katholische Kirche St. Lambertus

St. Lambertus thront seit vielen Jahrhunderten über der Stadt Mettmann. Die Geschichte der Kirche reicht bis in das Jahr 904 zurück. Damals gab es in Mettmann nur eine kleine Kapelle, die dem Heiligen Lambertus geweiht war. Im Laufe der Jahrhunderte wurde sie zu klein für die wachsende Gemeinde und so entstand im 12. Jahrhundert eine große romanische Kirche. Während der Turm fast 900 Jahre bis heute überstand, wurde das Kirchenschiff im Jahr 1484 ersetzt. Der jetzige Bau im neugotischen Stil wurde 1881 errichtet. Sehenswert im Innern der

Pfarrkirche ist das aus dem 14. Jahrhundert stammende Taufbecken.

Adresse: Markt, 40822 Mettmann,
🌐 katholisches-mettmann.de

Die Kirchtürme von St. Peter und Paul und der Evangelischen Kirche bilden das Wahrzeichen der Stadt.

▶ Evangelische Kirche mit Elberfelder Prachttor

Die Evangelische Kirche in der Freiheitstraße wurde in der Barockzeit zwischen 1774 und 1780 erbaut. Die eher schlichte Form und Innenausstattung entsprechen der damals puritanisch strengen Glaubenshaltung der Reformierten. Die Ott-Orgel im Innern mit ihren 29 Registern wurde 1974 gebaut. Einen genaueren Blick wert ist das am Haupteingang der evangelischen Kirche gelegene Elberfelder Prachttor, ein Meisterwerk handwerklicher Kunst des Rokoko. In direkter Nachbarschaft zur Kirche entstand vor wenigen Jahren das Evangelische Gemeindezentrum, das sich mit seiner organischen und trotzdem modernen Form perfekt in das Stadtbild einfügt. Eine perfekte Symbiose aus alt und neu.

Adresse: Freiheitstraße 19/Lavalplatz, 40822 Mettmann, 🌐 kirche-mettmann.de

▸ Schäfer-Gruppe

Die Schäfer-Skulptur des Künstlers Rudolf Christian Baisch ist ein echter Hingucker und vor allem für Kinder ein wahrer Magnet. Die Gruppe erinnert an eine Zeit, als die Schäfer ihre Herden durch die Stadt trieben.

Adresse: Fußgängerzone Freiheitstraße, 40822 Mettmann

▸ Löffelschleifer-Skulptur

Die Skulptur sitzt direkt am Eingang zur Mettmanner Fußgängerzone. Der Löffelschleifer aus Bronze soll daran erinnern, dass Mettmann früher eine Hochburg der Besteckindustrie war. Einst stand an diesem Platz das Laubacher Stadttor der mittelalterlichen Stadtbefestigung.

Adresse: Neanderstraße, 40822 Mettmann

▸ Erinneringe – Wachsendes Denkmal

Ein echtes Novum: Die „Erinneringe" auf dem Lavalplatz sind das wohl erste und einzige wachsende Denkmal in Deutschland. Dieses Denkmal „wächst" in jedem Jahr um einen Ring, auf dem bedeutende Mettmanner Ereignisse des Jahres präsentiert werden. Über diese wird von den Mettmanner Bürgern per Voting auf der Homepage der Stadt abgestimmt.

Adresse: Lavalplatz, 40822 Mettmann

▸ Koburg-Mahnmal

Der Künstler Don O'Neill hat das Mahnmal in der Freiheitstraße konzipiert, das an die Opfer des Nationalsozialismus erinnert. Die Stahlrohre stellen drei überdimensionale Gefängnistore dar.

Adresse: Freiheitstraße, 40822 Mettmann

▸ Bronzefiguren „Aule Mettmanner"

Die Bronzestatue stellt Fritz Geldmacher, Heimatdichter und Gründungsmitglied des Bürger- und Heimatvereins „Aule Mettmanner", und seinen Weggefährten Willi Schriever dar. Die beiden sind in ein Gespräch vertieft und eine Katze und eine kleine Maus beobachten sie dabei. Auffällig ist die blank gescheuerte Nase der Maus. Dies liegt daran, dass die Mettmanner gerne deren Nase reiben. Dies soll Glück bringen. Einfach ausprobieren!

Adresse: Mühlenstraße, 40822 Mettmann

▸ Blotschenbrunnen

Die Blotschen (Holzschuhe) sind typisch für Mettmann. Der drei Meter hohe Brunnen setzt sich aus insgesamt 24 Blotschen aus Bronze zusammen. Das Kunstwerk wurde vom Mettmanner Künstler Adolf Westergerling gestaltet und soll an die holzschuhtragenden Mettmanner Wäscherinnen erinnern, die nur wenige Meter entfernt am Mühlenteich ihre Wäsche wuschen.

Adresse: Freiheitstraße, 40822 Mettmann

▸ Pferdebrunnen

Direkt vor dem Stadtgeschichtshaus befindet sich der Pferdebrunnen des Künstlers Rudolf Christian Baisch aus dem Jahr 1962. Er ist eines der meist fotografierten Motive Mettmanns und besonders bei Kindern sehr beliebt. Das kraftvolle, hoch aufgerichtete Pferd erinnert an die Zeit der Vorspanndienste der Mettmanner Fuhrleute und an die berühmte Kaltblutzucht im Mettmanner Raum.

Adresse: Mittelstraße 10, 40822 Mettmann

▸ Goldberger Mühle

Dass es die Goldberger Mühle überhaupt noch gibt, hat Mettmann dem Mühlenverein und ihrem Vorsitzenden Hans-Günther Kampen zu verdanken. Er rettete das Gebäude vor dem Verfall und so können sich die Mettmanner Bürger und ihre Gäste nach wie vor an einem der ältesten und schönsten Gebäude Mettmanns erfreuen. Erstmals wurde die Wassermühle 1450 erwähnt. Heute erstrahlt

sie in neuem Glanz und wird als ein Stadtbild prägendes historisches Baudenkmal erhalten.
Adresse: Goldberger Straße 1, 40822 Mettmann, ⊕ goldbergermuehle.de

Das Neanderthal Museum ist eines der modernsten Museen Europas.

▸ **Ömjang**

Der Ömjang in Mettmann, ein schmaler Durchgang von der Mühlenstraße zur Oberstraße, gestaltet von der Künstlerin Bernadette Hekers, zeigt Motive aus der Mettmanner Altstadt.
Adresse: Ömjang, 40822 Mettmann

▸ **Winkelsmühle**

Die Winkelsmühle liegt direkt am Ufer der Düssel und kann auf mehr als 600 Jahre Geschichte zurückblicken. Das sehenswerte dreigeschossige Gebäude ist teilweise aus Bruchstein errichtet, das obere Geschoss besteht aus Fachwerk.
Adresse: Diepensiepen 2, 40822 Mettmann

Museen

▸ **Alte Bürgermeisterei mit Stadtgeschichtshaus**

Die Alte Bürgermeisterei ist ein besonders gut erhaltenes Fachwerkhaus aus dem 16. Jahrhundert. Sie befindet sich zentral gelegen in der historischen Oberstadt und beherbergt das Stadtgeschichtshaus. Auf drei Etagen erfahren die Besucher Wissenswertes über die mehr als 1100-jährige Stadtgeschichte.
Adresse: Mittelstraße 10, 40822 Mettmann, 📞 02104/980422, ⊕ mettmann.de/buergermeisterei

▸  **Neanderthal Museum**

In der Nähe des Ortes, an dem vor mehr als 160 Jahren der Neandertaler gefunden wurde, steht heute eines der modernsten Museen Europas: Das Neanderthal Museum erzählt die Entdeckungsgeschichte des Neandertalers und die Geschichte der Menschheit – von den Anfängen in den Afrikanischen Savannen vor mehr als vier Millionen Jahren bis in die Gegenwart. In der Erlebniswelt Neandertal laden zudem Europas größter Steinzeitspielplatz, das Eiszeitliche Wildgehege, der Erlebnisturm Höhlenblick und die Steinzeitwerkstatt zu einer Reise zurück in die Steinzeit ein.
Adresse: Talstraße 300, 40822 Mettmann, ⊕ neanderthal.de

Freizeit & Natur

▸ 😊 **Weltspiegel-Kino**

Das Weltspiegel ist das älteste noch bespielte Kino Deutschlands und stammt aus dem Jahr 1907. Die Familie Rosslenbroich-Papenhoff führte das Kino bis vor wenigen Jahren als Familienbetrieb in dritter Generation. Nach Übernahme und Umbau ist es völlig

entkernt und neu gestaltet worden. Hier kommt jetzt die modernste Kinotechnik zum Einsatz.
Adresse: Düsseldorfer Str. 2, 40822 Mettmann, 🌐 kinomettmann.de

▶ 🌐 Naturfreibad

Umringt von altem Baumbestand und dem Mettmanner Bach, entstand im Mettmanner Stadtwald aus dem alten Freibad ein modernes, nach ökologischen Gesichtspunkten konzipiertes Naturfreibad ohne Chlor und Chemie. Klares Wasser, weiße Strände, Strandkörbe, Spielflächen und die außergewöhnlich weitläufige Liegewiese sorgen in den Sommermonaten für Urlaubsambiente und Badespaß für Groß und Klein.
Adresse: Im Stadtwald 1, 40822 Mettmann, Anfahrt über den Hugenhauser Weg, 📞 02104/234936, 🌐 mettmann.de/naturfreibad

▶ Golfclub Mettmann

Wer Lust auf Golf hat, ist in Mettmanns privatem Golfclub Mettmann e. V. perfekt aufgehoben. Der 18-Loch-Meisterschaftsplatz ist wunderschön gestaltet.
Adresse: Obschwarzbach 4a, 40822 Mettmann, 📞 02058/9224-0, 🌐 gc-mettmann.de

▶ Wandern und Entdecken

Ein mit idyllischen Wanderwegen durchzogener Grüngürtel umgibt die Neandertal-Stadt Mettmann. Die Wege führen über Felder, Wiesen und durch beschauliche Bachtäler wie das Stinderbachtal, das neben dem berühmten Neandertal zu jeder Jahreszeit zum gemütlichen Spazierengehen oder sportlichen Wandern einlädt.
Der Evolutionspfad verbindet das Neanderthal-Museum mit der mehr als 1100 Jahre alten Kreisstadt Mettmann. Entlang der Landstraße durch das Tal der Düssel und des Mettmanner Bachs von Erkrath nach Mettmann führt der knapp vier Kilometer

lange Evolutionspfad vorbei an Kunstobjekten, unter anderem dem „Neanderthaler im Kreis", auf der Talstraße. Wer gut zu Fuß ist, wandert die rund 19 Kilometer lange „Entdeckerschleife Evolutionspfad", die durch die historische Innenstadt Mettmanns und das Neandertal führt.
Informationen: 🌐 neanderlandsteig.de/entdeckerschleifen

▶ Skulpturenpfad „MenschenSpuren"

Der 1200 Meter lange Kunst-Rundweg „MenschenSpuren" im Neandertal an der Düssel widmet sich der Auseinandersetzung von Mensch und Natur. Die Skulpturen von elf Künstlern verbinden sich auf unterschiedliche Weise mit der Landschaft und fordern zur Selbstreflexion über die Natur des Menschen heraus.
Adresse: Talstraße (gegenüber Neanderthal-Museum), 40822 Mettmann, 🌐 neanderthal.de

▶ 🌐 Baum- und Naturlehrpfad und Freizeitanlage

Der Baum- und Naturlehrpfad im Stadtwald leitet kleine und große Naturliebhaber mit anderen Augen durch den Stadtwald. Auf dem Rundweg lassen sich mehr als 40 unterschiedliche Baumarten, eine Streuobstwiese, eine Wildblumenwiese, Nistkästen oder ein Insektenhaus entdecken. Direkt angrenzend können sich die jüngeren Besucher in der Freizeitanlage beispielsweise auf der Skaterbahn oder an einer Kletterwand vergnügen.
Adresse: Stadtwald, 40822 Mettmann

▶ 🌐 Gut Halfeshof

In unmittelbarer Nähe des Neandertals, auf einem Höhenzug zwischen den Tälern des Mettmanner und Hellenbrucher Baches, liegt das alte Bauerngut Halfeshof. Gut zu erreichen mit dem Auto, dem Bus, per Rad oder auch zu Fuß. Im nahen Wald und den Feldern und Wiesen rings um den Hof tummeln sich

Monheim am Rhein

Schafe, Zwergzebu-Rinder, Minischweine, Ponys und Pferde.
Adresse: Diepensiepen 20 (Navi: Talstraße 189), 40764 Mettmann, ☎ 02104/509205, 🌐 halfeshof.de

Veranstaltungen & Feste

Jedes Jahr am Karnevalssamstag zieht der große **Karnevalsumzug** durch die Mettmanner Innenstadt. Im Rahmen der **neanderland Wanderwoche** im Mai erwarten unterschiedliche Touren in und um die Stadt Mettmann Wanderbegeisterte. Jedes Jahr im Juni rund um den Johannistag lädt die St.-Sebastianus-Schützenbruderschaft von 1435 e. V. zu ihrem **Schützenfest** mit Innenstadt-Kirmes ein. Ebenfalls im Juni wird der Bahnhof beim **Sommerfest der Regiobahn** zwei Tage lang zur Feiermeile – mit Programm für die ganze Familie. Der Mettmanner **Weinsommer** verwandelt Anfang Juli den historischen Marktplatz rund um die Kirche St. Lambertus für drei Tage in den größten Weingarten der Stadt. Gleichzeitig findet die Mettmanner **Kunstmeile** statt. Jedes Jahr am letzten NRW-Sommerferienwochenende lädt das beliebte **Museumsfest** des Neanderthal Museums große und kleine Besucher ein zum Mitmachen, Ausprobieren und Spaß haben. Im August feiern die Mettmanner Vereine ihr **Heimatfest** auf dem Markt in der historischen Oberstadt. Von Pop bis Klassik, von Singer/Songwriter bis Jazz – die **Klang.Räume.** begeistern alle zwei Jahre im September mit Konzerten an besonderen Orten der Oberstadt. In den zwei Wochen von Ende November bis Mitte Dezember strömen Tausende Besucher auf den historischen Marktplatz zum Mettmanner **Blotschenmarkt** (Blotschen: mundartlich für „Holzschuh"). Dieser gilt nicht nur als einer der ältesten Weihnachtsmärkte Nordrhein-Westfalens, sondern auch als der gemütlichste im Bergischen Land.

Monheim am Rhein

(Kreis Mettmann)

Monheim am Rhein liegt nicht nur zwischen Köln und Düsseldorf, sondern auch zwischen Rhein und Römern, spannender Vergangenheit und innovativer Moderne. Im Jahr 1157 erstmals urkundlich erwähnt, hat die mittlerweile 41 000 Einwohner zählende Stadt im Kreis Mettmann viel zu bieten. Umgeben von viel Natur, lädt Monheim am Rhein Groß und Klein zu entspannten Ausflügen und sportlichen Aktivitäten ein.

Tourist Information
Monheimer Kulturwerke im
Monheimer Tor
Rathausplatz 20
40789 Monheim am Rhein
☎ **02173/276444**
🌐 **monheim.de**
🌐 **monheim-entdecken.de**

Sehenswertes

▸ Altstadt mit Schelmenturm
Die Monheimer Altstadt mit dem Wahrzeichen der Stadt, dem jahrhundertealten Schelmenturm, ist sowohl Ausgangsort vieler touristischer Aktivitäten als auch das gesellschaftliche und gastronomische Zentrum Monheims.
Informationen: 🌐 monheim-entdecken.de

▸ Monheimer Geysir
Der künstliche Geysir von Thomas Stricker inmitten eines Kreisverkehrs hat schon vor seiner Errichtung hohe Wellen in der öffentlichen Wahrnehmung geschlagen und für Diskussionen gesorgt. Das 600 000 Euro

teure Kunstwerk bildet ein natürliches Phänomen nach, bei dem durch Druck Wasser in einer Eruption in die Höhe schießt. Seine von immer stärker aufsteigenden Nebelschwaden angekündigte und bis zu zwölf Meter hoch aufschießende Wassersäule fasziniert in ihren stetig wechselnden skulpturalen Formen. Die Aktivität wird bei Strickers Geysir durch festgelegte Umweltbedingungen wie Sonnenlicht, Wind und Temperatur gesteuert.

Adresse: Rheinpromenade, 40789 Monheim am Rhein, ⊕ monheim.de/geysir

Ein einzigartiges, wenn auch nicht unumstrittenes Spektakel liefert der Monheimer Geysir.

▶ Skulptur Leda

Die Plastik von Markus Lüpertz zeigt mit der Königstochter Leda eine Gestalt der griechischen Mythologie, der sich der Gott Zeus in Form eines Schwans näherte. Lüpertz folgte in seiner Gestaltung einem Vorbild Leonardo da Vincis und war zusätzlich inspiriert von der Monheimer Wappenfigur, der Gänseliesel.

Adresse: Rheinpromenade 4, 40789 Monheim am Rhein

▶ Marienburg und Marienburgpark

Um 1879 ließ sich der Kölner Politiker Eugen von Kesseler die Marienburg als Sommerhaus errichten. Die herrschaftliche Villa dient heute als Tagungs- und Kongresszentrum. Der 1,7 Hektar große Marienburgpark ist für die Öffentlichkeit zugänglich und Teil der „Straße der Gartenkunst".

Adresse: Parkstraße, Bleer Straße, 40789 Monheim am Rhein

Museen

▶ Aalfischerei-Museum „Fiat Voluntas"

Das Fangen und Räuchern von Aalen und anderen Fischen war lange ein wichtiger Wirtschaftszweig der Stadt. An Bord des historischen Aalschokkers „Fiat Voluntas" können Besucherinnen und Besucher die Geschichte der Aalfischerei in Monheim am Rhein in einer interaktiven und multimedialen Ausstellung erleben – auf und unter Deck.

Adresse: Klappertorstraße 40, 40789 Monheim am Rhein, 📞 02173/276444

▶ 🕐 Haus Bürgel

Das Römische Museum Haus Bürgel, in der Idylle der Urdenbacher Kämpe gelegen, macht die 2000-jährige Geschichte des ehemaligen Römerkastells lebendig. Ein archäologischer Außenpfad führt Besucherinnen und Besucher an original römischen

Museum, Kulturgut, Hingucker: Der Monheimer Aalschokker ist all das.

Mauern entlang. Ein Kräutergarten lädt zum Verweilen ein.
Adresse: Urdenbacher Weg, 40789 Monheim am Rhein, ☏ 02173/9518930, 🌐 hausbuergel.de

▸ Karnevalskabinett

Monnem Helau! Im Karnevalskabinett tauchen Besucherinnen und Besucher in die bunte und vielfältige Welt des Karnevals ein. In der Monheimer Altstadt kann man die fünfte Jahreszeit in einer interaktiven Ausstellung erleben.
Adresse: Turmstraße 21, 40789 Monheim am Rhein, ☏ 02173/276444

▸ Deusser Haus

Im ehemaligen Wohnhaus des Malers August Deusser wird die 1800-jährige Geschichte von Monheim am Rhein dokumentiert. Die heimatkundliche Sammlung gibt einen Einblick, wie sich das Leben und die Stadt im Laufe der Jahrhunderte entwickelt haben.
Adresse: An der Kapell 2, 40789 Monheim am Rhein, ☏ 02173/51454, 🌐 monheim-heimatbund.de

▸ Ulla-Hahn-Haus und Hillas Leseschuppen

Im Ulla-Hahn-Haus ist die bekannte Schriftstellerin aufgewachsen. Schon als Kind entdeckte Ulla Hahn die Liebe zur Sprache und fand im alten Schuppen hinter dem Haus einen Rückzugsort zum Schreiben. Im Nachbau von „Hillas Leseschuppen" im Garten können Besucherinnen und Besucher in ihre Welt der Wörter eintauchen. Das Mini-Museum zeigt mit interaktiven Elementen anschaulich, unter welchen Umständen die Autorin in ihre Gedankenwelt entflohen ist.
Adresse: Neustraße 2–4, 40789 Monheim am Rhein, ☏ 02173/9514140

Freizeit & Natur

▸ 😊 Wandern in der Urdenbacher Kämpe

In der Urdenbacher Kämpe können Besucherinnen und Besucher ein Stück Rhein ohne Deich erleben. Die breite, unverbaute Aue rund um das ehemalige Römerkastell Haus Bürgel ist wegen der wechselnden Wasserstände ein faszinierender Lebensraum für seltene Tiere und Pflanzen. Sieben Erlebnisrouten und ein Naturinterpretationspfad führen durch die Auenlandschaften mit ihren traditionellen Streuobstwiesen und Weiden, stimmungsvollen Wäldern und idyllischen Rhein-Altarmen. Zusätzlich bieten zertifizierte „AuenErlebnisBegleiter" Führungen und Erlebniswanderungen an, bei denen man die Natur erkunden und einiges über Geschichte und Ökologie dieses Naturschutzgebietes erfahren kann.

Adresse: Biologische Station Haus Bürgel, Urdenbacher Weg, 40789 Monheim am Rhein, ☎ 0211/9961212, ⊕ auenblicke.de

▶ 😊 **Landschaftspark Rheinbogen mit Naturerlebnispfad**
Ohne lange Laufwege können sich hier Kinder, Jugendliche und Erwachsene austoben und erholen. Der Landschaftspark Rheinbogen am Fuße der Monheimer Altstadt hat eine Fläche von insgesamt 340 Hektar und bietet verschiedene spannende Freizeitmöglichkeiten: Besucherinnen und Besucher können auf dem Naturerlebnispfad die Natur entdecken, sich auf dem Wasserspielplatz erfrischen, im Skatepark skaten, Rad fahren oder auf dem neanderlandSTEIG wandern.
Adresse: Am Vogelort, 40789 Monheim am Rhein, ☎ 02173/276444, ⊕ monheim-entdecken.de

▶ 😊 **Gocarts Giebner – Segway-, Gocart- und Fahrradverleih**
Hier gibt es alle Gefährte, mit denen man sich alleine, zu zweit oder als Gruppe gemeinsam bewegen kann – vom Segway über Fahrräder bis zu Gocarts. Dazu werden nach Vorbestellung auch Picknickkörbe angeboten.

Adresse: Gocarts Giebner, Vermietstation: Am Vogelort, 40789 Monheim am Rhein, ☎ 02173/954931, ⊕ gocarts-giebner.de

▶ **Boule**
An der frischen Luft eine ruhige Kugel schieben oder besser werfen, das kann man im Landschaftspark Rheinbogen und auf dem Baumberger Dorfplatz.
Adresse: Von-Ketteler-Straße, 40789 Monheim am Rhein

▶ **Bowling World**
Die Bowling World Monheim mit 22 Bowlingbahnen und 22 Pool-Billardtischen bietet alles vom einfachen Bowlingspiel über Events wie Kindergeburtstag, Senior's Club spezial oder Junggesellenabschied.
Adresse: Konrad-Zuse-Straße 6, 40789 Monheim am Rhein, ☎ 02173/3946513, ⊕ monheim.bowlingworld.de

▶ 😊 **Mona Mare**
Ein Monheimer Erholungsort ist das Allwetterbad Mona Mare – mit Badeland und Saunalandschaft. Hier erleben kleine und große Badegäste das ganze Jahr über Badespaß sowie ein umfangreiches Sport- und Erholungsprogramm.
Adresse: Kurt-Schumacher-Straße 2, 40789 Monheim am Rhein, ☎ 02173/938793, ⊕ monamare.de

Im Mona Mare kommt auch zu normalen Zeiten Urlaubsstimmung auf.

Veranstaltungen & Feste

Am **Kindertag** sind die die Kleinen die Größten. Mitmach-Aktionen aus vielen Bereichen, Musik und Tanz, Kunst und Literatur, Sport und Spiel sowie ein Kinderflohmarkt stehen im Zentrum dieses Aktionstages im Mai. Das berühmte Monheimer **Stadtfest** im Juni lockt Besucher aus der gesamten Region ins Zentrum der Gänselieselstadt. Beim **Rockmusik-Festival Rhein-Rock Open Air** wird der Beat im Sommer auf den Baumberger Wiesen höher gedreht. Fahrgeschäfte, Trödelmarkt, Kulinarisches und ein Bühnenprogramm sorgen beim **Septemberfest** für Unterhaltung. Im Winter verzaubern der **Martinsmarkt** mit kreativen Produkten, der **Baumberger Nikolausmarkt** und der **Weihnachtsmarkt** in der Altstadt. „Monnem Helau!" heißt es im Februar in der Hochburg des **Karnevals** mit fast 30 Karnevalsvereinen.

Morsbach

(Oberbergischer Kreis)

Gerade noch Bergisches Land: Die Gemeinde Morsbach (rund 10 000 Einwohner) liegt am südöstlichen Zipfel des Oberbergischen Kreises und grenzt an Westerwald, Sauer- und Siegerland. Besucher können die Aussicht auf die Natur genießen oder sich beim Anblick von Fachwerkhäusern, Basilika und Burghaus in die Vergangenheit träumen. Darüber hinaus verfügt Morsbach über einen besonders prominenten Ortsteil: Rom. Der hat zwar weniger als zehn Einwohner, dafür ist das Ortseingangsschild ein beliebtes Motiv für Selfies.

Gemeindeverwaltung Morsbach
Bahnhofstraße 2
51597 Morsbach
☎ 02294/6990
🌐 morsbach.de

Sehenswertes

▶ Basilika St. Gertrud
Der Turm der katholischen Pfarrkirche überragt den Ort. Die staufisch-romanische Emporenbasilika wurde im 12. Und 13. Jahrhundert gebaut. Die Freskomalereien im Chor der Kirche wurden erst in den 1950er-Jahren

Im Morsbacher Ortskern finden sich viele Fachwerkhäuser.

wiederentdeckt und freigelegt. Rund um die Pfarrkirche stehen Linden, die vermutlich in der zweiten Hälfte des 19. Jahrhunderts gepflanzt wurden. Nachts kann man hier Schleiereulen sehen, die in einem Nistkasten in der Kirchturmspitze sitzen.
Adresse: Heinrich-Halberstadt-Weg 9, 51597 Morsbach

▶ Burghaus Volperhausen
Die Burg Volperhausen wurde im Dreißigjährigen Krieg zerstört und im 17. Jahrhundert wiederaufgebaut. Das Burghaus, das früher dem Grafen von Hatzfeldt gehörte, befindet sich heute in Privatbesitz und kann nur von außen betrachtet werden.
Adresse: Volperhausen, 51597 Morsbach

▶ Fachwerkhausensemble Holpe
Im Jahr 2000 wurde das Dorf Holpe beim Wettbewerb „Unser Dorf hat Zukunft" zum

Golddorf auf Landesebene gekürt. Hier scheint Geschichte lebendig zu werden: Der alte Ortskern ist von der evangelischen und katholischen Kirche geprägt, um die herum sich Fachwerkhäuschen, einige von ihnen denkmalgeschützt, befinden.
Adresse: Holpe, 51597 Morsbach

▸ Rom
Es war 2019, als sich ein Italiener von England mit seinem Auto auf den Weg in die Hauptstadt seiner Heimat begab. Nur hatte er das Navi falsch eingestellt und landete statt in Italien in Rom in Morsbach. Wie die Polizei später berichtete, stieg der Mann beim Anblick des Ortsschilds „Rom – Gemeinde Morsbach" aus seinem Jaguar aus und vergaß vor lauter Schreck, die Handbremse zu ziehen. Das Auto überrollte das Ortsschild. Der Schaden ist mittlerweile behoben. Wer schon immer ein Foto von

sich vor den Toren (beziehungsweise dem Schild) von Rom machen wollte, ist hier richtig.
Adresse: Rom, 51597 Morsbach

Freizeit & Natur

▸ 🔵 Morsbacher Kurpark
Der Morsbacher Kurpark liegt zentral im Ortskern und punktet mit Angeboten für Familien. Es gibt einen Pumptrack und einen Minigolfplatz, Fitnessgeräte, ein Beachvolleyballfeld, eine Boulebahn und einen Kinderspielplatz mit Wasserspiel und Seilbahn. Auf dem Barfußpfad können verschiedene Untergründe erfühlt werden. Wer sich für die Natur interessiert, kann das Treiben der Insekten rund um Blumeninseln und Insektenhotels bestaunen. Vom Park aus starten auch Wanderwege in den Wald.
Adresse: Kurpark Morsbach, 51597 Morsbach

Die Gemeinde Morsbach liegt an der Grenze zu Westerwald, Sauer- und Siegerland.

▸😊 Skigebiet

Skifahren im Bergischen: In Morsbach befindet sich das Skigebiet Springe-Rom, betrieben vom TUS Waldbröl. Es gibt zwei Schlepplifte mit 275 und 200 Metern Schlepplänge, die bis zu 800 Personen pro Stunde auf den Berg befördern. Die Piste ist 600 Meter lang, der Hang hat ein Gefälle von rund 19 Prozent. Skifahren kann man hier ab einer Schneehöhe von 25 Zentimetern, eine Flutlichtanlage sorgt auch bei Dunkelheit für Beleuchtung, eine Schneekatze dafür, dass die Piste präpariert ist. Zusätzlich gibt es einen Rodelhang.
Adresse: Springe, 51597 Morsbach, ⊕ tus06-waldbroel.de

▸ Aussichtsturm Hohe Hardt

329 Meter über Normalnull liegt die Hohe Hardt, der „Hausberg" von Morsbach. Darauf steht der gleichnamige Aussichtsturm. 169 Stufen führen nach oben. Bei schönem Wetter kann man von dort aus ins Oberbergische Land, das Sauerland, das Siegerland, in den Westerwald und bis zum Siebengebirge sehen.
Adresse: Zum Aussichtsturm, 51579 Morsbach

▸ Gleitschirmfliegen

An der Hangkante der Hohen Hardt befindet sich ein Startplatz für Gleitschirmflieger, der Landeplatz liegt 125 Meter tiefer auf dem Morsbacher Festplatz. Betreut wird das Gelände vom Deltaclub Rheinland, zugelassen ist es für Hängegleiter und Gleitsegler.
Adresse: Zum Aussichtsturm, 51579 Morsbach, ⊕ delta-club.de

▸😊 Dolphi-Bad

Das Hallenbad verfügt über ein Schwimmbecken mit absenkbarem Boden. Zusätzlich werden hier verschiedene Sportkurse wie Aquacycling angeboten.
Adresse: Hahner Straße 33, 51597 Morsbach, 📞 02294/1842, ⊕ morsbach-baeder.de

▸😊 Baumweg

6,5 Kilometer lang ist der Rundweg, der Wanderer auf Entdeckungstour zu Eichen, Linden und weiteren Baumarten führt. Insgesamt gibt es zwölf Informationstafeln, die nicht nur Text für Erwachsene zu den Mythen und Geschichten über Bäume bieten, sondern auch Aufgaben und Rätsel mit der Maus aus der „Sendung mit der Maus". Über weitere Wanderwege informieren die Gemeindeverwaltung und der Heimatverein.
Start: Parkplatz am Rathaus, Bahnhofstraße 2, 51579 Morsbach
Informationen: ⊕ bergisches-wanderland.de, ⊕ heimatverein-morsbach.de

▸ Wanderung zum Hexentanzplatz

Nicht mehr in Morsbach, aber noch nahe dran liegt der Hollenstein in Friesenstein im Landkreis Altenkirchen in Rheinland-Pfalz. Er zeugt auch von der Morsbacher Geschichte. Denn in der Region machte sich in den 1650er-Jahren der Hexenwahn breit. Die Bauern waren überzeugt, dass sich die Hexen zum Tanz auf dem Hollenstein, einem Felsen rund 400 Meter über Normalnull, trafen. Vom Berg von Morsbach-Halle aus führt ein Wanderweg zum Hollenstein.
Adresse: 51579 Morsbach-Halle, ⊕ heimatverein-morsbach.de

Veranstaltungen & Feste

Die Tradition des Karnevals ist in Morsbach mehr als 100 Jahre alt und wird auch heute noch von der Karnevalsgesellschaft Morsbach aufrechterhalten, inklusive Sturm aufs Rathaus, Damensitzungen und Karnevalsumzug. In Morsbach-Lichtenberg wird in der Regel am zweiten Wochenende im September Erntedankfest mit großem Ernteumzug und musikalischem Rahmenprogramm gefeiert.
Informationen: ⊕ kg-morsbach.de; ⊕ erntedankfest-lichtenberg.de

Nümbrecht

(Oberbergischer Kreis)

1131 wurde Nümbrecht erstmals urkundlich erwähnt. Die seit 1969 aus
Marienberghausen, Nümbrecht und aus
91 Ortsteilen gebildete Großgemeinde
mit heute 17 000 Einwohnern ist seit 2003
als heilklimatischer Kurort der Premium
Class ausgezeichnet. Aber schon seit der
Steinzeit haben hier Menschen gelebt, wie
Funde belegen, und römische Tonscherben
weisen bereits auf frühe Handelsbeziehungen hin.

Tourist-Information
Hauptstraße 16
51588 Nümbrecht
📞 **02293/302302**
🌐 **nuembrecht.de**

Sehenswertes

▸ **Denkmalgeschützter Ortskern Nümbrecht**
Vom Dorfweiher bis zur 1000-jährigen Kirche
reihen sich entlang der Hauptstraße Nüm-
brechts die typisch oberbergischen Schiefer-
und Fachwerkhäuschen auf. Der gesamte
Ortskern ist denkmalgeschützt.
Adresse: Hauptstraße, 51588 Nümbrecht

▸ **1000-jährige Dorfkirche**
Der Reiz der Dorfkirche besteht in ihrem
Alter und der Stilmischung aus unter ande-
rem romanischen, frühmittelalterlichen und
gotischen Elementen. Das wieder freigelegte
Fresko im Chor der Kirche dürfte aus der
Zeit um 1500 stammen. Einige Funde aus
Grabungen in der Kirche sind in einer Vitrine
ausgestellt.
Adresse: Alte Poststraße 2, 51588 Nüm-
brecht, 📞 02293/6772, 🌐 ev-kirche-
nuembrecht.de

Das Museum und Forum Schloss Homburg ist ein beliebtes Ausflugs- und Tagungsziel.

▸ Ortsansicht Marienberghausen

Erstmals wurde Marienberghausen 1447, damals noch als Berchhusen, urkundlich erwähnt. Malerische Fachwerkhäuschen, die Aussicht auf die oberbergische Landschaft, aber auch die Bonte Kerke, die mittelalterliche Dorfkirche also und deren Fresken, machen den Ort sehenswert.
Adresse: 51588 Nümbrecht-Marienberghausen

▸ Bonte Kerke Marienberghausen

Die Bonten Kerken, also Bunten Kirchen, sind in Deutschland fast ausschließlich im Bergischen Land erhalten. Diese meist einfachen, im 11. bis 13. Jahrhundert errichteten Kirchen wurden zu Lehrzwecken mit religiösen Motiven ausgemalt. Eine davon ist die vermutlich um 1200 erbaute evangelische Kirche in Marienberghausen.
Adresse: Kirchstraße 1, 51588 Nümbrecht-Marienberghausen, 📞 02293/1778, 🌐 kirchengemeinde-marienberghausen.de

▸ Fachwerkdorf Bruch

Circa drei Kilometer nordöstlich vom Nümbrechter Ortskern entfernt liegt das Fachwerkdorf Bruch. Die Häuser aus dem 18. Jahrhundert sind liebevoll gepflegt und restauriert. Teils wurden sie auf den Grundmauern früherer Häuser wiedererrichtet.
Adresse: 51588 Nümbrecht-Bruch

▸ Benroth – ökologisches Dorf der Zukunft

Das Dorf Benroth, das sich durch umfangreiche ökologische Maßnahmen „Ökologisches Dorf der Zukunft" nennen darf, findet sich circa fünf Kilometer von Nümbrecht entfernt. Dort wurden unter anderem Feuchtbiotope, Trockenmauern und Hecken angelegt.
Adresse: Benroth, 51588 Nümbrecht, 🌐 benroth.de

▸ Dicke Steine

Unterhalb von Schloss Homburg, etwas abseits des Fußweges nach Holstein's Mühle, einem Ausflugslokal und Hotel, liegen die Dicken Steine. Das sind Quarzit-Härtlinge aus der Devonzeit, deren Alter auf circa 350 Millionen Jahre datiert wird.
Adresse: Holsteine, Dicke Steine, 51588 Nümbrecht

▸ Hexenweiher und Schwarzer Weiher

Der Legende nach wurden an den beiden Weihern im Mittelalter sogenannte Hexenproben durchgeführt wurden. Tatsache ist aber, dass auf dem benachbarten Schloss Homburg Hexenprozesse stattgefunden haben. Die beiden Teiche liegen idyllisch unterhalb des Dorfes Spreitgen nordöstlich von Nümbrecht und sind über Wanderwege zu erreichen.
Adresse: Spreitgen 1, 51588 Nümbrecht-Spreitgen

Museen

▸ Haus der Kunst

Das Haus der Kunst des Kunstvereins Nümbrecht versteht sich als Forum klassischer, aktueller und noch kommender Kunstströmungen. Seit dem Gründungsjahr 1983 bietet es ein abwechslungsreiches Programm. Darüber hinaus fördert der Verein junge Künstler mit Publikationen. Auch eine Jugendkunstschule gehört dazu.
Adresse: Jakob-Engels-Straße 2, 51588 Nümbrecht, 📞 02295/1782, 🌐 kunstverein-nuembrecht.de

▸ Museum und Forum Schloss Homburg

Die im Süden des Oberbergischen Kreises gelegene Anlage ist beliebtes Ausflugs- und Tagungsziel und geschichtsträchtiger Ort zugleich. Heute dient das 1276 erstmals erwähnte Schloss vor allem für „Kultur im Dialog". Als Ausstellungsort präsentiert es

neben der Dauerausstellung auch eine Vielzahl wechselnder Sonderschauen. Darüber hinaus kann das Schloss für Veranstaltungen aller Art genutzt werden.
Adresse: Schloss Homburg 1, 51588 Nümbrecht, ☏ 02293/91010, ⊕ schloss-homburg.de

Freizeit & Natur

▸ ⟳ Kurpark Nümbrecht

Die Flächen des Nümbrechter Kurparks bieten Entspannung pur. Großzügig angelegte Wege locken zum Entdecken seiner unterschiedlichen Grünanlagen und des Kinderspielplatzes. Der 1974 von Michael Schwarze errichtete und anfangs umstrittene Säulenbrunnen ist heute ein Wahrzeichen der Gemeinde. Am Rand des Kurparks gibt es eine Minigolfanlage.
Adresse: Lindchenweg 1, 51588 Nümbrecht, ⊕ minigolf-nuembrecht.jimdofree.com

▸ Rund- und Ortswanderwege

Der Naturpark Homburger Ländchen lässt sich auf mehr als 300 Kilometern ausgeschilderter Wanderwege und Rundwege entdecken. Dazu gehören unter anderem der Nümbrechter Klangpfad, ein Streifzug des Bergischen Panoramasteigs und der Klangpfad, der die Wanderer zum Aussichtsturm „Auf dem Lindchen" führt.
Informationen: ⊕ nuembrecht.de

▸ Aussichtsturm auf dem Lindchen

346 Meter über dem Meeresspiegel erhebt sich der Aussichtsturm, die 134 Stufen der Holzkonstruktion stellen eine sportliche Herausforderung dar. Wer sich aber die Mühe macht, wird mit einem fantastischen Ausblick belohnt – an klaren Tagen bis zum Siebengebirge und zum Rothaargebirge.
Adresse: Höhenstraße 99, 51588 Nümbrecht, ⊕ nuembrecht.de

Der anfangs umstrittene Säulenbrunnen im Kurpark ist heute ein Wahrzeichen der Gemeinde.

▸ Heilklima-Nordic-Fitness-Park

Sechs Nordic-Walking-Strecken und vier Heilklima-Wanderwege finden sich auf einer Gesamtlänge von 60 Kilometern im Heilklima-Nordic-Fitness-Park und bieten ein wohltuendes Klima für gezielte Bewegung in einer Bilderbuchlandschaft.
Adresse: Distelkamper Straße, 51588 Nümbrecht, ☏ 02293/302302

▸ ⟳ Sissy Kuhkuscheln

Diverse Programme rund um Kuh, Schaf und Alpaka bietet Sissy Kuhkuscheln, ein Hof in Nümbrecht-Berkenroth, an. Dabei kann man Kühe und Schafe als liebevolle Wesen

kennenlernen, einiges über ihr Leben und ihre Bedürfnisse erfahren, Ängste und Stress abbauen und die Natur genießen. Auch Kindergeburtstagsfeiern mit Kuh werden angeboten.
Informationen: 🌐 sissykuhkuscheln.de

▸ 🐄 Biologische Station Oberberg

Der Verein Biologische Station Oberberg setzt sich für den Naturschutz ein – in Sachen Öffentlichkeitsarbeit genauso wie in der Umweltbildung von Kindern, Jugendlichen und Erwachsenen. Auf dem Gelände von Schloss Homburg hat der Verein einen außerschulischen Lernort, und das Bergische Naturmobil bringt Umweltbildung direkt vor die Haustür.
Adresse: Rotes Haus, Schloss Homburg 2, 51588 Nümbrecht, 📞 02293/90150, 🌐 biostationoberberg.de

▸ 😊 Schwimmbad Element

Am westlichen Ortsrand von Nümbrecht liegt das Hallenbad Element. Neben einem 1- und 3-Meter-Sprungbrett gibt es ein Planschbecken mit Spielzeug.
Adresse: Gouvieuxstraße 2, 51588 Nümbrecht, 📞 02293/913065, 🌐 nuembrecht.de

▸ Sport-Park Nümbrecht

Sechs Tennishallenplätze, drei Badmintoncourts, zwei Squashcourts, ein anspruchsvoller 9-Loch-Turnier-Golfplatz und ein Fitnessstudio im asiatischen Stil finden sich im Sport-Park. Auch eine Saunalandschaft mit einer finnischen Sauna, einer Bio-Sauna und einem Dampfbad – mit angrenzendem Ruhe- und Außenbereich –, ein Solarium und ein Sport-Bistro gehören dazu.
Adresse: Höhenstraße 40, 51588 Nümbrecht, 📞 02293/303700, 🌐 golfpark-nuembrecht.de

▸ Homburgische Salzgrotte

Die gesundheitsfördernden Eigenschaften salzhaltiger Luft sind seit jeher bekannt und werden gerne zur Unterstützung bei Atemwegserkrankungen und zum Ausgleich vieler gesundheitlicher Probleme genutzt. In der Homburgischen Salzgrotte sorgen 20 Tonnen naturreines Salz aus Pakistan und zwei Kaskaden für salzhaltige Luft.
Adresse: Lindchenweg 3, 51588 Nümbrecht, 📞 02293/9017027, 🌐 homburgische-salzgrotte.de

▸ Angeln in der Teichanlage Am Pfaffenberg

Auch für Angler hat Nümbrecht etwas zu bieten. Nachdem die Touristinformation einen Angelschein ausgestellt hat, kann man die Rute an der Teichanlage Am Pfaffenberg (Wirtenbacher Gewässer) auswerfen.
Adresse: Tourist-Information, Hauptstraße 16, 51588 Nümbrecht, 📞 02293/302302, 🌐 nuembrecht.de

Veranstaltungen & Feste

Stets am vierten Wochenende vor Ostern wird ins Park Hotel zum Osterwerkkunstmarkt mit Dekorationsartikeln, Ölmalereien, Keramik und Schmuck geladen. Zweimal jährlich lockt auch der Bergische Prüllenmarkt: An Fronleichnam und am Tag der Deutschen Einheit werden im historischen Ortskern Trödel, Antikes und Kunsthandwerk angeboten. Am zweiten Juliwochenende ist es Zeit für das Lichterfest im Kurpark. Gefeiert wird mit Party, Kinderspaß, Open-Air-Konzert, Ballonglühen und Höhenfeuerwerk. Im September steht dann das Erpelsfest auf dem Programm, eine kulinarische Reise rund um die Kartoffel. Am letzten Wochenende vor dem ersten Advent öffnet das Park-Hotel seine Tore für den weihnachtlichen Werkkunstmarkt, bei dem ausgesuchtes Kunsthandwerk und Kunstgewerbe angeboten werden. Den Festreigen beendet am dritten Adventswochenende der Weihnachtsmarkt im historischen Ortskern.

Odenthal

(Rheinisch-Bergischer Kreis)

Als „Wiege des Bergischen Landes" ist Odenthal (ca. 15 000 Einwohner) auf ewig verbunden mit der Bedeutung des ersten Stammsitzes der Grafen von Berg in Altenberg. Von der „Burg Berge" künden allerdings heute nur noch einige Mauerreste tief im Wald. Der Altenberger Dom, die ehemalige Zisterzienser-Abtei, der Märchenwald, der Hochseilgarten und die vielen Grünflächen und herrlichen Ausblicke sind Aushängeschilder Odenthals.

> **Touristen Information i-Punkt-Altenberg**
> **Eugen-Heinen-Platz 2**
> **51519 Odenthal-Altenberg**
> 📞 02174/419950
> 🌐 odenthal-altenberg.de

Sehenswertes

▸ Altenberger Dom

Beinahe 900 Jahre ist es nun alt, das erhabene Wahrzeichen Odenthals inmitten des Tals der Dhünn. Das ehemalige Zisterzienserkloster ist streng genommen gar kein Dom. Im 12. Jahrhundert errichtet, diente die Abteikirche jahrelang als Grablege der Grafen von Berg. Im 19. Jahrhundert beschädigte ein Feuer das Gotteshaus schwer. Zwischen 1836 und 1848 baute man es wieder auf. Im Inneren beeindrucken die bemalten Fenster im Ostchor ebenso wie das gigantische Westfenster, das mit einem Durchmesser von 144 Quadratmetern das größte Kirchenfenster nördlich der Alpen ist. **Adresse:** Eugen-Heinen-Platz 2, 51519 Odenthal

▸ Hexenbrunnen

Inmitten des historischen Ortskerns tragen fünf finstere Gestalten einen blubbernden und brodelnden Kessel. Natürlich ist das Ganze keine Szene aus einer Hexenküche, sondern ein harmlos vor sich hin sprudelnder Brunnen. Aber das Werk des Odenthaler Künstlers Walter Jansen hat es dennoch in – oder besser gesagt – auf sich. Denn an seinen Rändern kündet ein Relief von den verschiedenen Stationen eines Hexenprozesses. Hintergrund: Noch im 17. Jahrhundert wurden in Odenthal mehrere der Hexerei angeklagte Frauen verurteilt und hingerichtet. **Adresse:** Dorfstraße 12, 51519 Odenthal

Wahrzeichen und Publikumsmagnet in Odenthal: der Altenberger Dom.

Schloss Strauweiler ist ein architektonisches Odenthaler Kleinod.

▸ Schloss Strauweiler

Zwischen Altenberg und Odenthals Stadtkern thront auf einer Anhöhe Schloss Strauweiler. Ein Vorläufer des kleinen Schlosses diente schon im 12. Jahrhundert den Edlen von Odenthal als Wohnsitz. Die heutige Form des Schlosses entstand wohl im 16./17. Jahrhundert. Mittlerweile ist der Prachtbau im Besitz des Prinzen zu Sayn-Wittgenstein. Da es bewohnt ist, kann man es nicht besichtigen. Allerdings finden im Rahmen des Altenberger Kultursommers regelmäßig Konzerte im Außenbereich statt.
Adresse: Altenberger-Dom-Straße 1, 50519 Odenthal

▸ St. Pankratius

Als eine der ältesten Kirchen des Bergischen Landes gilt heute die Odenthaler Pfarrkirche St. Pankratius. Sie ist dem 14-jährigen Märtyrer Pankratius gewidmet, der zu Beginn des 4. Jahrhunderts in Rom wegen seines christlichen Glaubens hingerichtet worden sein soll. In ihrem Turm läutet die älteste Glocke des Rheinlands. Bereits im Jahr 1050

konnte man ihrem Klang erstmals lauschen. Drei stilvolle Kirchenschiffe und ein Taufstein aus dem 12. Jahrhundert lassen in diesem Gotteshaus Geschichte lebendig werden.
Adresse: Altenberger-Dom-Straße 35, 51519 Odenthal, ⊕ pankratius-odenthal.de

Museen

▸ Steiner Mühle an der Dhünn

Auch wenn die eigentliche Wassermühle aus dem Mittelalter heute als Wohnhaus genutzt wird, zieht die Anlage am Jakobsweg Jahr für Jahr zahlreiche Besucher an. Hauptattraktion ist das Mühlenmuseum mit vielen Modellen, die originalen Mühlentypen aus der Region nachempfunden wurden. Aber auch Kutschen, Galeeren, Hämmer und Fuhrwerke sind zu sehen. In der Steiner Mühle selbst findet sich ein neues Mühlrad in Originalgröße. Hier kann historische Technik bestaunt und gleichzeitig die Natur genossen werden. Besichtigung nach Vereinbarung.
Adresse: Mühlenweg 7, 51519 Odenthal, ☏ 02202/79850

Freizeit & Natur

▶ 🌙 Märchenwald Altenberg

Die Märchen der Gebrüder Grimm haben ganze Generationen von Kindern begleitet und unterhalten. Im Märchenwald Altenberg erwachen Rapunzel, Gänsemagd oder Rumpelstilzchen zum Leben. Bei einer Wanderung durch den verträumten Wald fehlt nicht viel, damit die Fantasie das Zepter übernimmt. Wenn man dann in den zahlreichen Märchenhäusern die alten Geschichten hört, ist das tatsächlich wie im Märchen.
Adresse: Märchenwaldweg 15, 51519 Odenthal-Altenberg, 📞 02174/7842323, 🌐 maerchenwald-altenberg.de

▶ 🌀 Hochseilgarten K1

Hoch hinaus gelangen in diesem wunderschön gelegenen Hochseilgarten Kletterfans aller Altersklassen (ab 6 Jahre). Hängebrücken, Netze, Lianen, wackelnde Pfähle, Seilrutschen oder gar ein fliegendes Pferd warten auf die Gäste, die mitten in der Natur nicht nur ihren inneren Schweinehund überwinden, sondern auch ganz neue Fähigkeiten in Sachen Geschicklichkeit und Problembewältigung an sich entdecken können.
Adresse: Schallemicher Straße 40, 51519 Odenthal, 📞 02207/8471440, 🌐 hochseilgarten-k1.de

▶ 🌀 Skate-, BMX-, Dirtanlage am Dhünntalstadion

Mit verschiedenen Rampen und einem weitläufigen Aufenthaltsbereich ist diese Anlage zum Treffpunkt vieler Jugendlicher aus der Region geworden, die dort Kunststücke präsentieren oder einfach nur zuschauen und chillen.
Adresse: Bergisch Gladbacher Straße, vor dem Dhünntalstadion, 51519 Odenthal

▶ 🌀 Tierwerkstatt Altenberg

Lust auf eine Eselwanderung durchs Dhünn-Tal? Dann sind Sie und Ihre Kinder in der Tierwerkstatt Altenberg genau richtig. Die Tierwerkstatt hält hier ein ganzheitliches Angebot bereit: Zunächst einmal lernt man die Tiere kennen und wird in Umgang und Pflege eingeführt. Danach wird die Tour nach individuellen Bedürfnissen zusammengestellt. Aber auch Schweine, Ziegen oder Hühner bevölkern die Tierwerkstatt. Der Umgang mit Tieren wird dort auch als pädagogisches und soziales Element wahrgenommen.
Adresse: Hauptstraße 7, 51519 Odenthal, 📞 0177/5794889, 🌐 tierwerkstatt-altenberg.de

▶ Eifgen-Sauna

Das „Saunatorium" liegt mitten im Grünen und fördert die Entspannung eigentlich schon beim Hinschauen. Waldkräuterhütte, Nordlandsauna und Blockhaussauna sowie der Sauna-Pool zur Abkühlung runden ein Sauna-Erlebnis ab, das in Sachen Wellness und Ambiente keine Wünsche offenlässt.
Adresse: Eifgenstraße 38, 51519 Odenthal-Blecher, 📞 02174/40135, 🌐 eifgen-sauna.de

▶ Bergischer Jakobsweg

Der vielleicht bekannteste Pilgerpfad Europas passiert auf einer seiner deutschen Routen auch Odenthal. Vom Startpunkt, der Klosterkirche in Wuppertal Beyenburg, über Wermelskirchen kommend wandert man durch das Eifgenbachtal bis nach Altenberg, von wo aus man an der Dhünn entlang bis nach Odenthal und von dort aus weiter in Richtung Schildgen geht und dann die restliche Wegstrecke bis nach Köln zurücklegt. Rund 40 Kilometer liegen zwischen Wermelskirchen und der Domstadt.
Informationen: 🌐 odenthal-altenberg.de

▶ Hexenroute

In Odenthal fanden noch bis in die Neuzeit Hexenprozesse statt. Auf dieser rund 11,5 Kilometer langen Route begibt man sich auf Spurensuche dieser schaurigen Begebenheiten. Start ist am Wanderparkplatz Odenthal, wo man dem Wegzeichen Hexe folgt. Vom Hexenbrunnen im Odenthaler Zentrum aus erklimmt man den nördlichen Höhenrücken, passiert alte Hexentanzplätze und gelangt im Flusstal schließlich in den Märchenwald.

Informationen: ⊕ odenthal-altenberg.de; ⊕ dasbergische.de

▸ Schwarzpulverroute

Das Dhünntal war eine durchaus explosive Gegend, denn hier befand sich lange Zeit ein Zentrum der Schwarzpulverindustrie, das durch die Überreste diverser Pulvermühlen auffällt. Startpunkt ist der Reisegarten Schöllerhof. Nun geht man an der Dhünn entlang in Richtung Dhünn-Talsperre, vorbei an Pulverhäusern, Schutzwällen und Wehren bis zum Fuß der Staumauer. Wer sich für diese neun Kilometer lange Wanderung entscheidet, folgt dem Zeichen „P".

Informationen: ⊕ odenthal-altenberg.de; ⊕ dasbergische.de

▸ Radroute Dhünnweg

Für Radfahrer bietet sich die Strecke zwischen Odenthal und dem Neulandpark in Leverkusen an. Start ist an der Dhünn-Talsperre. Vorbei am ehemaligen Zisterzienserkloster Altenberg, dem Bodendenkmal Burg Berge, Schloss Strauweiler und dem Odenthaler Ortskern fährt man bis Hummelsheim, wo man Leverkusener Stadtgebiet erreicht, radelt nach Schlebusch, folgt dem Dhünnverlauf weiter bis Schloss Morsbroich und sieht dann schon die BayArena vor sich auftauchen. Noch kurz den Stadtpark durchqueren – und man erreicht den hügeligen Neulandpark.

Informationen: ⊕ odenthal-altenberg.de; ⊕ wupperverband.de

Veranstaltungen & Feste

Unter dem klangvollen Namen **Altenberger Kultursommer** versammeln sich weltbekannte Interpreten klassischer Musik, die über einen längeren Zeitraum an verschiedenen Veranstaltungsorten entlang der Dhünn viel beachtete Konzerte geben. Das Eröffnungs- und Abschlusskonzert findet stilecht im Altenberger Dom statt. Der Kulturspiegel, Verein zur Förderung der Kultur in Odenthal e. V., veranstaltet im Jahresverlauf regelmäßig an verschiedenen Locations **Kammerkonzerte,** aber auch Events zu Themen, die sich um **Literatur** oder **Kunst** drehen. Zudem werden **Mundartveranstaltungen** sowie **Sport- und Erlebnisaktionen** angeboten.

Informationen: ⊕ altenbergerkultursommer. de; ⊕ kulturspiegelodenthal.de

Overath

(Rheinisch-Bergischer Kreis)

Obwohl es bereits 1064 erstmals erwähnt wurde, hat Overath erst 1997 die Stadtrechte erhalten und setzt sich aus insgesamt acht Stadtteilen zusammen. Trotz seiner Nähe und der unmittelbaren Verkehrsanbindung zu Köln hat sich die heute rund 27 000 Einwohner zählende Stadt mit ihren vielen gut erhaltenen Häusern im bergischen Fachwerkstil ihre Ursprünglichkeit und Gemütlichkeit bewahrt. Overath ist durch seine idyllische Lage vor allem bei Wanderern, Radfahrern und Campern sehr beliebt.

Tourismus-Infopunkt Overath
Hauptstraße 77
51491 Overath
📞 **02206/602494**
⊕ **overath.de**

Der Förderturm am Lüderich grenzt direkt an eine Golfanlage.

Sehenswertes

▶ Förderturm der Grube Lüderich

Der einstige Förderturm kündet von der Zeit des Bergbaus und bietet neben der historischen Betrachtung noch einen wunderschönen Ausblick. Von 1837 bis zur Schließung am 27. Oktober 1978 wurde am Lüderich Blei und Zink gefördert. Die Grube zählt zu den ergiebigsten, denn hier wurden zehn Prozent des jährlichen Erzanteils in Deutschland gefördert. 1936 wurde der alte Förderturm durch einen neuen ersetzt, der sich heute auf dem Gelände des Golfclubs als dessen Wahrzeichen befindet.
Adresse: Am Golfplatz 1, 51491 Overath, 📞 02204/97600, 🌐 gc-luederich.de

▶ Bahnhof Overath

Der Bahnhof in Overath wurde 1884 beim Bau der Aggertalstrecke von Siegburg nach Gummersbach errichtet. 1910, zur Einweihung der Bahnstecke Overath – Rösrath – Köln wurde er zu seiner jetzigen Gestalt und Größe erweitert. Er liegt zentral mitten im Ort und war jahrzehntelang das wirtschaftliche Herz Overaths. 2019 ist er zum „NRW-Wanderbahnhof des Jahres" ausgezeichnet worden.
Adresse: Kreuzfahrerstraße, 51491 Overath

▶ Gut Eichthal

Das verwunschen gelegene Gut Eichthal findet sich direkt an der Agger. Das historische Gutsgebäude aus dem frühen 19. Jahrhundert ist seit 1988 im Besitz der Stadt Overath und seitdem Sitz einer Außenstelle des LVR-Amtes für Bodendenkmalpflege und zugleich außerschulischer Lernort. Der große Park rund um das Anwesen ist frei zugänglich und wird gerne als Erholungsort genutzt.
Adresse: Gut Eichthal 1, 51491 Overath

▶ Wallfahrtskirche St. Mariä Heimsuchung

St. Mariä Heimsuchung ist eine römisch-katholische Wallfahrtskirche zu Marialinden,

denn in einer alten Linde wurde der Legende nach eine Marienfigur als Vesperbild gefunden, daher der Ortsname. Die um 1515 gebaute Kirche wurde 1789 zur Pfarrvikarie und 1857 zur selbstständigen Pfarrei erhoben. Zur Ausstattung der Wallfahrtskirche gehören drei Altäre, darunter als frühester das ehemalige Spätrenaissanceretabel der Benediktinerpropstei St. Cyriax im nördlichen Seitenschiff, eine Arbeit aus Kalkstein aus 1626. Die Kirche kann besichtigt werden. Bei Dunkelheit ist die illuminierte Fassade ein Hingucker.
Adresse: Kapellenstraße 17, 51491 Overath

St. Mariä Heimsuchung ist eine römisch-katholische Wallfahrtskirche.

▶ St. Lucia Immekeppel

Als Sülztaler Dom wird die 1891 erbaute katholische Kirche im Overather Ortsteil Immekeppel bezeichnet. Sie steht genau dort, wo ab 1400 die Vorgängerkirche stand, bis sie 1884 wegen Baufälligkeit abgerissen wurde. Sehenswert sind vor allem die Orgel, eine Heiligenfigur aus dem Jahr 1723 und ein Vortragskreuz aus dem 11. Jahrhundert. 1994 ist der Innenraum der Kirche durch die Aufstellung eines antiken, aus Eichenholz gefertigten Hochaltars bereichert worden und die vier Evangelisten wurden restauriert.
Adresse: Kielsberg 1, 51491 Overath

▶ Pfarrkirche St. Walburga

Die zentral gelegene Pfarrkirche ist stolze 60 Meter hoch, ihre Namenspatronin ist die heilige Walburga. Nachdem die ursprüngliche Fachwerkkirche durch einen Brand zerstört worden war, wurde um 1274 an gleicher Stelle eine steinerne formschöne Kirche errichtet, die bis heute erhalten ist. Ihr Innenraum ist durch Säulen geteilt. 1953 wurde die Kirche um einen modernen Kirchenraum erweitert. Außergewöhnlich ist ihr Geläut. So besitzt St. Walburga noch heute zwei historische Glocken: die Messschelle von 1541 und die Walburgaglocke von 1752.
Adresse: Walburgaplatz 1a, 51491 Overath

Freizeit & Natur

▶ Kulturbahnhof

Seitdem der Overather Bahnhof zum Kulturbahnhof umgebaut wurde, verfügt er über modern-historische Veranstaltungs- und Seminarräume, die durch ihr Grauwacke-Mauerwerk ein besonderes Ambiente bieten. Kulturelle Veranstaltungen, Konzerte und Theateraufführungen, aber auch Feiern und Ausstellungen füllen den Bahnhof mit Leben. Die zentral gelegene Kulturstätte wird auch vom Verein Kulturforum Overath genutzt, der sich der Förderung von Kunst und Kultur in Overath verschrieben hat. Die Schwerpunkte liegen in den Bereichen Bildende Kunst, Literatur, Klassische Musik und Theater für Kinder und Jugendliche.
Adresse: Bahnhofplatz 5, 51491 Overath, ☏ 02206/602135, ⊕ kufo-overath.de

▶ 💿 Archäologiewerkstatt Gut Eichthal

In der Archäologiewerkstatt Gut Eichthal wird seit 2007 in Kooperation zwischen der Stadt Overath und dem LVR-Amt für Bodendenkmalpflege im Rheinland Geschichte und Wissenschaft handlungsorientiert vermittelt. Denn Gut Eichthal ist im Projekt „Kennen–Lernen–Umwelt" einer von vier Standorten in der Region, an denen Schülern Wissen in besonderen außerschulischen Umgebungen nähergebracht wird. Die Schüler können Fundstücke aus dem Fundus der Archäologen anschauen und die Arbeit der Fachleute nachempfinden.

Adresse: Gut Eichthal, an der Siegburger Straße (B 484), 51491 Overath, ⊕ kennenlernenumwelt.de

▶ 💿 Freizeitbad Badino

Das vielseitige Familien- und Freizeitbad liegt im Herzen Overaths und bietet ein 25-Meter-Sportbecken, ein Erlebnisbecken, einen Wasserspielgarten für die Kleinen, Whirlpool und Dampfgrotte. Im Bad gibt es gemütliche Ruhezonen, die zum Verweilen einladen. Die Saunalandschaft, die an das Badino angeschlossen ist, betreibt der Verein Aggersauna. Sie lädt zum erholsamen Genuss bei jedem Wetter ein.

Adresse: Propsteistraße 25, 51491 Overath, 📞 02206/867216, ⊕ badino-overath.de

▶ 💿 Bowling Arena

Das moderne Bowlingcenter im Ortsteil Burghof liegt direkt an der A4 und ist auch über die Stadtgrenzen hinaus beliebt. 14 beleuchtete Bowlingbahnen, Discomusik und ein breites gastronomisches Angebot bieten eine besondere Atmosphäre und lassen insbesondere am Wochenende neben dem sportlichen Wettstreit Partystimmung aufkommen. So finden hier regelmäßig Geburtstagsfeiern und Junggesellenabschiede statt. Doch auch für Firmenevents bietet sich die Bowling Arena

mit ihren Konferenzräumen für Tagungen und Seminare an.

Adresse: Burghof 30, 51491 Overath, 📞 02206/8544500, ⊕ bowling-arena-overath.de

▶ Golfclub am Lüderich

Der Golfplatz auf der ehemaligen Grube Lüderich hat sich wegen seiner besonders reizvollen Lage auch überregional einen Namen gemacht. Die 2000 eröffnete Anlage – das ehemalige Maschinenhaus dient heute als Clubhaus – verfügt über einen außergewöhnlichen Indoorgolfbereich, der komplett von Glas umgeben ist und auch als Veranstaltungsraum genutzt werden kann. Das Golfbistro mit seinem Panoramablick über das Bergische Land richtet sich nicht nur an Clubmitglieder.

Adresse: Am Golfplatz 1, 51491 Overath, 📞 02204/97600, ⊕ gc-luederich.de

▶ Naturschutzgebiet Wolfssiepen-Lehmichsbachtal

Die extensiv bewirtschafteten Talwiesen und Brachen des Naturschutzgebiets sind geschützt, um die seltenen und gefährdeten Pflanzengesellschaften der historischen Kulturlandschaft zu erhalten und zu entwickeln. Die Siepenhänge sollen behutsam wieder bewaldet werden, auch der Bachlauf soll seine mäandrierende Urform wiedererhalten.

Adresse: Hammermühle, 51491 Overath

▶ Naafbachtal

Mit kleinen Höfen, Weilern, Fachwerkhäusern und Mühlen lädt das Naafbachtal zum Erkunden ein. Es liegt südlich von Overath und ist geprägt durch ein naturnahes Bachtalsystem mit Auen und Auenwäldern. Es bietet seltenen Vogelarten, darunter Eisvogel, Rotmilan, Neuntöter und mehrere Spechtarten, gute Lebensmöglichkeiten. Und der Bach ist Lebensraum für die Groppe und das Bachneunauge sowie

Besatzbach des Wiedereinbürgerungspro-
gramms für den Lachs.
Adresse: Naafbachtal, 51491 Overath

▶ **Aussichtspunkt Kleiner Heckberg**
Der Aussichtspunkt bietet einen traumhaften Ausblick – von Remscheid im Norden bis hin zum Siebengebirge im Süden
kann man die Rheinebene überblicken –
und damit die komplette Nord-Süd-Aus-
dehnung des Bergischen Landes. Bei guter
Sicht lässt sich der Kölner Dom erahnen,
und im Vordergrund ist der Marialinde-
ner Dom zu sehen. Erreichbar ist er vom
Wanderparkplatz Federath aus über die
A1, A3 und A5.
Adresse: Federath, 51491 Overath

▶ **Wandern und Pilgern**
Die Landschaft um Overath ist von den
Tälern der Flüsse Agger und Sülz geprägt,
also ideal für ausgedehnte Wanderungen.
So bieten sich rund 45 Kilometer kombinier-
te Reit- und Wanderwege, die Etappe 9 des
Fernwanderwegs Bergischer Weg und das
Overather „Kleeblatt" mit seinen vier Rund-
wanderwegen an. Zudem werden im Auftrag
der Stadt geführte Wanderungen angeboten.
Auch der Jakobsweg, der hier Elisabethpfad
heißt, führt durch Overath. Pilgerstempel
gibt es hinter der Eingangstür der Pfarrkirche
St. Walburga. Der Bahnhof Overath an der
Kreuzfahrerstraße dient als Startpunkt für
Wanderungen über den Overather Pilgerweg.
Informationen: ⊕ bergisches-wanderland.de

▶ **Radfahren**
In und um Overath kann man wunderbar radeln – und das sogar ohne eigenes Fahrrad –
denn mit dem Overather Fahrradladen steht
ein Verleih für Tourenräder und Mountain-
bikes sowie E-Bikes zur Verfügung. E-Bikes
leihen kann man auch an der Nextbike-Ver-
leihstation am Bahnhof. Damit steht einer
Tour auf dem Agger-Sülz-Radweg, auf einem

*Der Jakobsweg führt durch die herrliche Natur
Overaths und heißt hier Elisabethpfad.*

Teilstück der E-Bike-Route „Auf Müllers Spuren" oder auf einem der höhenmeterreichen
Mountainbiketrails rund um den Lüderich
nichts mehr im Weg.
Adressen: Fahrradladen: Siegburger Straße 32, 51491 Overath, 📞 02206/9096653,
⊕ overatherfahrradladen.de; **Nextbike:** An
den Gärten 13, 51491 Overath, ⊕ nextbike.de

Veranstaltungen & Feste

Der jährliche Veranstaltungshöhepunkt
ist das **Overather Stadtfest,** das am ersten
Sonntag im September stattfindet. Hier
vereinen sich von Freitag bis Montag Kirmes,
Weinfest, Trödelmarkt, verkausfoffener
Sonntag, Bühnenprogramm und ein Open-
Air-Gottesdienst. Am zweiten Sonntag nach
Ostern ist die Stadt traditionell anlässlich
des **Overather Frühlings** auf den Beinen, bei
dem eine Auto-Show im Fokus steht, die
durch verkaufsoffene Geschäfte und einen
Trödelmarkt ergänzt wird. Über die Stadt-
grenzen hinaus bekannt ist die Big-Band
Overath, die regelmäßig Konzerte und **Big-
Band-Festivals** in der Stadt veranstaltet. Die
Narren freuen sich unter anderem auf einen
großen Karnevalsumzug durch die Overather
Innenstadt am Karnevalssonntag.

Radevormwald

(Oberbergischer Kreis)

Radevormwald (rund 22 000 Einwohner) wird auch Stadt auf der Höhe genannt, denn die nördlichste Stadt im Oberbergischen Kreis liegt 400 Meter über Normalnull. Sie kann zudem auf eine lange Geschichte zurückblicken: Die Stadtrechte wurden ihr zwischen 1309 und 1316 verliehen. Im Sommer ist Radevormwald ein beliebtes Ausflugsziel für Wanderer und Radfahrer, die von der Natur und der schönen Landschaft angezogen werden. Auch kulturell hat es eine erstaunliche Vielfalt zu bieten: von der Bismarck-Zweirad-Ausstellung bis hin zum Museum für Asiatische Kunst.

> **Wirtschaftsförderungsgesellschaft Radevormwald**
> **Hohenfuhrstraße 6**
> **42477 Radevormwald**
> 📞 **02195/68922-13**
> 🌐 **tourismus-radevormwald.de**
> *i*

Sehenswertes

▸ **Parc de Châteaubriant**
Das historische Rokoko-Gartenhaus von 1772 steht auf dem ehemaligen ersten Friedhof der evangelisch-lutherischen Gemeinde von 1711. Ursprünglich befand es sich in den Gärten vor der Stadtmauer an der heutigen Gartenstraße. Es blieb vor dem großen Stadtbrand 1772 verschont und ist das älteste Gebäude der Stadt. Hier können sich Paare heute das Jawort geben. Das Häuschen ist auch bei Fotografen sehr beliebt.
Adresse: Telegrafenstraße/Parc de Châteaubriant, 42477 Radevormwald

▸ **Wülfing-Areal**
Radevormwald war einst eine Tuchmacherstadt: Im 18. Jahrhundert wurde hier die Tuchfabrik „Johann Wülfing & Sohn" an der Wupper gegründet. Der Fluss lieferte die Energie, um alles von der Rohwollwäsche bis hin zum Tuch zu fertigen. Im 19. Jahrhundert baute die Fabrikantenfamilie Hardt um die Fabrik herum eine kleine Stadt. Besucher können sich Fabrikantenvilla und Arbeitersiedlung inklusive Bahnhof, Post, Konsum und Badeanstalt ansehen – Bilder wie aus Liverpool, mitten im Bergischen.
Adresse: Am Graben 4–6, 42477 Radevormwald

Museen

▸ **Bismarck-Zweirad-Museum**
1896 wurden in Radevormwald die Fahrradwerke Bismarck gegründet. Produziert

Bilder wie aus Liverpool mitten im Bergischen Land: Das Wülfing-Areal und -Museum zeugen von der Zeit der Tuchmacher.

wurden Motorräder, Mopeds, Fahrräder, Fahrräder mit Hilfsmotoren und Nähmaschinen. 1957 meldete das Unternehmen Konkurs an. Der Verein Interessengemeinschaft (IG) Bismarck-Zweiräder macht sich dafür stark, die Geschichte am Leben zu erhalten, stellt die Zweiräder aus und veranstaltet Ausfahrten.

Informationen: 🌐 ig-bismarck.de

verschiedene asiatische Kunstsammlungen beherbergt – innen und auf dem Außengelände. Zu bestaunen gibt es Ritualgegenstände des tantrischen Buddhismus, Bronzeskulpturen und Kunst sowie seltene Schätze aus Südostasien.

Adresse: Sieplenbusch 1, 42477 Radevormwald, 📞 02195/931676, 🌐 asianart-museum.com

Das Asiatische Museum verfügt über ein großes Außenareal.

▸ Heimatmuseum

Mehr als 500 Gegenstände umfasst das Radevormwalder Heimatmuseum. Sie erzählen die Geschichte der Stadt, geben Aufschluss über die Industrie, Landwirtschaft und das Vereinsleben. Darüber hinaus kann sogar eine alte bergische Wohnküche besichtigt werden. In ihr werden auch Trauungen vollzogen. Das Heimatmuseum bietet außerdem auf Vorbestellung die Bergische Kaffeetafel an.

Adresse: Hohenfuhrstraße 8, 42477 Radevormwald, 🌐 heimatmuseum-radevormwald.de

▸ Museum für Asiatische Kunst

Mehr als 11 000 Quadratmeter ist das Areal in Radevormwald-Sieplenbusch groß, das

▸ Wülfing Museum

Auf dem Wülfing-Gelände in Radevormwald-Dahlerau befindet sich auch das Wülfing Museum. Hier wird erklärt, wie mithilfe der Wupper Energie erzeugt wurde, es gibt Dampfmaschinen und Webstühle zu sehen, die zeigen, wie hier Textilien gefertigt wurden. Viele funktionsfähige Maschinen werden vorgeführt. In unregelmäßigen Abständen finden Sonderausstellungen und -führungen statt. Für Kinder gibt es Geschichte zum Anfassen, Gruppen können eine Bergische Kaffeetafel bestellen.

Adresse: Am Graben 4–6, 42477 Radevormwald, 📞 02191/6922851, 🌐 wuelfing-museum.de

Freizeit & Natur

▶ ☺ Freizeitpark Kräwinklerbrücke

Die Wassersport- und Freizeitanlage an der Wuppertalsperre an der Grenze zu Remscheid bietet ein vielfältiges Programm für Familien, Jugendliche und Sportbegeisterte. Im Sommer kann man hier sonnenbaden, schwimmen, Boot fahren, angeln und tauchen. Zusätzlich gibt es ein Angebot zum Ausrichten von Kindergeburtstagen.
Adresse: Kräwinklerbrücke 1, 42897 Remscheid, ⊕ freizeitpark-kraewi.de

▶ ☺ Freizeitcenter Life-ness

Das Sportcenter Life-ness bietet nicht nur einen Fitnessbereich und ein Schwimmbad mit Sauna. Bei kleinen Kindern hoch im Kurs steht das daran andockende Nessi Kinderland, ein Indoor-Spielplatz mit Trampolinen, Hüpfburgen, Hindernisparcours und Mini-Go-Karts, in dem die Kleinen auch bei schlechtem Wetter ausgiebig toben können.
Adresse: Kottenstraße, 43477 Radevormwald, ⊕ nessi-kinderland.de; ⊕ life-ness.de

▶ ☺ Garteneisenbahn

An der Grenze zwischen Radevormwald und Wipperfürth, in der Nähe des Kirchdorfs Egen, befindet sich das Huserland. Der Name ist nicht offiziell, der Ort wurde aber damals von den ersten Besuchern der im Aufbau befindlichen Eisenbahnanlage genutzt. Eine echte Eisenbahn fährt hier nicht mehr, dafür gibt es an der Stelle eine Gartenbahn auf 127 Millimeter Spurweite, mit Personenbeförderung im Maßstab 1:10, die stabil genug ist, Kinder und Erwachsene zu befördern. An den Fahrtagen sind Besucher mit und ohne eigene Lok herzlich willkommen.
Adresse: Kottmannshausen 1, 42477 Radevormwald, ☎ 02195/69048, ⊕ huserland.de

▶ ☺ Bowling-Center

Im Bowling-Center an der Bahnmeisterei in Rade wird neben Bowling auch Billard, Airhockey und Darts angeboten.
Adresse: Kaiserstraße 166, 42477 Radevormwald, ☎ 02195/6899050, ⊕ bowling-rade.de

▶ Flugplatz

Auf dem Flugplatz in Radevormwald können Flugstunden für Segelflugzeuge genommen und Rundflüge gebucht werden. Einmal jährlich findet ein Flugplatzfest statt.
Adresse: Leye 1, 42477 Radevormwald, ☎ 02195/3383, ⊕ flugplatz.radevormwald.de

▶ Draisinenfahrt durchs Bergische Land

Wer die stillgelegte Eisenbahnstrecke im Tal der Wupper zwischen Radevormwald-Wilhelmstal und Wuppertal-Beyenburg mit Muskelkraft erkunden möchte, kann von April bis Oktober beim Verein Wuppertrail e. V. eine Tour auf einer Fahrraddraisine buchen. Die gut acht Kilometer lange, sanft ansteigende Strecke mit sieben Brücken bietet zahlreiche Ausblicke auf die Wupper und die Orte an ihren Ufern. Es gibt auch eine Rollstuhldraisine.
Adresse: Bahnhof Dahlhausen, 42477 Radevormwald, ⊕ wuppertrail.de

▶ Uelfebad

Das Naturerholungsgebiet rund ums Uelfebad (barrierefrei) ist ein beliebtes Ausflugsziel für Spaziergänger, Angler und Modellbootfahrer. Früher war es ein Freibad, heute darf hier nicht mehr gebadet werden. Wenn aber das Wetter mitspielt, wird die Eisfläche im Winter als Eisbahn freigegeben.
Adresse: Uelfebad, 42477 Radevormwald

▶ Wandern

Es locken gleich mehrere Wanderstrecken. Der Wald-Wasser-Wolle-Wanderweg ist ein abwechslungsreicher Rundweg mit

20,5 Kilometern Länge. Wer den 10,9 Kilometer langen Tuchmacherweg beschreitet, kann Spuren der Industriegeschichte entdecken.

Informationen: 🌐 tourismus-radevormwald.de; 🌐 bergisches-wanderland.de

▸ **Planwagenfahrten**

Der Höller Hof in Radevormwald bietet Kutsch- und Planwagenfahrten für Gruppen an. Die Kutschen werden von Kaltblütern gezogen, die Touren führen durch Wälder, über Felder und Wiesen, bis hin zu Talsperren und Naherholungsgebieten. Möglich sind auch Touren durch bergische Innenstädte. Der größte Planwagen hat 22 Sitzplätze.
Adresse: Im Busch 2, 42477 Radevormwald, 📞 02195/932043, 🌐 hoellerhof.de

▸ ⬤ **Reiten**

Auf dem Islandpferdehof Oberkarthausen werden spezielle Aktionen für Kinder angeboten. Das Gestüt Moorbach bietet Kindergeburtstagsfeiern mit Ponys an.
Adressen: Islandpferdehof: Oberkarthausen 1, 42477 Radevormwald, 📞 02195/4169, 🌐 islandpferde-oberkarthausen.de; Gestüt Moorbach: Altendorf 6, 42477 Radevormwald, 🌐 gestuet-moorbach.info

Veranstaltungen & Feste

In Radevormwald wird ausgiebig Karneval gefeiert, inklusive Karnevalsumzug am Samstag. Im Mai sorgen das Stadtfest und im Juni das Schützen- und Heimatfest für Spaß und Unterhaltung. Beliebt ist die Pflaumenkirmes, die traditionell im September in der Innenstadt stattfindet. Bekannt und gut besucht ist auch das Erntedankfest in Önkfeld einschließlich Wahl der Erntekönigin, Tanzveranstaltungen und Umzügen im Oktober.
Informationen: 🌐 rua-kapaaf.de; 🌐 kulturgemeinde-oenkfeld.de

Ratingen

(Kreis Mettmann)

Ratingen liegt am nordöstlichen Rand von Düsseldorf und ist auch als die „Dumeklemmerstadt" bekannt. Die mit knapp 93 000 Einwohnern größte Stadt des Kreises Mettmann ist eine alte Stadt. Bereits 1276 wurden ihr die Stadtrechte verliehen. Heute gliedert sich Ratingen in sechs Bezirke: Mitte, West, Tiefenbroich, Lintorf/Breitscheid, Hösel/Eggerscheidt und Homberg/Schwarzbach. Neben dem schönen historischen Ortskern sind es vor allem die vielen Grün- und Waldflächen der Stadt, die Ratingen so attraktiv machen. Sommer- und Winterbrauchtum bilden den Rahmen des kulturellen Veranstaltungskalenders.

Rathaus
Minoritenstraße 2–6
40878 Ratingen
📞 02102/550-4100
🌐 stadt-ratingen.de
i

Sehenswertes

▸ **Marktplatz und historische Altstadt**
Die vier Ratinger Hauptstraßen, die Lintorfer, früher Angermunder Straße, die Oberstraße, die Bechemer Straße und die Düsseldorfer, früher Vohwinkler Straße treffen am Marktplatz zusammen. Die Straßen wurden bereits im Ratinger Stadtbuch von 1362 beschrieben, ebenso wie der Marktplatz, der hier als „forum" und „martte" bezeichnet wird, und der Marktbrunnen, der „puteus fori". Einen Wochenmarkt gibt es auch heute noch dreimal in der Woche. Auf dem Marktplatz finden das ganze Jahr über Veranstaltungen statt und in direkter Nachbarschaft befinden sich viele Gaststätten

Der Marktplatz ist das Zentrum des gesellschaftlichen Lebens in Ratingen.

wie das bekannte „Bügerhaus am Markt".
Adresse: Marktplatz, 40878 Ratingen

▶ Marktbrunnen

Dieser pittoreske Brunnen schmückt seit 1976 den Marktplatz. Entworfen wurde er von Hans Breker, dem Bruder des bekannten Architekten und Bildhauers Arno Breker. Auf einer Säule ist die Plastik eines zweischwänzigen, auf ein Rad gestützten Löwens zu sehen, und am Brunnen selbst befinden sich die Wappen der ehemals selbstständigen Gemeinden Breitscheid, Eggerscheidt, Homberg, Hösel und Lintorf.
Adresse: Marktplatz, 40878 Ratingen

▶ Der rote Hahn

Das schönste und älteste Fachwerkhaus in der Ratinger Altstadt ist ein echter Hingucker. Das aus dem 15. Jahrhundert stammende Gebäude wird auch Wallersches Haus oder Suitbertus-Haus genannt. Seine heutige Existenz verdankt es einer Brandmauer im Westen, die es vor der weitgehenden

Zerstörung Ratingens 1641 verschonte. Es beherbergt heute eine Gastwirtschaft.
Adresse: Oberstraße 23, 40878 Ratingen

▶ Dicker Turm

Der mächtigste Wehrturm der Ratinger Stadtbefestigung wurde um 1460 als „der grote torn" und 1464 als „der dicke torn" erwähnt. Die Stadt Ratingen schreibt zur Geschichte: „Dass der Dicke Turm an der Turmstraße heute noch erhalten ist, ist eigentlich einem Glücksfall zu verdanken. 1901 beantragte die Stadt den Abriss des Turms, der mit einem Durchmesser von 11,70 Metern und einer Mauerstärke von 3,50 Metern in die Bauflucht der Turmstraße vorsprang, dem Ausbau der Straße entgegen stand und als Verkehrshindernis betrachtet wurde. Provinzialkonservator Paul Clemen, der Landrat und die Regierung in Düsseldorf wehrten sich gegen die Abrisspläne, während 43 Ratinger Bürger mit ihren Unterschriften für die Beseitigung des historischen Relikts plädierten." Der Dicke Turm wurde vom

Heimatverein Ratinger Jonges restauriert, er dient den Jonges heute als Geschäftsstelle und wird für Veranstaltungen genutzt.
Adresse: Turmstraße 8a, 40878 Ratingen, ⊕ ratinger-jonges.de

▸ Kornsturm

Die erste Erwähnung des an der Wallstraße gelegenen und gut erhaltenen Kornsturms stammt aus dem Jahr 1460. Den Kornsturm nutzt heute die Karnevalsgesellschaft Rote Funken als Geschäftsstelle und Museum. Die Karnevalisten hatten den Innenausbau des Turms selbst realisiert. Der Turm kann während der Stadtführungen „Geschichte des Ratinger Karnevals" besucht werden. Diese findet jährlich während der „Fünften Jahreszeit" statt und wird vom Verein für Heimatkunde und Heimatpflege veranstaltet.
Adresse: Ecke Wallstraße/Brunostraße, 40878 Ratingen, ⊕ rotefunkenratingen.de

▸ Trinsenturm

Der Trinsenturm an der Grabenstraße wurde 1480 errichtet. Der Name entstand vermutlich in Anlehnung an die Bezeichnung für das Zaumzeug für Pferde, die Trense. Der Turm ist rechteckig und ein sogenannter Schalenturm, der zur Stadtseite hin offen war. 1613 wohnte der Scharfrichter im Trinsenturm. Seit 2012 befindet sich das Puppen- und Spielzeugmuseum darin.
Adresse: Wehrgang 1, 40878 Ratingen, ☎ 02102/550-4180 u. -4181

▸ Verkeshirden-Plastik

1986 wurde im Vorfeld der Wiederbebauung des Terrains des abgerissenen alten St. Marienkrankenhauses bei einer archäologischen Untersuchung das Fundament des Verkeshirdenturms entdeckt, bald aber wieder entfernt. Der Name des 1468 erstmals erwähnten Halbturms deutet vermutlich an, dass in der Nähe der städtische Viehhirte wohnte oder seine Schweine sammelte. Die Fundamente wurden teilweise rekonstruiert. Heute befindet sich an der Stelle des ehemaligen Turms die 1993 von Ulrich Grenzheuser geschaffene Verkeshirden-Plastik.
Adresse: Obertor/Arkadenhof, 40878 Ratingen

▸ Skulptur „Mann im Hirschgeweih"

Die Skulptur ist dauerhafter Teil der „EUROGA 2002 plus", einer europäischen Gartenschau, die im Zusammenhang mit der 2. Regionale „Kultur- und Naturräume NRW" entstand. Sie ist rund um die Uhr vom Wanderparkplatz Steinkothenaus aus der Entfernung zu betrachten – die Figur steht auf einem nicht begehbaren Hügel.
Adresse: Wanderparkplatz Am Steinkothen, Im Angertal, 40883 Ratingen

▸ Wasserburg Haus zum Haus

Die nördlich des Stadtzentrums gelegene Burg Haus zum Haus ist eine Niederungsburg, deren Wassergräben vom Angerbach gespeist werden. In den 1960er-Jahren im Burgbereich durchgeführte archäologische Grabungen erbrachten Hinweise auf die ältesten Bauteile aus dem 12. Jahrhundert sowie Brandspuren im Erdreich, was darauf hindeutet, dass damals ein Vorgängerbau der heutigen Burganlage zerstört worden ist. Heute befinden sich in der Kernburg außer dem Atelier der Architekten und weiterer Büroräumen der Sitz der von ihnen gegründeten Kulturstiftung Wasserburg zum Haus sowie ein Restaurant.
Adresse: Haus zum Haus 8, 40878 Ratingen, ☎ 02102/992417, ⊕ wasserburg-zum-haus.de

▸ Herrenhaus Cromford und Hohe Fabrik

Am Ende der Brügelmannallee steht das repräsentative Herrenhaus, das Johann Gottfried Brügelmann 1787 bis 1790 vermutlich unter Einbeziehung eines Altbaus errichten ließ. Der Außenbau im Stil des Spätbarock ist beeinflusst von der Architektur der „maison de plaisance", des kleinen adeligen Landschlosses. Seit 2010 ist das Herrenhaus komplett der Öffentlichkeit zugänglich. Es beinhaltet neben Teilen der Verwaltung des Museums auch eine Dauerausstellung „Das Herrenhaus Cromford".

Das kultur- und wirtschaftsgeschichtlich bedeutendste Gebäude im Ensemble Cromford ist die Hohe Fabrik hinter dem Herrenhaus. Die Hohe Fabrik ist eine der wenigen bis heute erhaltenen Technikbauten aus der Zeit der Frühindustrialisierung. Heute befinden sich in dem weiß verputzten Gebäude mit der breiten Tordurchfahrt Eigentumswohnungen. Die Hohe Fabrik wurde als zweiter Fabrikbau vor 1789 errichtet. In der Hohen Fabrik ist heute das LVR Industriemuseum untergebracht. Zusammen mit dem Herrenhaus bietet es dem Besucher einzigartige Ausstellungsflächen.
Adresse: Cromforder Allee 24, 40878 Ratingen, 📞 02234/9921555, 🌐 industriemuseum.lvr.de

▶ Haus Anger

Das ehemalige Rittergut liegt wunderschön mitten im Angertal. Es wurde erstmals im Jahre 904 erwähnt. Besonders sehenswert ist das wehrhafte Hauptgebäude aus Bruchstein mit dem steil aufragenden Walmdach.
Adresse: Im Angertal, 40883 Ratingen

▶ Schloss Landsberg

In Ratingen-Breitscheid befindet sich Schloss Landsberg, ein im 13. Jahrhundert erbautes Schloss am Fuße des Ruhrtals. Das Schloss beherbergt heute ein Konferenzzentrum der Thyssen-Krupp AG; es kann jedoch von den umgebenden öffentlich zugänglichen Parkanlagen aus von außen besichtigt werden. Es befindet sich auf Ratinger Stadtgebiet, an der Grenze zu Essen.
Adresse: August-Thyssen-Straße 1, 45219 Essen

▶ Schloss Linnep

Schloss Linnep in Ratingen-Breitscheid, das auch Haus Linnep genannt wird, und die da-

Schloss Landsberg im Ruhrtal befindet sich noch auf Ratinger Stadtgebiet, grenzt jedoch an Essen.

zugehörige Waldkirche bilden ein schönes Ensemble. Das Schloss wird privat bewohnt und kann – außer zu gelegentlichen Veranstaltungen – nur von außen besichtigt werden.
Adresse: Linneper Weg 17, 40885 Ratingen, 📞 02102/99776363

▶ Burg Gräfgenstein

Die Burg Gräfgenstein ist eine in Teilen erhaltene mittelalterliche Höhenburganlage und ein Baudenkmal am Angerbach in Ratingen. Die Burg wird privat bewohnt, als Bauernhof genutzt und kann nur von außen besichtigt werden.
Adresse: Gräfgenstein 1, Ratingen

▶ St. Peter und Paul

Die katholische Kirche St. Peter und Paul prägt das Ratinger Stadtbild und ist eines der bekanntesten Wahrzeichen der Stadt. Die Kirche wurde als romanische Kirche im 12. Jahrhundert gegründet und 1892 bis 1894 erweitert und umgebaut.
Adresse: Ecke Marktplatz/Turmstraße/Grütstraße, 40878 Ratingen, 📞 02102/10267-0, 🌐 st-peterundpaul.de

▶ Evangelische Stadtkirche

An der Lintorfer Straße 16 steht die evangelische Stadtkirche, eines der ältesten reformierten Kirchengebäude im Rheinland. Im Jahre 1565 gingen die ersten Angehörigen des Kirchspiels Ratingen nach Kettwig und Homberg, um dort die Kommunion in beiderlei Gestalt zu empfangen. Seit diesem Datum sind „Evangelisch-Gesinnte" in Ratingen nachgewiesen. Am 20. März 1668 wurde auf einem Hinterhofgrundstück an der Lintorfer Straße der Grundstein gelegt.
Adresse: Lintorfer Straße 18, 40878 Ratingen, 🌐 vomhimmelhoch.de

▶ Hauser Kapelle

Ganz in der Nähe der Burg Haus zum Haus steht am Hauser Ring die Hauser Kapelle. Im Mittelalter muss sich eine Kapelle innerhalb der Burganlage befunden haben. Die Kapelle wurde vollständig restauriert. Die Ratinger Jonges haben seit 1986 die Schirmherrschaft über die Kapelle inne.
Adresse: Hauser Ring, 40878 Ratingen, 🌐 ratinger-jonges.de

Museen

▶ 😊 LVR-Industriemuseum Textilfabrik Cromford

Im Herrenhaus Cromford und in der alten Baumwollspinnerei Brügelmann wird die Zeit der Frühindustrialisierung wieder lebendig. Es handelt sich hierbei um ein richtiges „Mitmach-Museum", das wunderbar für Kinder geeignet ist. Hier können die großen und kleinen Besucher einer Maschinenvorführung an originalgetreuen Nachbauten der alten Spinnmaschinen beiwohnen und sehen, wie vor über 200 Jahren Baumwolle zu feinem Garn verarbeitet wurde. Die Dauerausstellung versetzt die Besucher zudem in die Lebens- und Arbeitswelt der Fabrikantenfamilie Brügelmann und der Arbeiter der ersten Fabrik auf dem europäischen Kontinent von 1783 bis 1864. Daneben präsentiert das LVR-Industriemuseum regelmäßig Sonderausstellungen.
Adresse: Cromforder Allee 24, 40878 Ratingen, 📞 02102/864490, 🌐 cromford-ev.de, 🌐 industriemuseum.lvr.de

▶ Museum Ratingen

Das Museum Ratingen beherbergt unter seinem Dach eine attraktive Sammlung von Gegenwartskunst, die Sammlung Johann Peter Melchior sowie die stadtgeschichtliche Sammlung.
Adresse: Peter-Brüning-Platz 1/Eingang Grabenstraße 21, 40878 Ratingen, 📞 02102/550-4180 u. -4181, 🌐 museum-ratingen.de

▶ Oberschlesisches Landesmuseum

Das Oberschlesische Landesmuseum in Ratingen-Hösel gewährt einen Überblick über die Kultur und Geschichte Oberschlesiens, das jahrhundertelang von deutscher Kultur geprägt und bis 1945 ein Teil Deutschlands war.
Adresse: Bahnhofstraße 62, 40883 Ratingen, 📞 02102/965-0, 🌐 oslm.de

Das Angertal gleich außerhalb von Ratingen bietet Naturliebhabern jede Menge Spaziermöglichkeiten.

▶ 🔵 Puppen- und Spielzeugmuseum im Trinsenturm

Drei Gehminuten vom Marktplatz entfernt öffnet das Puppen- und Spielzeugmuseum samstags und sonntags in den Räumlichkeiten des historischen Trinsenturms seine Pforten. Dort präsentiert sich die Puppen- und Spielzeugsammlung des Museums Ratingen, liebevoll betreut durch den Verein der Ratinger Puppen- und Spielzeugfreunde.
Adresse: Wehrgang 1 (Trinsenturm), 40878 Ratingen, 📞 02102/550-4180 u. -4181, 🌐 spielzeug.museum-ratingen.de

Freizeit & Natur

▶ Angertal

Das Angertal ist ein ausgewiesenes Naturschutzgebiet und verdankt seinen Name dem Angerbach. Die Anger ist ein etwa 35,8 Kilometer langer Zufluss zum Niederrhein, der sich von Wülfrath aus bis zur Mündung in den Rhein durch das Niederbergische schlängelt. Auf Ratinger Stadtgebiet befindet sich das Angertal rechts (östlich) der Autobahn A3. Ein möglicher Beginn einer Wanderung ist am Wanderplatz am Steinkothen.
Adresse: Im Angertal, 40883 Ratingen

▶ Angertalbahn

Die Angertalbahn wird auch Kalkbahn genannt und fährt auf einer eingleisigen Strecke quer durch das Angertal, auf Ratinger Gebiet seit 1903 über eine Länge von 17,22 Kilometer bis zum Anschluss Rohdenhaus der Rheinkalk GmbH. Sie dient dem Kalktransport. Immer wieder finden auf der Angertalbahn in unregelmäßigen Abständen Sonderfahrten mit historischen Personenzügen statt, teils dampflokgetrieben.
Informationen: 🌐 angertalbahn.de

▶ Poensgenpark

Der Poensgenpark ist ein „später Landschaftspark", der 1997 unter Denkmalschutz gestellt und restauriert wurde. Gründer und Namensgeber war der Düsseldorfer Industrielle Commerzienrat Carl Poensgen (1838–1921), der das Gründstück 1906 von Moritz Brügelmann erworben hatte. Unter

dem Gartenarchitekten Reinhold Hoemann verwandelte sich das Wiesen- und Ackerland 1907 zu einem Landschaftspark nach englischem Vorbild. Nach dem Tod des Parkgründers im Jahre 1921 erlebte die grüne Oase eine wechselvolle Geschichte mit unterschiedlichen Eigentümern, bis der Park 1984 schließlich in städtischen Besitz überging.
Adresse: Cromforder Allee, 40878 Ratingen

▸ Erholungspark Volkardey

Der Erholungspark Volkardey ist ein beliebtes Naherholungsgebiet und auf dem 110 Hektar großen Gelände befinden sich zwei Seen, der Grüne See und der Silbersee, die durch den Kiesabbau entstanden sind. Ein gut ausgebautes Wegenetz für Spaziergänger und Fahrradfahrer durchzieht den Park. Im Süden des Parks befindet sich eine Hundeauslaufwiese. Hinweistafeln informieren über das Eisenzeitliche Gehöft, den Öko-Pfad oder den steinzeitlichen Werkplatz. Im südlichen Teil liegt am Schwarzbach eine Grillhütte, die angemietet werden kann.
Adresse: Volkardeyer Straße, 40878 Ratingen

▸ 🙂 Blauer See

Der Blaue See ist Naturdenkmal und Naherholungsgebiet zugleich. Im Norden wird er durch Wälder begrenzt, im Süden durch das Tal des Angerbachs. Der Blaue See ist durch den Kalksteinabbau entstanden. Gleich zwei Steinbrüche prägen das Gelände: Der kleinere Steinbruch lag im Bereich der heutigen Naturbühne, wobei das höher gelegene, trocken gebliebene Gelände die Freilichtbühne bildet; im tiefer gelegenen Teil entstand das „Graue Loch". Auf dem Gelände um den Blauen See gibt es unterschiedlichste Angebote für die ganze Familie.
Informationen: 🌐 blauersee-ratingen.de

▸ 🙂 Naturbühne am Blauen See

Jährlich wird in den Sommerferien auf der Naturbühne am Blauen See ein Theaterstück für Kinder aufgeführt. Organisiert wird dies von der Agentur Theater Concept.
Adresse: Zum Blauen See 20, 40878 Ratingen, 📞 02302/427152, 🌐 theaterconcept.de

Der Märchenzoo ist ein beliebtes Ausflugsziel für Familien.

▸ 🙂 Märchenzoo

Ein beliebtes Ausflugsziel ist der Märchenzoo, ein kleiner, aber feiner Park, der bereits seit den 1950er-Jahren existiert. Hier gibt es einen schönen Rundgang, auf dem Kinder die Welt der Märchen entdecken können.
Adresse: Zum Blauen See 20, 40878 Ratingen, 📞 02102/135679, 🌐 maerchenzoo.de

▸ 🙂 Allwetterbad Lintorf

Im Allwetterbad in Ratingen-Lintorf finden Kinder ein Piratenschiff mit Enter-Rutsche, einen Wasserkreisel mit Strömungsdüsen, Bodenblubber sowie ein Lehrschwimmbecken. Toll sind auch ein Krokodil, eine Riesenschlange und eine Wasserkanone. Im Sommer können die Kleinen draußen im Kinderbecken jede Menge Action erleben. Eine kleine Rutsche, ein wasserspeiender Affe, ein Pelikan mit Handpumpe und vieles mehr bringen viel Spaß.
Adresse: Jahnstraße 35, 40885 Ratingen-Lintorf, 📞 02102/485-452, 🌐 ratinger-baeder.de

▶ 🏊 Angerbad Freibad und Hallenbad

Das Angerbad in Ratingen-Mitte bietet jede Menge Abenteuer und Spaß. Ob die riesige Breitwellenrutsche, der neue große Wasserpilz oder der Strömungskanal, ob Wasserkanone, der Wellenbrecher Api-Ball oder die lustige Schlangenrutsche – hier ist für jeden etwas dabei. Wasserratten können sich im 50-Meter-Sportbecken so richtig austoben – oder sich beim Springen vom 10-Meter-Turm bewundern lassen. Für das ultimative Ferienfeeling sorgt ein Beachvolleyballfeld.

Adressen: Freibad: Lintorfer Straße 64, 40878 Ratingen-Mitte, 📞 02102/485-424; Hallenbad: Hauserring 52, 40878 Ratingen-Mitte, 📞 02102/485-423, 🌐 ratinger-baeder.de

▶ Eissporthalle Ratingen

Von September bis März kann man in der städtischen Eissporthalle Schlittschuhlaufen. Es gibt auch Kurse, Mottopartys und eine Eisdisco.

Adresse: Am Sandbach 12, 40878 Ratingen, 📞 02102/550-5256

Veranstaltungen & Feste

Ratingen ist eine Schützen- und Karnevalshochburg. Wer in der Stadt etwas auf sich hält, ist sowohl Mitglied bei den zahlreichen Karnevalsvereinen als auch in den verschiedenen Schützenkompanien. Auch in den Stadtteilen wird beides gefeiert. Daneben gibt es im Sommer das Folkfestival Folkerdey am Grünen See und alle zwei Jahre das Fest der Kulturen, jährlich das Ratingen Festival mit Open-Air-Konzerten in der Innenstadt sowie an Pfingsten das Kulturfestival Zelt Zeit am Grünen See. Dort treten namhafte Comedians und Karabettisten auf. Tagsüber finden Outdooraktivitäten für Kinder, der LEG-Familientag und ein sportliches Rahmenprogramm statt.

Reichshof

(Oberbergischer Kreis)

Reichshof gibt es bereits seit mehr als 850 Jahren. Reichshöfe, früher auch Königshöfe genannt, sind in erster Linie eine Schöpfung Karls des Großen. Dieser spezielle Königshof war nicht nur wirtschaftlich und politisch wichtig, sondern leitete auch die Besiedelung des ganzen Raumes ein. Heute zählt die Gemeinde Reichshof 106 Ortschaften und ca. 19 000 Einwohner. Das dazu gehörende Eckenhagen ist Heilklimatischer Kurort. Das Ferienland Reichshof bietet jede Menge naturnahe Erholung und Freizeitvergnügen.

> **Kur- und Touristinformation Reichshof**
> **Reichshofstraße 30**
> **51580 Reichshof-Eckenhagen**
> 📞 **02265/470**
> 🌐 **ferienland-reichshof.de**

Sehenswertes

▶ St. Bonifatius

Nachdem die 1862 erbaute Kirche St. Bonifatius in die Jahre gekommen war, musste sie in den 1970er-Jahren abgerissen werden. In dreijähriger Bauzeit wurde die Kirche nur 300 Meter von ihrem ursprünglichen Standort entfernt neu gebaut und im Juli 1981 in Wildbergerhütte-Bergerhof eingeweiht. Ihre außergewöhnliche Architektur ist geprägt von viel Naturstein und Holz. Nur zwei bunte Kirchenfenster erinnern noch an die ehemalige Kirche.

Adresse: Fritz-Schulte-Straße 2, 51580 Reichshof, 🌐 katholisch-mfw.de

▶ Evangelische Barockkirche

Seit 1764 erklingt das Glockenspiel der evangelischen Barockkirche, der größten

evangelischen Dorfkirche im Rheinland, zu kirchlichen Festtagen. Auch zu Luthers Geburtstag ziehen die Beiersleut, also diejenigen, die die Glocken schlagen, in den Turm der im Spätbarock und Rokokostil nach bergischer Art ausgestatteten Kirche.
Adresse: Barbarossastraße, 51580 Reichshof, ⊕ evk-eckenhagen.de

▸ **Evangelische Kirche Denklingen**
Zur Bildung einer evangelischen Gemeinde Denklingen wurde am 6. August 1889 der Grundstein zunächst zum Pfarrhaus, später zur Kirche gelegt. Diese wurde 1903 vollendet. Ihr Innenraum ist schlicht und lichtdurchflutet. Umgeben ist sie von einem Pfarrgarten und altem Lindenbestand.
Adresse: Kirchweg 1, 51580 Reichshof-Denklingen, ☏ 02296/999434, ⊕ ev-kirche-denklingen.de

▸ ☺ **Historische Mühle Nespen**
1749 erstmals erwähnt, wurde die halbautomatische Mühle bis 1956 betrieben. Sie liegt oberhalb der Wiehltalsperre. 2009 wurde die Mühle aus ihrem Dornröschenschlaf erweckt und für die Öffentlichkeit zugänglich gemacht. Schulklassen und Gruppen lockt die Mühle in Nespen mit ihrem Programm „Vom Saatkorn zum Butterbrot" an.
Adresse: Im Ufer 2, 51580 Reichshof, ☏ 02297/1332, ⊕ muehlenfreunde-nespen.de

▸ **Denklinger Burg**
Das im Laufe des 16. bis 18. Jahrhunderts entstandene Burggebäude war eine Wasserburg. 1987 wurde sie restauriert. Die örtlichen Vereine haben sie in eine Stätte der Begegnung und Kommunikation verwandelt. Im ersten Stockwerk befindet sich das Trauzimmer (Infos dazu beim Standesamt, ☏ 02296/801311). Außerdem liegt die St. Antoniuskapelle in der Ortsmitte von Denklingen: Sie wird von den beiden

großen Konfessionen für Hochzeiten und Taufen genutzt.
Adresse: Hauptstraße, 51580 Reichshof, ☏ 02265/470

Museen

▸ ☺ **Bauernhofmuseum Eckenhagen**
In die Welt der Vorfahren vor 200 Jahren können Besucher im Bauernhofmuseum eintauchen. In dem umfunktionierten Fachwerkhaus lassen sich 4000 Gegenstände entdecken. Zudem kann man die bäuerliche Hofanlage mit Haupthaus, Backes, Scheune und Remise bewundern.
Adresse: Reichshofstraße 20, 51580 Reichshof-Eckenhagen, ☏ 02265/8214, ⊕ heimatverein-reichshof-eckenhagen.de

▸ **Kunst Kabinett Hespert**
In einem historischen Grundschulgebäude findet sich das Kunst Kabinett Hespert, das zeitgenössische Ausstellungen präsentiert. Das Kabinett bietet aber auch außen einen Raum für Kunst: Die dort aufgestellten Skulpturen sind jederzeit zugänglich. Zudem wird ein bunter Strauß an Veranstaltungen aus Musik, Literatur, Theater und mehr angeboten.
Adresse: Platz der Künste 1, 51580 Reichshof-Hespert, ☏ 02265/9879079, ⊕ kunstkabinetthespert.de

▸ **Kunsthaus zur Mitte**
Die Künstlerin und Kunstpädagogin Luise Freitag-Badenhausen veranstaltet in ihrem in einem alten Dorfwirtshaus untergebrachten Kunsthaus zur Mitte in Sinspert nicht nur Ausstellungen mit Malerei und Grafik, Skulpturen, Objekten, Installationen und Fotografie, sondern bietet auch Kurse in verschiedenen Maltechniken an.
Adresse: Heischeider Straße 2, 51580 Reichshof, ☏ 02265/7274, ⊕ kunsthaus-zurmitte.de

▶ 😊 Puppen- und Mineralienmuseum Eckenhagen

Die Kur- und Touristinfo Reichshof in Eckenhagen aufzusuchen lohnt sich auch für junge Besucher: Finden sich in deren Räumen doch das Puppen- und das Mineralienmuseum Eckenhagen. Rund 800 Trachtenpuppen und mehr als 300 Mineralien aus aller Welt sind dort zu bestaunen.

Adresse: Reichshofstraße 30, 51580 Reichshof-Eckenhagen, 📞 02265/9070 u. 470

Freizeit & Natur

▶ Kurpark Eckenhagen

Der 1982/83 entstandene und 2019/2020 modernisierte Kurpark Eckenhagen ist Anlaufpunkt für Gäste und Anwohner und außerdem Start- und Zielpunkt mehrerer Heilklima-Wanderwege, die über Wald- und Wiesenflächen in unterschiedlichen Schwierigkeitsgraden um den Ort führen. Den Flyer zu den Wegen mit Kartenausschnitt gibt es bei der Kur- und Touristinfo.

Adresse: Zöper Weg, 51580 Reichshof-Eckenhagen, 📞 02265/470

▶ 😊 Affen- und Vogelpark mit Indoorspielhalle

Auf einem etwa drei Kilometer langen Rundgang durch den Affen- und Vogelpark bekommen Groß und Klein eine ganze Menge aus der Tierwelt geboten. Das Besondere: Es gibt begehbare Freifluggehege und natürlich einen Streichelzoo. Auch das Berberaffen- und das Totenkopfaffen-Freigehege sind in der Regel zugänglich. Rollstuhlfahrer und Eltern mit Kinderwagen können die Strecke mit einer elektrischen Eisenbahn zurücklegen. Und wenn das Wetter mal nicht mitspielt, gibt es für die Kleinen die Indoor-Erlebnishalle. Es gibt auch Grillhütten.

Adresse: Am Bromberg, 51580 Reichshof-Eckenhagen, 📞 02265/8786, 🌐 affen-und-vogelpark.de

▶ 😊 Pferdehof Hacke

Der Pferdehof Hacke bietet ein attraktives Ferien- und Freizeitprogramm: romantische Planwagenfahrten durch die oberbergische Landschaft für unterschiedlich große Gruppen genauso wie Kindergeburtstage oder Ponyreiten.

Adresse: Auf den Nußerlen 1, 51580 Reichshof, 📞 02261/77613, 🌐 pferdehof-hacke.de

▶ Ballonstartplatz Eckenhagen

Unterhalb des Monte Mare Sportbads zeigt ein Windsack den Ballonstartplatz an. Wer gerne mal selbst auf die luftige Reise gehen will, lässt sich vom Ballonteam im Rahmen einer Schnuppermitgliedschaft mitnehmen.

Start: Hahnbucherstraße 23, 51580 Reichshof, 📞 02296/9200, 🌐 ballonsportclub-reichshof.com

Der Affen- und Vogelpark lockt mit exotischen Tieren.

▶ 😊 Go-Kart-Ring Hahn-Wildbergerhütte

Für Kinder ab acht Jahren und einer Körpergröße ab 1,44 Meter geeignet ist der Go-Kart-Ring Hahn-Wildbergerhütte. Spannende Überholmanöver und packende Kämpfe auf

der Start- und Zielgeraden machen aber auch Erwachsenen einen Riesenspaß.
Adresse: Halbhustener Weg, 51580 Reichshof-Hahn, 📞 02291/2496, 🌐 kartring-oberberg.de

▶ 😊 Monte Mare Reichshof-Eckenhagen

Im Monte Mare Reichshof-Eckenhagen gibt es alles, was zu einem Kurzurlaub gehört: Sportliche können sich im Sportbad mit 25-Meter-Becken betätigen. Wer es ruhiger mag, nutzt das Sauna- und Wellnessparadies.
Adresse: Hahnbucher Straße 21, 51580 Reichshof-Eckenhagen, 📞 02265/997400, 🌐 monte-mare.de/reichshof

Das Skigebiet in Reichshof bietet lange Loipen, aber auch Rodel- und Abfahrtshänge.

▶ 😊 Blockhaus in Reichshof

Direkt am Bergischen Panoramasteig bietet das Blockhaus tolle Ausblicke und das Wintersportgebiet Blockhaus-Belmicke sorgt für herrliches Schneevergnügen – vom Rodelhang bis zur Fernloipe. Wer es rasanter mag, ist an den drei Abfahrtshängen mit Schleppliften, alle circa 200 Meter lang, in Blockhaus, Hahn und Schemmerhausen bestens versorgt.
Informationen: 🌐 wintersport-im-bergischen.de

▶ Golfclub Oberberg

Der „18-Loch Bohle Championship Course" vereint hohe sportliche Herausforderungen für Spitzengolfer mit guter Spielbarkeit und für diejenigen, die den Sport erst noch erlernen wollen. Von April bis Oktober werden mehrmals im Monat Schnupperkurse angeboten.
Adresse: Hasseler Straße 42, 51580 Reichshof, 📞 02297/7131, 🌐 golfcluboberberg.de

▶ Schwalbe Fahrradpark

Der Schwalbe-Fahrradpark Reichshof ist der erste Fahrradpark im Bergischen Land und bietet mit den drei Rundkursen um Eckenhagen, Denklingen und Wildbergerhütte sowie einer großen „Tour de Reichshof" ein attraktives Angebot für Radler. E-Bikes gibt es an der historischen Mühle in Nespen zum Verleih.
Informationen: 🌐 ferienland-reichshof.de

▶ 😊 Pumptrack Reichshof-Eckenhagen

In der Hahnbucher Straße in Eckenhagen können insbesondere jüngere Biker auf zwei Rundkursen ihre Räder auf Touren bringen. Der Track ist 280 Meter lang; ein Kurs ist für Drei- bis Achtjährige mit ihren Lauf- und Fahrrädern ausgelegt, der große Kurs ist ab acht Jahren nutzbar. Zugelassen sind Straßenfahrräder.
Adresse: Hahnbucher Straße, 51580 Reichshof-Eckenhagen, 🌐 ferienland-reichshof.de

▶ 😊 Minigolfanlage

Die Anlage ist in der Nähe der Monte Mare Saunalandschaft in Eckenhagen gelegen. Dort können sich Kinder und Erwachsene an Wochenenden und Feiertagen auf 18 Bahnen austoben.
Adresse: Hahnbucher Straße 21, 51580 Reichshof-Eckenhagen, 📞 02265/981742

▶ **Wacholderheide Hespert**

Bei Hespert findet sich eins der drei Wacholdergebiete im Ferienland Reichshof. Einmal im Jahr wird eine geführte Wanderung zur Silberkuhle und vorbei an der Wacholderheide angeboten. Der Termin und weitere Infos sind in der Broschüre „Geführte Wanderungen und Radtouren" der Kur- und Touristinfo Reichshof angegeben.
Informationen: ⊕ ferienland-reichshof.de

▶ **Wiehltalsperre**

Einen beeindruckenden Ausblick genießt man an der Wiehltalsperre, die mit 31,5 Millionen Kubikmetern Wasser auf einer Fläche von 189 Hektar die Versorgung von über 200 000 Menschen sicherstellt. In der reich bewaldeten Umgebung findet sich zudem ein Wanderwegenetz. Auch die aus dem Fernsehen bekannte „Krombacher Insel" ist von einer Aussichtsplattform aus zu sehen.
Informationen: ⊕ wiehltalsperre.de; ⊕ ferienland-reichshof.de

▶ 🔲 **Schatzsuche per GPS**

Drei Geocaching-Touren gibt es in Eckenhagen und Wildberg. Die erste Tour führt um das Wacholdergebiet Branscheid, die zweite durch den Ortskern von Eckenhagen und entlang historischer Gebäude – sie ist speziell für kleine Entdecker ausgelegt. Während der dritten Tour taucht man in die alte Bergwerkstradition des Grubendorfs Wildberg ein. Bei der Kur- und Touristinfo können (gegen Pfand) GPS-Geräte ausgeliehen werden.
Adresse: Reichshofstraße 30, 51580 Reichshof, 📞 02265/470

▶ 🔲 **Waldlehrpfad Eckenhagen**

Im Naturschutzgebiet Puhlbruch/Silberkuhle, dem größten zusammenhängenden Waldgebiet des Oberbergischen Kreises, führt eine Wanderung über den 4,5 Kilometer langen Waldlehrpfad (1,5 bis zwei

Stunden). Er startet und endet am Wanderparkplatz Wickenbach.
Start/Ziel: Wanderparkplatz Wickenbach, Reichshofstraße, 51580 Reichshof

Veranstaltungen & Feste

Köstlicher Brotduft empfängt die Besucher des Bauernhofmuseums in Eckenhagen beim **Backesfest** immer am dritten Wochenende im März. Ein kleiner Markt bereichert das Geschehen. Stets zu Pfingsten findet auf dem Hof von Burg Denklingen ein großer **Töpfermarkt** statt, der neben rustikaler Gebrauchskeramik feine Fayencen, edles Tafelgeschirr, fantasievolle Pflanzentöpfe und ausgefallene Kunstwerke bietet. Auch die historische Mühle Nespen wird an Pfingsten zum Festplatz: Beim **Mühlenfest** werden frisch gebackenes Brot, hausgemachte Fleisch- und Wurstwaren und weitere Leckereien angeboten. Im Juli sind Ritter, Spielleute, Handwerker, Händler, Gaukler, Heerlager und allerlei Gesinde beim **Mittelaltermarkt** zu Gast auf Burg Denklingen und entführen die Besucher in die Zeit vor 600 Jahren. Das Bauernhofmuseum ist im September Schauplatz des **Eckenhäaner Landmarkts,** der in der Regel alle zwei Jahre stattfindet und mit Besonderem von Land und Leuten lockt. Ebenfalls im September wird in Denklingen **Erpelsfest** gefeiert, bei dem sich alles um die Kartoffel dreht. Um Sauerkraut geht es am Volkstrauertag-Wochenende im November beim **Kappesfest** am Heimatmuseum. In der Adventzeit schließlich locken kreative Handwerkskunst, Kulinarisches und Glühwein wieder zum Besuch der Weihnachtsmärkte der Region: Die **Burgweihnacht** in Denklingen oder der **Weihnachtsmarkt in Odenspiel** sind dabei die Highlights. Aber auch kleinere Veranstaltungen wie **Advent am Forsthaus** oder das **Weihnachtsbaum-Anglühen** lohnen wie das **Posaunen Erklingen** am Bauernhofmuseum den Besuch.

Remscheid

(Kreisfreie Stadt)

Mit mehr als 110 000 Einwohnern ist Remscheid die drittgrößte Stadt des Bergischen Landes. Sie wurde im 12. Jahrhundert gegründet und besteht heute aus den Bezirken Alt-Remscheid, Lennep, Lüttringhausen und Remscheid-Süd. Remscheid gilt mit den vielen innovativen und weltweit bekannten Unternehmen als letzte Industriestadt Nordrhein-Westfalens und wurde früher aufgrund der Handelsbeziehungen ihrer Metall- und Werkzeugindustrie nach Übersee die „Seestadt auf dem Berge" genannt. Da rund ein Drittel des Stadtgebiets aus Wald und Wiesen besteht, bieten sich zahlreiche Freizeitangebote im Grünen und an den drei Talsperren auch auf dem Wasser. Durch die Müngstener Brücke, die höchste Eisenbahnbrücke Deutschlands, ist Remscheid sehenswert mit der Nachbarstadt Solingen verbunden.

Fremdenverkehrsamt Remscheid
Theodor-Heuss-Platz 1
42853 Remscheid
📞 02191/162208
🌐 remscheid.de
🌐 remscheid-tourismus.de

Kleine Gassen und typische Fachwerkhäuser kennzeichnen die Altstadt von Lennep.

Sehenswertes

▶ Haus Cleff

Das Haus Cleff gilt als eines der schönsten Bürgerhäuser des Bergischen Landes und ist ein Wahrzeichen der Stadt. Das Haus wurde 1778 und 1779 von den Kaufleuten Gebrüder Hilger gebaut. Das zweigeschossige Fachwerkhaus mit Mansarddach ist ein wichtiges Beispiel des Bergischen Barock und diente zwischen 1811 und 1814 sogar als Rathaus von Remscheid. Das Museum Haus Cleff ist seit Dezember 2013 wegen Sanierungsarbeiten geschlossen. Im Haus Cleff befindet sich außerdem das Deutsche Werkzeugmuseum.
Adresse: Cleffstraße 2–6, 42855 Remscheid, 📞 02191/780809, 🌐 haus-cleff.de

▶ Stadtkirche Lennep

Die protestantische Hauptkirche wurde Mitte des 18. Jahrhunderts nach einem Stadtbrand neu errichtet. Ihre Wurzeln werden in das 13. Jahrhundert datiert. Der 1756 abgeschlossene Neubau wurde offiziell erst mit der Orgelweihe 1779 beendet. Die weithin sichtbare Zwiebelhaube des Turms gibt dem Stadtbild eine bestimmende Note.
Adresse: Kirchplatz 3, 42897 Remscheid, 🌐 lennep.ekir.de

▶ Geburtshaus von Wilhelm Conrad Röntgen

Wilhelm Conrad Röntgen ist der wohl bekannteste Sohn Remscheids. Er entdeckte und erforschte die nach ihm benannte „Röntgen-Strahlung". Der Physiker und erste deutsche Nobelpreisträger (1901) wurde in diesem Haus in Lennep geboren. Seit 2011 ist es im Besitz der Deutschen Röntgengesellschaft. Der Ursprungsort des weltberühmten Wissenschaftlers wurde saniert und dient als lebendiges Denkmal.
Adresse: Gänsemarkt 1, 42897 Remscheid, ☎ 030/91607029, ⊕ roentgen-geburtshaus.de

▶ Altstadt von Lennep und Lüttringhausen

Die gut erhaltenen Altstädte repräsentieren mit ihrem Fachwerk eindrucksvoll den „Bergischen Dreiklang" aus schwarzen Balken, grünen Fensterläden und weißem Putz. Die Wandverkleidung aus bergischem Schiefer rundet das Bild ab. Die Altstadt von Lüttringhausen wird gerne as „Dorp" bezeichnet. Viele der pittoresken denkmalgeschützten Häuser gruppieren sich um die Evangelische Kirche aus dem 18. Jahrhundert.
Die kreisförmig angeordnete Lenneper Altstadt vereinigt viele Bauten im Erscheinungsbild des Bergischen Barock. 1746 war die Altstadt bei einem Feuer beinahe völlig zerstört und anschließend wieder aufgebaut worden. Touristische Highlights sind Stadtkirche, Rathaus und Röntgenmuseum.

▶ Napoleonsbrücke

Die Gewölbebrücke aus der Mitte des 19. Jahrhunderts verbindet die Städte Remscheid und Solingen an der Morsbach-Mündung. Zwei ihrer drei Pfeiler stehen an Land, einer im Wasser. Sie galt zu Erbauungszeiten vor allem als Transport- und Verkehrsverbindung der beiden aufstrebenden Industriestädte Remscheid und Solingen. Warum sie später den Namen des berühmten französischen Kaisers erhielt, ist nicht geklärt.
Adresse: Müngsten, Morsbachmündung, 42857 Remscheid

Das Geburtshaus des Physikers Wilhelm Conrad Röntgen in Lennep.

▶ Diederichstempel

Vor allem Wanderer kennen den neugotischen Diederichstempel in Müngsten und den neuromantischen Diederichstempel in Burg. Wer an der Müngstener Brücke aufbricht, der kann sich auf die Diederichstempel-Runde begeben, die zu dem berühmten Aussichtspavillon führt, einen imposanten Blick auf die Brücke zulässt und an einem kleinen Wasserfall vorbei zum Bahnhof Remscheid-Güldenwerth führt. Von Schloss Burg aus erreicht

man hingegen den anderen Diederichstempel. Die beiden mehr als 100 Jahre
alten Tempel bieten dem Publikum einen
herrlichen Blick über das Bergische Land.

Museen

▸ Deutsches Röntgen-Museum

Wilhelm Conrad Röntgen (1845–1923)
ist der berühmteste Remscheider. Der
Erfinder der berühmten und nach ihm
benannten Strahlen, die in der Lage sind,
durch Materialien hindurchzutreten,
wurde in Lennep geboren. Im Museum
werden Leben, Werk und Wirkung des
berühmten Remscheiders dokumentiert. Die Entwicklung des Museums von
einem wissenschaftszentrierten zu einem
„lebenspraktischen Themenmuseum" ist
bereits angestoßen worden und soll in den
kommenden Jahren zum Abschluss kommen.
Adresse: Schwelmer Straße 41,
42897 Remscheid, ☏ 02191/163384,
🌐 roentgenmuseum.de

▸ Deutsches Werkzeugmuseum

Das Deutsche Werkzeugmuseum in Remscheid ist das einzige seiner Art in
Deutschland. Das Werkzeug, seine Entwicklung, Herstellung und Funktion
werden hier ausführlich erläutert. Erstaunliche Erkenntnisse zeigen, wie die
Menschen in der Bronzezeit ihre Gerät-
schaften einsetzten, wie eine Dampfmaschine funktioniert oder welche com-
putergesteuerten Werkzeugarten die
Produktion moderner Güter ermöglichen.
Adresse: Cleffstraße 2–6, 42855 Remscheid, ☏ 02191/162519, 🌐 werkzeug-
museum.org

▸ 😊 Haases Papiertheater

Aus einer Idee wurde eine Leidenschaft.
Wer erinnert sich noch an die mit
Vorhang und Requisite ausgestatteten

*Außen abweisend, innen kulturell hochwertig:
der Kinobunker.*

Papiertheater, die Figuren und Bühnenbil-
der? In Haases Papiertheater werden diese
beliebten und oft ausgesprochen kunstfertig
gestalteten Spielstätten nicht nur zum Leben
erweckt. Im Museum werden auch viele
Papiertheater ausgestellt, die 100 Jahre und
älter sind.
Adresse: Ackerstraße 14, 42857 Remscheid,
☏ 02191/77287, 🌐 haases-papiertheater.de

*Das Deutsche Werkzeugmuseum im Haus Cleff bie-
tet einen Einblick in die Geschichte der Werkzeug-
herstellung.*

▸ Kinobunker

Ein wenig einschüchternd wirkt er von außen schon. Doch wer das Innenleben des Kinobunkers Honsberg einmal selbst gesehen hat, der möchte immer wiederkommen. Hier wird Geschichte lebendig. Denn der Bunker diente nicht nur als Lichtspielhaus, sondern während des Zweiten Weltkriegs auch als Zivilschutzraum, der viele Geschichten zu erzählen hat.
Adresse: Humboldtstraße 9, 42857 Remscheid, 📞 0202/2838697, 🌐 kinobunker.de

▸ Steffenshammer e. V.

Der Förderverein Steffenshammer setzt sich mit der in der Region ausgesprochen wichtigen Schmiedetechnik auseinander. Hier wurde einst Stahl geschmiedet und die Kunst der Werkzeugfertigung ausgeübt. Heute ist er der letzte Schmiedekotten im Tal des Bachs Gelpe, der noch voll funktionsfähig ist.
Adresse: Clemenshammer 3/5, 42855 Remscheid, 📞 02191/83632, 🌐 steffenshammer.de

▸ Tuchmuseum Lennep

Mehr als 200 Jahre lang stellte die Tuchfabrik Johann Wülfing & Sohn hochwertige Wollstoffe her, die in die ganze Welt exportiert wurden. Im Museum wird anschaulich dargestellt, welchen Weg die Wolle vom Schaf bis zum fertigen Kleidungsstück nimmt. Aber auch vieles, was um die Fabrik und ihre Mitarbeiter herum passierte, wird spannend aufgearbeitet.
Adresse: Hardtstraße 2, 42897 Remscheid, 📞 0172/2300798, 🌐 tuchmuseum.de

Freizeit & Natur

▸ ☼ Dr. Hans-Schäfer-Sternwarte

Der Remscheider Lehrer und Astronom Dr. Hans Schäfer kämpfte lange Jahre für die Einrichtung einer Volkssternwarte in Remscheid, die jeder Einwohner mindestens einmal im Leben besucht haben sollte. 1968 ging dieser Wunsch in Erfüllung. Im Bismarckturm wurde die Volkssternwarte schließlich eingerichtet. Mit einem historischen Linsenfernrohr wird der Blick ins Weltall möglich.
Adresse: Bismarckturm, 42853 Remscheid, 📞 02191/663795, 🌐 sternwarte-remscheid.de

▸ ☼ Natur-Schule Grund

In der Natur-Schule Grund sollen durch Naturerfahrungen und Naturerlebnisse positive Naturbezüge geschaffen werden. Auf dem Areal wird zudem demonstriert, wie wichtig eine vielfältige Insektenpopulation ist oder wie gefährdet unsere Umwelt durch unser Verhalten ist. Tier- und Pflanzenwelten sind nicht nur erfahr-, sondern auch erlebbar.
Adresse: Grunder Schulweg 13, 42855 Remscheid, 📞 02191/3748239, 🌐 neu.natur-schule-grund.de

▸ ☼ H2O

Wer einen Kurzurlaub in der Region rund um Remscheid macht, der kommt an einem Aufenthalt im Sauna- und Badeparadies H2O kaum vorbei. Egal ob Spaß auf den Rutschen oder Sprungtürmen, Entspannung in den Solebecken und der Sauna-Landschaft oder Lehrreiches in den Fitness- und Schwimmkursen: Hier ist für jeden etwas dabei.
Adresse: Hackenberger Straße 109, 42897 Remscheid, 📞 02191/164142, 🌐 h2o-badeparadies.de

▸ ☼ Freizeitpark Kräwi

In der Wassersport- und Freizeitanlage Kräwinklerbrücke, kurz Kräwi, an der Wuppertalsperre kann man Angeln, Schwimmen, Tauchen, Bootfahren und Sonnenbaden. Der Bootsverleih bietet Kanus, Tret- und Ruderboote an. Für Feiern steht ein alter Straßenbahnwaggon zur Verfügung, der gemietet werden kann. Am Kiosk kann man sich stärken oder Bootsplaketten erhalten.

Adresse: Kräwinklerbrücke 1, 42897 Remscheid, ☎ 02191/9330671, ⊕ freizeitpark-kraewi.de

▸ Eschbachtalsperre

Die erste Trinkwasser-Talsperre Deutschlands gilt als Meilenstein der Wasserwirtschaft und war Vorläufer für viele weitere Talsperren. 1891 eröffnet, gilt sie seit jeher als beliebtes Ausflugsziel. Auch ein Teil des berühmten Jakobswegs verläuft entlang der Talsperre. Rund um den Stausee sorgt ein Lehrpfad für interessante Einblicke in die Natur der Region.

▸ ☺ Freibad Eschbachtal

Das 1912 errichtete und immer wieder verschönerte Freibad im Eschbachtal bietet neben Schwimmer- und Nichtschwimmerbecken ein Babybecken, verschiedene Rutschen, Areale für Sportangebote wie Beachvolleyball, Fußball, Basketball oder Tischtennis, einen Spielplatz und eine Grillstation in herrlicher Umgebung.

Adresse: Eschbachtal 5, 42859 Remscheid, ☎ 02191/388601, ⊕ freibad-eschbachtal.de

▸ Röntgenweg

Wer den nach dem berühmtesten Sohn der Stadt benannten Weg erwandern möchte, braucht eine gute Kondition. Der Wanderweg führt rund um Remscheid und ist insgesamt 58 Kilometer lang. Offiziell beginnt der Weg am Deutschen Röntgen-Museum in Lennep. Auf dem Weg bekommt man ein Gefühl für die gewaltigen Ausmaße der Stadt. Der jährlich stattfindende Röntgenlauf als Halbmarathon, Marathon und Ultramarathon lockt Tausende Sportler in die Stadt.

Informationen: ⊕ sgv-remscheid.de

▸ ☺ Trasse des Werkzeugs

Wie seine Schwestern ist auch dieser Freizeitweg auf einer stillgelegten Bahntrasse des Bergischen Landes errichtet worden. Rund vier Kilometer lang und drei Meter breit führt der Rad- und Wanderweg durch Hasten zum Remscheider Zentrum. Da zu früheren Zeiten zahlreiche metallverarbeitende Betriebe an der Strecke lagen, säumen nun diverse Stelen, welche die ansässige Wirtschaft und ihre Produkte präsentieren, die Trasse des Werkzeugs.

Start: Remscheider Hauptbahnhof, ⊕ remscheid.de

Veranstaltungen & Feste

Das **Altstadtfest in Lennep** lockt Menschen aus der ganzen Region zu Livemusik, Trödelmarkt und großer Party-Stimmung jedes zweite Jahr im Spätsommer/Frühherbst an. Unter dem Motto „Remscheid rockt" bringt das **Löwenfestival** am Rathausplatz im Sommer an mehreren Tagen jährlich eine Menge Fans handgemachter Rock-Musik mit Live-Bands zusammen. In Lennep erwachen jedes zweite Jahr beim **Bergischen Puppenspiel-Festival** im September die tollsten Geschichten an einem Tag zum Leben. Verschiedene Puppentheater spielen dann mehrere Vorstellungen vor kleinen und großen Zuschauern. Auf dem **Herbst- und Bauernmarkt** in Lüttringhausen im September zeigen sich die schönsten Seiten des Herbstes mit frischen Produkten aus der Region und Werken von Künstler und Autoren. **Bergische Lichterwochen** und ein **Weihnachtsmarkt** in der Innenstadt bereiten die Remscheider stimmungsvoll auf das Fest der Liebe vor. Daneben gibt es den großen **Karnevalsumzug** im Februar, die **Frühjahrskirmes** im März und die **Maikirmes.** Das große **Schützen- und Heimatfest** finden im Juni statt. In der **Konzertmuschel** im Stadtpark begeistert im Sommer ein abwechslungsreiches Programm Teilnehmer aller Altersklassen.

Rösrath

(Rheinisch-Bergischer Kreis)

Die noch junge Stadt – erst im Jahr 2001 bekam der Ort seine Stadtrechte – grenzt an Köln und ist zugleich das „Tor zum Bergischen Land". Im Spannungsfeld zwischen Tradition und Moderne, zwischen Natur und Metropole bietet das über 1100 Jahre alte Rösrath dem Besucher insbesondere Naturgenuss. Die rund 28 000 Einwohner zählende Stadt liegt bei den Naturschutzgebieten Königsforst und Wahner Heide, zwei der ökologisch wertvollsten Biotope in Nordrhein-Westfalen. Beliebt ist der Ortsteil Hoffnungsthal, der durch seine Vielzahl an historischen Gebäuden bestiction.

Stadt Rösrath, Abteilung für Tourismus
Rathausplatz
51503 Rösrath
📞 **02205/802415**
🌐 **roesrath.de**

Sehenswertes

▶ Schloss Eulenbroich

Das um 1200 als Wasserburg errichtete Schloss liegt mitten in Rösrath und ist in den letzten Jahrhunderten mehrmals erweitert oder umgebaut worden. 1981 hat die Stadt Rösrath das Anwesen übernommen und grundlegend renoviert, bevor es im Jahr 1984 für die Bürger geöffnet wurde und inzwischen zum Kulturzentrum geworden ist. Rund um das Schloss führt ein landschaftlich reizvoller Wanderweg.
Adresse: Zum Eulenbroicher Auel 19, 51503 Rösrath, 📞 02205/9010090, 🌐 schloss-eulenbroich.de

▶ Haus Steeg

Das hoch aufragende Fachwerkgebäude mit dem steilen zum Sülztal zeigenden Satteldach wurde 1578 erbaut. Es ist damit das älteste bekannte noch erhaltene Fachwerkhaus des Rheinisch-Bergischen Kreises. Haus Steeg befindet sich im Ortsteil Rambrücken und ist in Ständerbauweise errichtet worden, was bedeutet, dass die Fachwerkbalken vom

Schloss Eulenbroich ist das Kulturzentrum Rösraths.

Erdgeschoss aus über das Obergeschoss bis hin zur Traufe verlaufen. Es steht auf einem massiven Kellergeschoss-Sockel in Bruchsteinmauerwerk mit Tonnengewölbe. Das geschichtsträchtige Gebäude steht seit 1988 unter Denkmalschutz.
Adresse: Steeg 5–7, 51503 Rösrath

▸ St. Nikolaus von Tolentino und Kloster Rösrath

Als die Gemeinde Volberg im 16. Jahrhundert lutherisch wurde, blieb den hier ansässigen Katholiken, die bis dahin keine eigene Pfarrkirche hatten, nur der Gang nach Altenrath. Doch die katholischen Adelsfamilien holten daraufhin Augustinermönche nach Rösrath, die Ende des 17. Jahrhunderts ein Kloster errichteten. Vom Augustinerkloster sind heute noch Augustinerhaus, Klostermühle, Kirche und Pfarrhaus erhalten, die seit 1985 unter Denkmalschutz stehen. Auch ein Blick in das imposante Innere von St. Nikolaus von Tolentino lohnt sich – das barocke Gotteshaus ist außergewöhnlich üppig vergoldet.
Adresse: Hauptstraße 68, 51503 Rösrath

Die Barbarakapelle, auch als Kapelle Hellenthal bekannt, wurde 1693 erbaut.

▸ Hoffnungsthaler Hammer mit Fabrikantenvilla

Die rosa Fabrikantenvilla mit ihrer spätklassizistischen Fassade erhielt 1880 ihr heutiges Aussehen. Sie ist das Schmuckstück des 1773 erbauten metallverarbeitenden Betriebs Hoffnungsthaler Hammer. Der Erbauer Rudolf Philipp Boullé wollte dem Ort Volberg die Segnungen der Industrie bringen – und das Tal zum Ort der Hoffnung machen. Erfolgreich wurde Hoffnungsthal aber erst unter den Gebrüdern Reusch, die daraus ein Blechwalzwerk machten.
Adresse: Am Hammer, 51503 Rösrath

▸ Burghaus Scheltensülz

Das Haus Scheltensülz, auch Herrenhaus Burg Obersülz, ist eine ehemalige Wasserburg und wurde als solche um 1470 erbaut. Sie gehört damit zu den ältesten Bauten des Bergischen Landes und wurde wohl ursprünglich zum Schutz des Bergbaus auf dem Lüderich errichtet. In der liebevoll restaurierten Architektur des Burghauses stellt sie ein typisches Beispiel für Wehrbauten aus dieser Zeit dar. Die Burg befindet sich inmitten dichter Wohnbebauung zwischen der lang gestreckten Bergischen Landstraße in Hoffnungsthal und der fast parallel verlaufenden Sülz. Eine Außenbesichtigung der historischen Anlage ist möglich.
Adresse: Sülzer Burg 13–3, 51503 Rösrath

▸ Barbarakapelle

Die imposante Barbarakapelle wird auch als Kapelle Hellenthal bezeichnet und liegt im Sülztal zwischen Rösrath-Hoffnungsthal und Overath-Untereschbach. In unmittelbarer Nähe zu der

1693 erbauten Kapelle steht das noch knapp 200 Jahre ältere Burghaus Hellenthal. Die Barbarakapelle diente viele Jahre auch als Prozessionskapelle. Die Heilige Barbara ist bekannt als Schutzpatronin der Bergleute. Nicht weit entfernt ist der Berg Lüderich, auf dem früher Bergbau betrieben wurde. Eine Besichtigung der Kapelle ist nur von außen möglich.

Adresse: Hellenthal 5, 51503 Rösrath

▸ Historische Gebäude in Volberg

Der Ortsteil Volberg ist die Keimzelle der heutigen Stadt Rösrath – er wurde bereits 893 urkundlich erwähnt. 1562 wurde die Kirchengemeinde lutherisch und ist damit eine der ältesten evangelischen Gemeinden im Bergischen Land. Das bauliche Ensemble rund um die Volberger Kirche ist einen Besuch wert: Das Gemäuer der Kirche stammt aus dem Jahr 1790, das Pfarrhaus von 1770 und das Küsterhaus ist rund 100 Jahre alt. Die denkmalgeschützte, 2020 sanierte Kirche ist in den Sommermonaten zu besichtigen. Gegenüber fügt sich das Baumhofhaus harmonisch ins Ortsbild ein. Das bergische Fachwerkhaus von 1787 stand ursprünglich an anderer Stelle und wurde 1983 an den jetzigen Ort umgesetzt.

Adresse: Volberg 1, 51503 Rösrath

Freizeit & Natur

▸ Kultur im Schloss Eulenbroich

Schloss Eulenbroich ist das Kulturzentrum Rösraths. Nachdem Schloss Eulenbroich in den letzten Jahrhunderten auf viele verschiedene Arten genutzt worden war, nämlich als großbürgerliche Villa, als Sitz des Bürgermeisters sowie als Altenheim, finden hier inzwischen in ehrwürdigem Ambiente unterschiedlichste Kulturveranstaltungen statt, darunter Theater, Konzerte, Kleinkunst und Ausstellungen, aber auch Märkte, Seminare, Tagungen, Hochzeiten oder Firmenveranstaltungen. Seit 2003 hat der Kulturverein Schloss Eulenbroich die Nutzung des Hauses übernommen.

Adresse: Zum Eulenbroicher Auel 19, 51503 Rösrath, ☏ 02205/907320, ⊕ kulturverein-schloss-eulenbroich.de

▸ Kornbrennerei Hoffer Alter

Ob Bergischer Korn, Liköre von saurer Kirsche bis Schoko-Chili oder das bekannte „Hermännche" – in der Kornbrennerei Hoffer Alter bei Rösrath entstehen zahlreiche Spezialitäten. Seit 1880 werden auf dem 300 Jahre alten Hofferhof Spirituosen abgefüllt. Bei einer Führung durch die Brennerei erhalten Besucher faszinierende Einblicke in die Geschichte der letzten Kornbrennerei des Bergischen Landes, die heute samt Brennerei-Shop in der fünften Generation betrieben wird. Nach der Führung lockt eine Verkostung der Spezialitäten bei deftigen Schmalzbroten.

Adresse: Hofferhof 68, 51503 Rösrath, ☏ 02205/2659, ⊕ hoffer-alter.de

▸ ☺ Freibad Hoffnungsthal

Die Seele baumeln lassen und sich wie im Urlaub fühlen kann man im Freibad Hoffnungsthal. In der Nähe des Bahnhofs Hoffnungsthal in idyllischer Umgebung mit altem Baumbestand gelegen, bietet das 2007 sanierte Bad alles, was das Wasserratten-Herz begehrt: Ein Sportbecken mit Sprungturm, ein Nichtschwimmerbecken mit breiter Wasserrutsche, Unterwassergeysir und Sprudeltreppen und für die ganz Kleinen ein geräumiges Kinderbecken mit Regenbogenrutsche und schützenden Sonnenschirmen. Das mediterran gestaltete Umfeld mit weißen Liegestühlen und Schirmen lädt zum gemütlichen Verweilen ein. Fürs Strandgefühl sorgen ein Beachvolleyball-Feld und Strandkörbe im Bereich der Cafeteria.

Adresse: Hover Weg 4, 51503 Rösrath, ☏ 02205/85827, ⊕ stadtwerke-roesrath.de

▶☺ Westernreiten

In den Rösrather Sülzauen befindet sich eine 2003 erbaute Westernranch für Liebhaber von Pferden. Die Philosophie der Betreiberfamilie Mohlbach stellt eine pferdegerechte Haltung mit möglichst viel Bewegungsfreiheit, Sozialkontakt und frischer Luft in den Fokus. Die Pferdesportanlage besteht aus einem wetterfesten Reitplatz und einer Reithalle. Im Vordergrund steht aber das Angebot des Western- und Freizeit-Ausreitens mit direkter Anbindung ans Naturschutzgebiet Wahner Heide und den Königsforst. Neben dem klassischen Reitunterricht für Kinder und Erwachsene gibt es hier auch die Möglichkeit, den Reitführerschein abzulegen. **Adresse:** Jahnstraße 26, 51503 Rösrath, 📞 0171/2162049, 🌐 westernreiten-roesrath.de

▶☺ Spielplatz an der Forsbacher Mühle

An der Forsbacher Mühle kommen alle Generationen auf ihre Kosten. Der angrenzende Spielplatz grenzt direkt an den Königsforst und spricht auf einer weitläufigen Spielfläche Kinder jeglichen Alters an. So stehen hier unter anderem eine Sandkiste mit Schwing-Autoreifen, Wippe, Schaukel, Klettergerüst und Balancierstange zur Verfügung. Nicht weit entfernt ist die historische Mühle mit Restaurant, Biergarten und großem Wanderparkplatz. Zu der reizvollen Lage gehört ein Ententeich mit idyllischem Bachlauf. **Adresse:** Mühlenweg 43, 51503 Rösrath

▶ Mountainbiken in Forsberg

Der Ortsteil Forsberg zieht Radfahrer an, die gerne schnell und hindernisreich unterwegs sind. So befinden sich im Waldgebiet zwischen Forsbach, Hoffnungsthal und Lüderich gleich mehrere Downhill- und Uphill-Trails für Anfänger wie auch Fortgeschrittene. Der bekannteste von ihnen ist das „Valley of Hope". Mit zahlreichen Sprungschanzen ausgestattet startet der Trailparcours an der Straße Im Weidenthal und führt über etwa 1,2 Kilometer hinunter bis an die Sülz. Im oberen Bereich befindet sich ein Mini-Bikepark. Wer den kompletten, rund 2,5 Kilometer langen Trail absolvieren will, startet ganz oben am Tütbergweg. **Adresse:** Im Weidenthal, 51503 Rösrath

▶☺ Königsforst

Der Staatsforst Königsforst ist ein überregional beliebtes Naherholungsziel und mit rund 25 Quadratkilometern über die Stadtgebiete von Rösrath, Bergisch Gladbach und Köln verteilt. Er wird von der Bevölkerung besonders an den Wochenenden gerne zum Wandern, Laufen, Reiten und Radfahren genutzt. Ein gut ausgebautes und gekennzeichnetes Wegenetz, zu dem auch ein Abschnitt des Jakobswegs zählt, bietet vielfältige Möglichkeiten des Naturgenusses. Einen Bodenlehrpfad mit sechs Stationen zu offengelegten Bodenprofilen erwartet Wanderer an der Bensberger Straße im Rösrather Ortsteil Forsbach. Wer mit dem Bus anreist, steigt an der Haltestelle Rösrath Holzmarkt aus. Wer in Richtung Westen wandert, erreicht auf Kölner Stadtgebiet einen Waldlehrpfad mit 31 Stationen. Im nordwestlichen Teil des Königsforsts befindet sich das rund 50 Hektar große Wildgehege Brück. **Adresse:** Bensberger Straße, 51503 Rösrath, 🌐 koenigsforst.net, 🌐 bergisches-wander-land.de

▶☺ Wahner Heide

Die Wahner Heide ist eine der bedeutendsten Heidelandschaften Europas. Auf 5000 Hektar bietet das Gelände am westlichen Rand von Rösrath rund 700 gefährdeten Pflanzen- und Tierarten ein Rückzugsgebiet. Hier gibt es blühende Heiden, Moore und Bruchwälder, Tümpel und naturnahe Bäche und eine wunderschöne offene Dünenlandschaft. Zu empfehlen ist die Naturführung „Rösrather Heidespaziergang", die einmal

im Monat kostenlos angeboten wird. Der Turmhof ist eines der vier Heideportale in der Wahner Heide. Besucher finden hier eine Heidebibliothek, einen Ausstellungsraum, den Turmhofladen, die Bergische Greifvogel-hilfe sowie die Biologische Station.
Adresse: Kammerbroich 67, 51503 Rösrath, 📞 02205/9477800, 🌐 turmhof.net, 🌐 bergisches-wanderland.de

▶ Bergbauweg am Lüderich

2000 Jahre Bergbaugeschichte hat der zwischen Rösrath und Overath gelegene Höhenzug Lüderich auf dem Buckel. Bereits römische Legionäre gruben auf diesem Berg nach Erz. 1978 schloss das letzte Bergwerk. Zu einer spannenden Spurensuche lädt hier der rund 13 Kilometer lange Bergbauweg ein. Zehn Infotafeln bieten am Wegesrand jede Menge Wissenswertes über die Geschichte und Technik des Erzbergbaus sowie zu den zahlreichen Legenden, die sich um den Berg Lüderich ranken. Baulicher Höhepunkt ist der restaurierte Förderturm Franziskaschacht. An einer Audiostation kann man hier sogar

Auf dem Rösrather Bergbauweg kommt man am Franziska-schacht vorbei.

das Steigerlied abspielen. Der Bergbauweg beginnt am Bahnhof Rösrath-Hoffnungsthal und kann auf rund neun Kilometer verkürzt werden.
Adresse: Rotdornallee, 51503 Rösrath, 🌐 bergisches-wanderland.de

Veranstaltungen & Feste

Schloss Eulenbroich ist der Rösrather Dreh- und Angelpunkt für kulturelle Veranstaltungen, Feste und Märkte. Dort sind zum **Schlossfest** im Mai regelmäßig Spitzenmusiker und deutschlandweit bekannte Comedians zu Gast. Am Wochenende nach Ostern findet hier das **Frühlingsfest** mit Kunsthandwerkermarkt, Gewerbeständen und Blumenshow statt. In einen Rosengarten verwandelt sich die Anlage am ersten Augustwochenende. Anfang Oktober lädt im Inneren des Schlosses sowie auf dem Außengelände ein großer **Herbstmarkt** mit Kunsthandwerk und Kulinarischem ein. Zudem gibt es am ersten Adventswochenende einen **Weihnachtsmarkt** vor dem Schloss. Darüber hinaus kann Rösrath mit einer **Maikirmes** im Ortsteil Hoffnungsthal mit Live-Musik, der **Waldbeerkirmes** in Forsbach mit kultigem Holzkarren-rennen Anfang Juli und einem großen **Straßen- und Schützenfest** mit Kirmes und Fackelzug der Sankt-Sebastianus-Schützenbruderschaft Ende August aufwarten. Im September findet in Hoffnungsthal der überregional bekannte **Trödel- und Kunsthandwerkermarkt** „Kunst & Klaaf" statt. Für Narren gibt es hier gleich drei **Karnevalsumzüge** in Rösrath-Mitte, Hoffnungsthal und Forsbach.

Schwelm

(Ennepe-Ruhr-Kreis)

Schwelm ist die Kreisstadt des Ennepe-Ruhr-Kreises und hat seine historischen Ursprünge bereits im 9. Jahrhundert. Schwelms Geschichte und Wirtschaft wurden über Jahrhunderte durch die Grenzlage zwischen Westfalen und Rheinland geprägt. So dient die Stadt seit jeher nicht nur als Bindeglied der beiden Hälften Nordrhein-Westfalens, sondern auch zwischen Bergischem und Sauerland. Als flächenmäßig kleinste Stadt des Bundeslandes ist Schwelm eine Stadt der kurzen Wege. Das Zentrum mit seiner historischen Altstadt ist ein touristischer Anziehungspunkt. Die rund 29 000 Einwohner zählende Stadt war viele Jahre lang für ihre Brautradition bekannt.

Stadt Schwelm
Hauptstraße 14
58332 Schwelm
📞 **02336/8010**
🌐 **schwelm.de**

Sehenswertes

▸ Historische Altstadt
Der pittoreske Altstadtkern Schwelms gehört zu den baulichen Highlights des Bergischen Landes. Dutzende gut erhaltene Fachwerk- und Schieferhäuser aus dem 18. und 19. Jahrhundert reihen sich an der Kölner Straße sowie am Altmarkt aneinander und machen das Herzstück Schwelms aus. Der Verein für Heimatkunde Schwelm hat an den zahlreichen Baudenkmälern, darunter auch alte Brunnen, Figuren und die Überbleibsel der einstigen Brauerei, Informationsschilder aufgestellt

und lädt damit zu einem 2,3 Kilometer langen historischen Stadtrundgang ein. Die Stadt Schwelm bietet zudem regelmäßig Gruppenführungen an. Schwelm hat trotz seiner geringen Größe insgesamt 180 Baudenkmäler zu bieten, davon allein 28 an der Kölner Straße.
Adresse: Kölner Straße, 58332 Schwelm

▸ Christuskirche
Die imposante Christuskirche wirkt wie ein riesiger Wächter über die historische Altstadt und ist das Wahrzeichen Schwelms. Mit etwa 1200 Sitzplätzen ist das 56 Meter hohe und 52 Meter lange Bauwerk die zweitgrößte Kirche in Westfalen. Der Grundstein der Christuskirche wurde 1842 vom preußischen König Friedrich Wilhelm IV. an der Stelle einer sechs Jahre zuvor abgebrannten Kirche der lutherischen Gemeinde gelegt. Sieben Jahre später wurde die Kirche mit damals 2500 Sitzplätzen eingeweiht. Bei einem Bombenangriff 1945 wurde die Christuskirche bis auf die Umfassungsmauern zerstört und bis 1952 wiederaufgebaut. Die Kirche, an der auch der Jakobsweg vorbeiführt, ist dreimal pro Woche von innen zu besichtigen.
Adresse: Kirchplatz 9, 58332 Schwelm, 🌐 kirche-schwelm.de

In der Schwelmer Altstadt hat allein die Kölner Straße 28 Baudenkmäler zu bieten.

Die imposante Christuskirche ist die zweitgrößte Kirche in Westfalen.

▶ Ibach-Haus

Das markante Industriegebäude aus rotem Backstein war viele Jahre lang die älteste Klavierfabrik der Welt. Das Ibach-Haus wurde Mitte des 19. Jahrhunderts von den Brüdern Gustav und Friedrich Büsche errichtet und 1884 von P. A. Rudolf Ibach erworben, der sein Klavierunternehmen vergrößern wollte. Für die Produktion der Tasteninstrumente wurde zuletzt nur noch ein kleiner Teil des Gebäudes genutzt, bevor sie Ende 2007 endgültig eingestellt wurde. 2006 wurde das Gebäude aufwendig modernisiert und wird seitdem als Veranstaltungsstätte für bis zu 400 Personen genutzt. So sind inzwischen der Verein Kulturfabrik Ibach-Haus sowie das Leo-Theater eingezogen, die hier regelmäßig Konzerte, Theater-, Kabarett- und Kleinkunstauftritte veranstalten.
Adresse: Wilhelmstraße 41, 58332 Schwelm, 📞 02336/470027, 🌐 kulturfabrik-ibachhaus.de und 📞 02336/4702440, 🌐 leo-theater.ruhr

▶ Haus Friedrichsbad

Das schmucke Haus Friedrichsbad ist eine traditionsreiche Hotelanlage, die unter Denkmalschutz steht und Historisches und Modernes miteinander verbindet. Erbaut als Bade- und Pensionshaus im klassizistischen Stil zwischen 1786 und 1796, umfasste die Anlage ursprünglich auch eine Kuranlage mit Park und ein Gesundbrunnen. Das luxuriöse Hotel wurde 2016 umbenannt in Parkhotel Fritz und beherbergt nun ein Restaurant mit Chocolaterie und Brasserie. Ein kulinarisch-spannendes Highlight sind die Dinnerkrimis. Außerdem finden hier Tagungen und Hochzeitsfeierlichkeiten statt. Der angrenzende Park mit historischem Brunnenhäuschen aus der Zeit Schwelms als Kurstadt ist ebenfalls einen Besuch wert.
Adresse: Brunnenstraße 24–28, 58332 Schwelm, 📞 02336/40080, 🌐 fritzambrunnen.de

▶ Haus Martfeld

Die ehemalige Wasserburg Haus Martfeld, deren Name sich mit „sumpfiges Gelände" übersetzen lässt, wurde ursprünglich zu Beginn des 14. Jahrhunderts als kurkölnischer Burgmannssitz errichtet. Der älteste Teil des heutigen Gebäudes, der Rundturm, stammt aus dem Jahr 1450, wobei die Anlage ihre heutige Gestalt erst Mitte des 18. Jahrhunderts durch die Übernahme des Kaufmanns Johann Peter Hochstein annahm. Haus Martfeld ist seit 1954 in städtischem Besitz. Seitdem ist es nicht mehr nur von außen Kulturgut, sondern birgt auch jede Menge Kultur durch die Unterbringung von Heimatmuseum, historischer Bibliothek und Stadtarchiv. Außerdem finden hier regelmäßig klassische Konzerte, Lesungen, Märkte und Hochzeiten statt. Zum Haus Martfeld gehört auch ein Restaurant mit Biergarten.
Adresse: Haus Martfeld 1, 58332 Schwelm, 📞 0157/32237191, 🌐 vfh-schwelm.de

▶ Schwelmer Tunnel

Der 742 Meter lange Tunnel, der Schwelm und Gevelsberg miteinander verbindet und

die Ortschaft Linderhausen unterquert, ist aus geologischer, biologischer und historischer Sicht von großer Bedeutung. So zeigen der 1879 erbaute und 1967 stillgelegte Eisenbahntunnel sowie seine Zuführung den geologischen Verlauf vieler Millionen Jahre alter Steinschichten. Außerdem sind hier acht Höhlen eines weitverzweigten Höhlensystems freigelegt worden, das unter anderem Fledermäusen Zuflucht bietet. Rund um den Tunnel, der im Zweiten Weltkrieg als geheime Produktionsstätte für Kampfflugzeuge genutzt wurde, befindet sich ein artenreiches Biotop mit vielen seltenen Pflanzen. Der geheimnisvolle Ort soll der Bevölkerung unter Einhaltung des Naturschutzes zukünftig durch den Bau einer Radtrasse zugänglich gemacht werden.
Adresse: Gevelsberger Straße, 58332 Schwelm

Freizeit & Natur

▶ 😊 Parkanlage Martfeld
Die herrlich gelegene Parkanlage Martfeld rund um die Wasserburg lädt zu einem Spaziergang ein, der weitläufige Wiesen, Wildkräuterbeete und ein artenreiches Biotop in den Blick rückt. Historische Hingucker sind abgesehen von Haus Martfeld die nahe gelegene neugotische Grabkapelle aus dem Jahr 1860, die inzwischen auch für Hochzeiten genutzt wird, ein Mahlwerk aus der Schwelmer Papierfabrik Erfurt & Sohn sowie der historische Haferkasten von 1583, der von seinem ursprünglichen Standort im Stadtteil Linderhausen hierhin verlagert worden ist. Der größte Park Schwelms ist ein beliebter Erholungsort für alle Generationen und hat zudem Outdoor-Fitnessgeräte, einen Kinderspielplatz sowie eine Minigolf-Anlage zu bieten.
Adresse: Haus Martfeld, 58332 Schwelm

▶ 😊 Freizeitarena Shangrila
Die multifunktionelle Sport- und Freizeitanlage im Westen Schwelms ist 2019 umgebaut worden und richtet sich inzwischen an Kinder, Jugendliche und Erwachsene gleichermaßen. Im Fokus stehen acht beleuchtete Bowlingbahnen, die gerade abends für Partystimmung sorgen. Darüber hinaus

Haus Martfeld ist von einer herrlichen Parkanlage umgeben.

hat sich das Shangrila zahlreichen Abenteuersportarten geöffnet und bietet nun auch Fußball-Billard, Bubbleball, einen Lasertag-Raum, einen Außenbereich mit Lasertag-Spielfläche sowie Arrowtag für die Jagd mit Stoffpfeil und Bogen. Zudem gibt es inzwischen einen Escaperoom. Das Sport- und Spielparadies ist auch für Kindergeburtstage, Junggesellenabschiede und Betriebsausflüge beliebt.
Adresse: Ruhrstraße 77, 58332 Schwelm, 02336/4446933, shangrila-arena.de

▸ 🌊 Schwelmebad

Das Schwelmer Freibad ist seit 2008 ein Bürgerbad und wird seitdem vom Trägerverein Schwelmebad betrieben. Das familiäre Bad spricht alle Generationen an und bietet ein 50-Meter-Sportbecken mit acht Bahnen. Außerdem gibt es ein großes Nichtschwimmerbecken, ein Baby-Planschbecken sowie einen 5-Meter-Sprungturm an einem separaten Sprungbecken. Darüber hinaus gibt es weitläufige Liegeflächen und ein Beachvolleyballfeld. In den Sommermonaten treten hin und wieder Bands auf. Das Schwelmebad liegt inmitten der Natur und lädt nach dem Badbesuch zu einem Spaziergang ein, beispielsweise zur nur einen Kilometer entfernten Schwelmequelle.
Adresse: Schwelmestraße 43, 58332 Schwelm, 02336/16300, schwelmebad.de

▸ Atelier Sieben

Das interkulturelle Atelier führt im historischen Gebäude der ehemaligen Adler-Apotheke Menschen zusammen, die gemeinsam kreativ sein und traditionelles Handwerk wiederaufleben lassen wollen. So können hier Hobbykünstler jeglichen Alters und jeglicher Herkunft ihre Kreativität ausleben und dabei ihren Alltagsstress vergessen. Den Schwerpunkt des künstlerischen Angebots bilden dabei Naturmaterialien und Farben. Es gibt Töpfer- und Yoga-Workshops. Zum Gemeinschaftsatelier gehört auch ein Heil- und Schulungszentrum. Der Name des Vereins Atelier Sieben bezieht sich auf die sieben Kompetenzen des Angebots, nämlich das Sprach-, Garten-, Vital-, Seelen-, Färber- und Porzellanwerk.
Adresse: Altmarkt 2, 58332 Schwelm, 02336/8701356, ateliersieben.ruhr

▸ Mountainbikestrecke Höhenweg

Hoch über Schwelm befindet sich eine kleine, aber feine Mountainbikestrecke, die sich für Anfänger und Fortgeschrittene eignet. Der Kurs war 2008 von Schwelmer Bürgern und dem Technischen Hilfswerk aus Naturmaterialien gebaut worden. Mithilfe von Erdaufschüttungen, Grabungen und Baumstämmen sind hier ein Pumptrack und Downhill-Elemente wie Rampen, Sprünge und Steilkurven entstanden. Nach rund 600 Metern geht es auf der anderen Seite des Wäldchens wieder steil bergauf zurück zum Startort, wo sich eine große Streckenkarte befindet. An zwei quer verlaufenden Wanderwegen sind Warnschilder aufgestellt worden. Oberhalb der Strecke liegt der Linderhauser Höhenrücken. Hier lohnt sich ein Abstecher über Höhenweg und Scharlicker Straße mit herrlichem Ausblick auf Schwelm und Gevelsberg.
Adresse: Höhenweg, 58332 Schwelm, ennepe-ruhr-entdecken.de

▸ Flugplatz

Der Modell-Segelflug-Club Schwelm hat sein Domizil hoch oben über der Stadt an der Grenze zu Ennepetal, wo insbesondere am Wochenende regelmäßig selbst gebastelte Modellflieger abheben. Für den Start steht hier eine kräftige Elektrowinde zur Verfügung. Inzwischen hat sich die Mehrheit des 1974 gegründeten Vereins dem Elektro-Segelflug verschrieben. Dabei soll der Elektromotor in erster Linie als Aufstiegshilfe oder aber in besonderen Situationen

als Rückkehrhilfe dienen. Gastflieger können gegen eine Gebühr am Flugbetrieb
teilnehmen.
Adresse: Scharlicker Straße, 58332 Schwelm,
☎ 0202/714025, ⊕ msc-schwelm.de

▸ 🐎 **Reiten in Schwelm**
Auch wenn Schwelms Waldflächen wegen
der geringen Größe der Stadt überschaubar
groß sind, so sind sie doch besonders idyllisch und bieten auch Reitern viele wunderschöne Pfade. Vor allem im Norden der
Stadt finden sich in den Ortsteilen Vörfken,
Lindenberg und Linderhausen zahlreiche
Reitwege, die von den Reitschulen Nitschke
und Kregeloh-Siebrandt genutzt werden. So
gehört es in Linderhausen sogar zum Ortsbild, dass die Straßen der Siedlung tagtäglich
mit Pferden beritten werden. Die Reitschulen bieten Stellplätze, Reiterführerscheine
und Reittraining für Anfänger wie auch
Wettkampfreiter an. Der größte Reiterhof
der Stadt, der Felsenhof, liegt indes auf der
anderen Seite der Stadt. Hier locken herrliche
Reitwege hinunter nach Beyenburg.
Adressen: Pferdehof Nitschke: Hemte 22,
58332 Schwelm, ☎ 02336/13579;
Reitschule Kregeloh-Siebrandt:
Dorfstraße 16, 58332 Schwelm,
☎ 0163/8732265;
Felsenhof: Beyenburger Straße,
58332 Schwelm, ☎ 02336/15125,
⊕ felsenhof-schwelm.de

▸ **Wandern auf dem Ehrenberg**
Schwelms Wanderdorado befindet sich ganz
im Süden der Stadt. Um es zu erleben, startet man am besten am Wanderparkplatz an
der Bildungsstätte Schwelm oder an der Bus-
haltestelle der Line 586 bei der ehemaligen
Papierfabrik. Von dort aus geht es weiter geradeaus über den das Rheinland und Westfalen abgrenzenden Höhenzug Ehrenberg in
Richtung Wuppertal, wo sich viele spektakuläre Panoramaausblicke bieten. Wer noch

weiter wandern möchte, biegt am 345 Meter hohen Ehrenberger Gipfelkreuz Richtung
Beyenburg ab und kann hier die unter Naturschutz stehenden Täler der Wolfsbecke, Fas-
tenbecke und Brambecke genießen. Hier gibt
es auch einen Natur- und Waldlehrpfad sowie ein Wildgehege zu entdecken. Auf dem
Rückweg des rund neun Kilometer langen
Rundwanderwegs kommt man an der Delle
an Schwelms höchstem Baum, einer kalifor-
nischen Mammutkiefer, vorbei.
Adresse: Bandwirkerweg, 58332 Schwelm,
⊕ ennepe-ruhr-entdecken.de

Veranstaltungen & Feste

Veranstaltungshöhepunkt der Stadt ist das
Schwelmer Heimatfest, das sich Anfang
September über fünf Tage erstreckt. Höhepunkt ist sonntags ein großer karnevals-
ähnlicher Umzug mit Schwelmer Vereinen
und allen Nachbarschaften, die sich einen
prestigeträchtigen Wettbewerb um den
Preis des besten Mottowagens liefern. Die
13 Nachbarschaften haben einen großen
Anteil am kulturellen Stadtleben und veranstalten allesamt eigene **Sommerfeste.** Viele
Besucher von außerhalb lockt traditionell
auch der **Schwelmer Trödelmarkt** in der
Innenstadt an, der zweimal pro Jahr, im Mai
und Oktober, stattfindet. Wiederkehrende
Veranstaltungen sind im Sommer auch das
Altstadtfest rund um die Kölner Straße mit
Live-Musik sowie das **Internationale Folk-
lorefest** auf dem Märkischen Platz mit vielen
interkulturellen Spezialitäten und Bühnenprogramm. Darüber hinaus gibt es im April
auf dem Neumarkt eine internationale **Bier-
börse.** In eine Laufstrecke verwandelt sich die
Innenstadt im September beim **Schwelmer
Citylauf.** Besonders stimmungsvoll geht es
im Stadtkern auch auf dem jeden Freitag
stattfindenden **Feierabendmarkt** mit zahlreichen Spezialitätenständen zu.

Solingen

(Kreisfreie Stadt)

Glauben manche Forscher, dass der Name Solingen auf den Gutshof „Solagon" zurückgeht, der im 10. Jahrhundert erstmals Erwähnung fand, so denken andere, dass die Wurzeln der heutigen Großstadt in der Gemeinde „Solonchon" liegen, die im 11. Jahrhundert in einer Urkunde auftaucht. In der ersten Hälfte des 12. Jahrhunderts zog das in Altenberg beheimatete Grafengeschlecht derer von Berg in den heutigen Stadtteil Burg und errichtete auf einer Anhöhe das berühmte Schloss Burg als Stammsitz der Familie. 1374 erhielt Solingen das Stadtrecht. Mit heute rund 160 000 Einwohnern ist es die zweitgrößte Stadt des Bergischen Städtedreiecks Wuppertal – Solingen – Remscheid. Als „Klingenstadt" ist sie weltberühmt für ihre Schmiedekunst. Der Name Solingen ist eine geschützte Marke.

Tourismus-Information
Cronenberger Straße 59/61
42651 Solingen
📞 **0212/2903417**
🌐 **solingen.de**

Sehenswertes

▶ 😊 Schloss Burg

Der Sitz der Grafen von Berg thront auf einer Anhöhe des Stadtteils Oberburg. Eine Vorgängerin des im 19. Jahrhundert rekonstruierten heutigen Baus wurde im 12. Jahrhundert von Graf Adolf II. von Berg errichtet. Unter dem mächtigen Erzbischof Engelbert von Berg wurde die Anlage weiter ausgebaut und diente dem Fürstengeschlecht bis ins 14. Jahrhundert als Herrschaftssitz. Anschließend fiel sie in den Besitz der Grafen von Jülich-Berg.

Schloss Burg, der mächtige ehemalige Stammsitz der Grafen von Berg, thront über dem Bergischen Städtedreieck.

Im Dreißigjährigen Krieg wurde die Anlage schwer beschädigt und anschließend zu großen Teilen geschleift. Im 19. Jahrhundert verlor der Palas der Burgruine seine Verwaltungsfunktion und wurde für die verschiedensten Zwecke genutzt: als Schule, Fabrik oder sogar als Scheune. Die Rettung des beinahe völlig zerstörten Gemäuers folgte durch die Gründung des Schlossbauvereins Ende des 19. Jahrhunderts, der die Burg Stück für Stück wieder aufbauen ließ. Besichtigungen der Anlage, mittelalterliche Schauspiele und Kunsthandwerkermärkte gehören zum festen Programm des heutigen Touristenmagneten.
Adresse: Schloßplatz 2, 42659 Solingen,
🌐 schlossburg.de

▶ St. Clemens

Die neugotische Kirche am Mühlenhofplatz wurde zwischen 1890 und 1892 mit einer eindrucksvollen Doppelturm-Fassade erbaut. Nach einem Bomben-Angriff am 5. November 1944 wurde sie stark beschädigt. 1955 erhielten die beiden wiederhergestellten Türme von Dominikus Böhm die prägnanten Beton-Turmhelme, die seitdem mit der Solinger Innenstadt in Verbindung gebracht werden.
Adresse: Goerdelerstraße 80, 42651 Solingen

Solingen

▶ ☺ Müngstener Brückenpark und Schwebefähre

Der Naturpark unterhalb der höchsten Eisenbahnbrücke Deutschlands lockt jedes Jahr Tausende auf seine weitläufigen Wiesen entlang der Wupper. Beim Picknicken mit Blick auf den Giganten, der die Städte Solingen und Remscheid verbindet, kann man davon träumen, den „Goldenen Niet" zu suchen oder einmal selbst über die Brücke zu fahren. Oder man streift durch die urige Bewaldung und erfreut sich an der prächtigen Flora. Mit der einzigartigen Schwebefähre gelangt man ans andere Ufer. Die Fähre wird wie eine Draisine von Muskelkraft angetrieben und schwebt in geringer Höhe auf zwei Seilen 64 Meter über die Wupper.

Adresse: Müngstener Brückenweg, 42659 Solingen

Die Müngstener Brücke verbindet Solingen und Remscheid.

Museen

▶ Deutsches Klingenmuseum

Seit rund 50 Jahren zeigt das Deutsche Klingenmuseum in Gräfrath Waffen und Schneidwaren und unterstreicht damit den historisch gewachsenen Ruf der Klingenstadt Solingen, das schon im Mittelalter berühmt für seine Waffenschmiedekunst war. In wechselnden Ausstellungen mit Schwerpunkten wie „Essbestecke", „Waffen" oder „Schmuck" dürfen Besucher unterschiedlichste Möglichkeiten der Metallverarbeitungskunst bewundern.

Adresse: Klosterhof 4, 42653 Solingen, ☎ 0212/258360, ⊕ klingenmuseum.de

▶ Kunstmuseum Solingen

Im Kunstmuseum Solingen findet man nicht nur die Exponate der städtischen Kunstsammlung mit Werken solcher Künstler wie Friedrich August de Leuw, Robert Engels, August Preuße oder Ernst Walsken. In Wechselausstellungen präsentiert das Museum auch Gegenwartskunst. Zudem befindet sich in den Räumlichkeiten das „Zentrum für verfolgte Künste", das Werke von Künstlern zeigt, die während der Nazidiktatur verfolgt wurden.

Adresse: Wuppertaler Straße 160, 42653 Solingen, ☎ 0212/258140, ⊕ kunstmuseum-solingen.de

▶ ☺ Laurel & Hardy Museum

„Dick und Doof" haben ganze Generationen zum Lachen gebracht und werden wohl niemals vergessen werden. In Solingen sorgt dafür eine der größten und beeindruckendsten Sammlungen, die sich dem berühmten Komiker-Duo widmen. Vera Schuitemaker und Wolfgang Günther zeigen in ihrem Museum nicht nur Filme von Stan und Olli, sondern auch unzählige Exponate und private Dokumente der beiden Protagonisten, die den Betrachter umgehend in eine ganz andere Zeit und Welt versetzen.

Adresse: Locherstraße 17, 42719 Solingen, ☎ 0212/816109, ⊕ laurel-hardy-museum.de

▶ 🔄 LVR Industriemuseum Gesenkschmiede Hendrichs

Wie wurde Solingen zur weltbekannten Fertigungsstätte für Schneidwaren? In diesem Museum kann man es nicht nur erfahren, sondern auch erleben. Da zischt und knallt es wie verrückt, bevor man sieht, wie aus der Glut die Scherenstücke erwachsen. Ferien- und Mitmachprogramme sowie zahlreiche Sonderausstellungen machen das Industriemuseum zum ganz besonderen Lernort.
Adresse: Merscheider Straße 289–297, 42699 Solingen, 📞 02234/9921555, 🌐 industriemuseum.lvr.de

▶ Museum Plagiarius

Vieles mag man wirklich kaum glauben. Doch die originalen Markenprodukte und ihre oft dreisten, aber dennoch nicht selten kunstfertigen Fälschungen faszinieren auf ihre ganz besondere Art. Mindestens 350 Originale und teilweise seltsamen Fälschungen warten auf die staunenden Besucher dieses wirklich ganz anderen Museums.
Adresse: Bahnhofstraße 11, 42651 Solingen, 📞 0212/2210731, 🌐 museum-plagiarius.de

▶ Wipperkotten und Balkhauser Kotten

Wenn Solingen die Klingenstadt ist, dann muss es natürlich auch noch historische Spuren traditioneller Schmiede- und Schleifkunst geben. Die Schleifkotten waren dafür zuständig, dass die berühmten Klingen das hielten, was sie versprachen. Zwei von ihnen sind noch weitgehend im Original erhalten. Der Wipperkotten und der Balkhauser Kotten dienen heute als Industrie- und Schleifermuseen. Direkt an der Wupper gelegen, sind die malerischen Fachwerkhäuser ohnedies ein Hingucker.
Adresse: Wipperkotten 2, 42699 Solingen, 📞 0212/2473958, 🌐 schleiferei-wipperkotten.de

Freizeit & Natur

▶ Sengbachtalsperre

Zwischen den Ortslagen Höhrath und Glüder befindet sich die eindrucksvolle Solinger Talsperre, wie man sie im Volksmund nennt. Die rund 120 Jahre alte Talsperre zählt zu den ältesten Trinkwasserspeicher-Anlagen Deutschlands. Neben dem prächtigen Schauspiel, das sie bietet, lädt auch die umliegende Bewaldung zu langen Spaziergängen ein. Im Sommer bietet der Sengbach-Talsperren-Lauf sportlichen Zeitgenossen die perfekte Umgebung für eine läuferische Herausforderung der besonderen Art.
Adresse: Sengbachtalsperre, 42659 Solingen

Die Sengbachtalsperre versorgt die Solinger mit Trinkwasser und ist ein beliebtes Ausflugsziel.

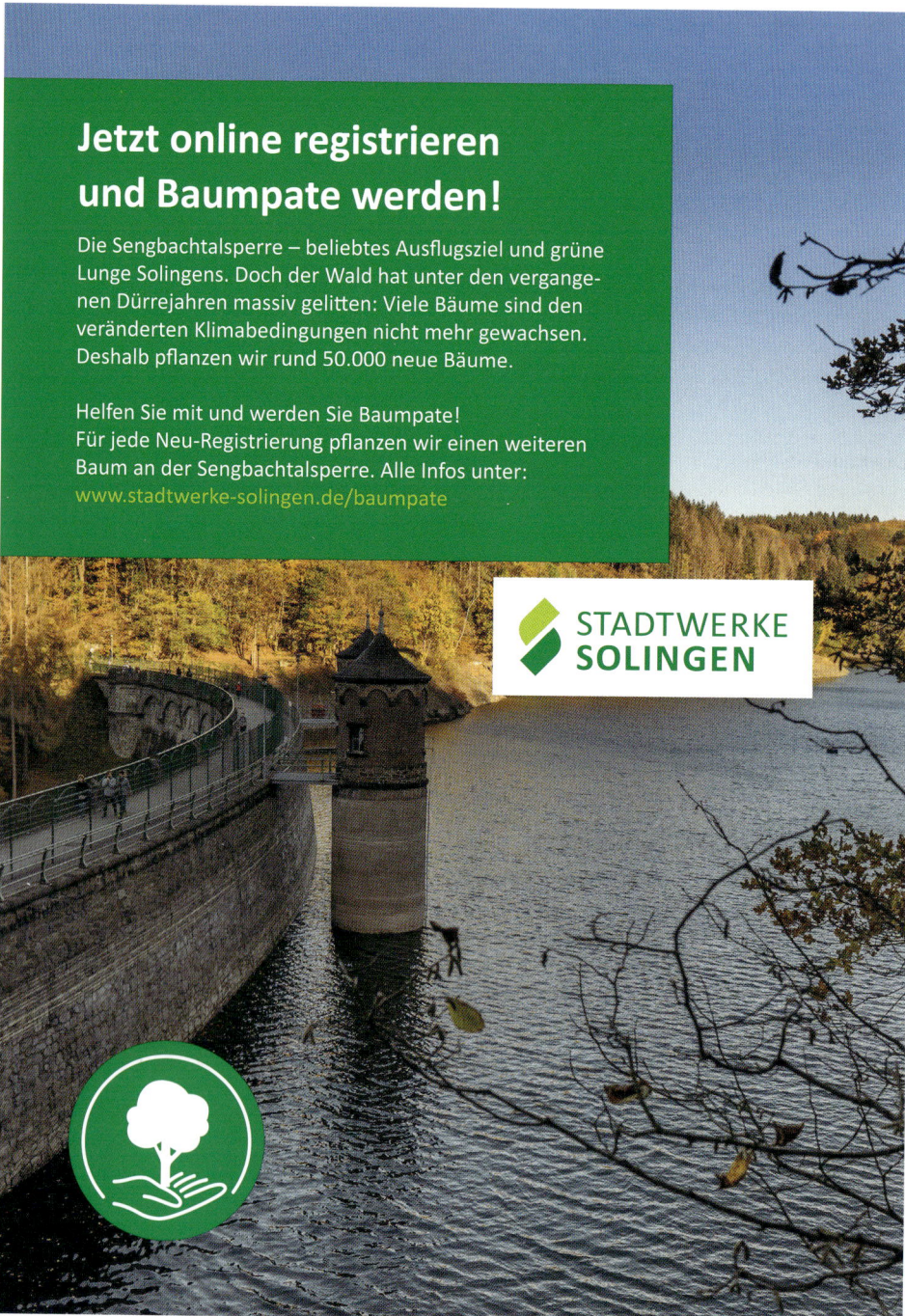

Jetzt online registrieren und Baumpate werden!

Die Sengbachtalsperre – beliebtes Ausflugsziel und grüne Lunge Solingens. Doch der Wald hat unter den vergangenen Dürrejahren massiv gelitten: Viele Bäume sind den veränderten Klimabedingungen nicht mehr gewachsen. Deshalb pflanzen wir rund 50.000 neue Bäume.

Helfen Sie mit und werden Sie Baumpate!
Für jede Neu-Registrierung pflanzen wir einen weiteren Baum an der Sengbachtalsperre. Alle Infos unter:
www.stadtwerke-solingen.de/baumpate

STADTWERKE SOLINGEN

▶ Ohligser Heide

Das Naturschutzgebiet Ohligser Heide mit dichter Bewaldung und einem lauschigen See umfasst mehr als 147 Hektar. Hier finden sich Feuchtheide, Trockenheide, Heideweiher, Moor-, Eichen-, Birken- und Bruchwald. Flora und Fauna versetzen die Besucher in Staunen. Diverse Wanderpfade lassen den Aufenthalt zum entspannenden und lehrreichen Erlebnis werden. Südlich der Ohligser Heide bietet der Abenteuerspielplatz Engelsberger Hof Familien mit Kindern einen wunderbaren Ausflugspunkt.

▶ Solinger Vogel- und Tierpark

Direkt neben dem ehemaligen Hermann-Löns-Stadion in Ohligs befindet sich einer der schönsten Tierparks des Bergischen Landes. Mit viel Liebe sorgen die Mitarbeiter dafür, dass tierische Bewohner wie die Papageien, Eulen, Servale, Lamas, ein Albino-Känguru, Nasenbären, Maras, Ziegen, Ponys, Affen oder Esel sich wohlfühlen. Ein großer Spielplatz mit Gastronomie im Eingangsbereich sorgt dafür, dass kleine und große Besucher immer gerne zu Besuch in diesem etwas anderen Zoo sind.
Adresse: Hermann-Löns-Weg 71, 42697 Solingen, ☏ 0212/75936, ⊕ solinger-vogelpark.de

▶ Ittertal

Diese vom Förderverein Ittertal verwaltete und seit 100 Jahren bestehende Freizeitanlage verfügt im Winter über eine Eislaufbahn und im Sommer über ein Freibad. Grillen, Tauchen, Boule und diverse Beach-Sportarten sind auf dem großzügigen Outdoor-Areal möglich. Ab und an werden sogar Strandpartys veranstaltet.
Adresse: Mittelitter 10, 42719 Solingen, ☏ 0212/23039-30, ⊕ ittertal-verein.de

▶ Tierpark Fauna

Heimische Tierarten wie Esel, Ziegen oder Minischweine sind ebenso vertreten wie exotischere Vierbeiner. Ob Känguru, Affe, Kranich, Python oder Schildkröte: Im Tierpark Fauna kommt man der Wildnis auf angenehme Art ein kleines Stück näher.
Adresse: Lützowstraße 347, 42653 Solingen, ☏ 0212/591256, ⊕ tierpark-fauna.de

▶ Rollhaus

Ab auf die Piste. Wer dieses überdachte Paradies für Skater einmal betreten hat, der weiß, dass er an einem ganz besonderen Ort ist. In einer geräumigen Halle mit Rampenanlage können Anfänger und Profis auf rund 350 Quadratmetern Fläche Kunststücke mit ihren Skateboards, BMX-Rädern oder Scootern vollbringen.
Adresse: Konrad-Adenauer Straße 8–10, 42651 Solingen, ☏ 0212/2216149, ⊕ rollhaus.de

Im Solinger Vogel- und Tierpark geht es meist entspannt zu.

▶ Botanischer Garten

Seit 1963 ist die denkmalgeschützte Anlage in Gräfrath Anlaufstelle für Freunde heimischer sowie exotischer Grünpflanzen und Blumen. Mehrere Themengärten und Spielgeräte werten den Park auf. Zudem finden

dort für Kinder regelmäßig Aktionen wie das beliebte Ostereiersuchen statt.
Adresse: Vogelsang 2A,
42653 Solingen, 📞 0212/530153,
🌐 botanischergartensolingen.de

▸ Korkenziehertrasse

Der Radwanderweg folgt der ehemaligen Eisenbahnstrecke Solingen-Wuppertal-Vohwinkel. Sein Name ist an die Form seiner Streckenführung angelehnt. So schlängelt sich der 15 Kilometer lange Weg mit insgesamt 42 Zugangspunkten durch die Südstadt bis hoch nach Gräfrath und bietet zudem Anschlüsse an die Städte Haan und Wuppertal.
Informationen: 🌐 solingen.de

▸ 😊 Familienbad Vogelsang

Ein 25-Meter-Becken mit fünf Bahnen, ein großes Lehrschwimmbecken, ein Planschbecken mit Wasser-Spraypark und eine große Sonnenterrasse – das ist das barrierefreie Familienbad Vogelsang.
Adresse: Focher Straße 85, 42719 Solingen, 📞 0212/290-2970

▸ 😊 Freibad Heide

In der Ohligser Heide befindet sich das Heidebad mit einem 50-Meter langen Sport- und Nichtschwimmerbecken mit Rutsche, einem Kleinkinderbecken sowie einem Becken mit Sprungturm (ein, drei und fünf Meter). Auch ein Beachvolleyballfeld ist vorhanden.
Adresse: Langhansstraße 100, 42697 Solingen, 📞 0212/76312

▸ Sportbad Klingenhalle

Im Sportbad Klingenhalle mit 50- und 25-Meter-Becken können Freizeit-Sportler ihre Bahnen ziehen, Vereine und Schulen trainieren hier ebenfalls.
Adresse: Kotter Straße 9, 42655 Solingen, 📞 0212/22143620

▸ 😊 Eissporthalle Solingen

Von Mitte September bis Mitte April dient die Halle Privatpersonen oder Schulgruppen dem Eislaufvergnügen und in den Sommermonaten als Veranstaltungshalle.
Adresse: Brühler Str. 20, 42651 Solingen, 📞 0212/5996700, 🌐 eissporthalle-solingen.de

Veranstaltungen & Feste

Der **Zöppkesmarkt,** ein sehr großer Trödelmarkt in der Solinger Innenstadt, wurde nach dem berühmten Solinger Küchenmesser benannt. Neben Trödelwaren wird bei der jährlich im September stattfindenden Veranstaltung auch immer ein buntes Unterhaltungsprogramm geboten und die Wahl der „Miss Zöpfchen" sorgt für Spannung. Im August verwandelt sich die Solinger City bei **Echt.Scharf.Solingen.** drei Tage lang in eine riesige Partymeile mit Attraktionen für alle Altersklassen, Open-Air-Konzerten und dem großen Winzerfest. Das **Ohligser Dürpelfest** ist das größte jährliche Volksfest im Bergischen Städtedreieck. Die gesamte Ohligser Fußgängerzone wird im Frühling zur Party- und Eventmeile mit hochklassiger Live-Musik und einer Kirmes. Eine illuminierte Stadt wartet im September bei der **Solinger Lichternacht** zwischen Ohligs und Südpark auf die zahlreichen Besucher mit Kunstausstellungen, kulinarischen Specials, Konzerten und anderen kulturellen Highlights. Beim mehrwöchigen Festival der **Walder Theatertage** im Frühling bestimmen Theaterwettbewerb, Kleinkunst, Musik, Akrobatik, Kunsthandwerk das Geschehen in den Straßen des Stadtteils Wald. Mit den **Weihnachtsmärkten** in der Innenstadt und in Gräfrath klingt das Jahr aus.
Informationen: 🌐 zoeppi.de; 🌐 solingen-sommerparty.de; 🌐 duerpelfest-ohligs.de; 🌐 walder-theatertage.de

Velbert

(Kreis Mettmann)

Die Stadt Velbert (85 000 Einwohner), mitten im Grünen und doch zentral im Städtedreieck zwischen Essen, Düsseldorf und Wuppertal gelegen, blickt sowohl auf eine sehr alte und traditionelle als auch junge Geschichte zurück. Die erste urkundliche Erwähnung Velberts geht auf das Jahr 875 zurück. Als traditionelle Stadt der Schloss- und Beschlägeindustrie – seit über 400 Jahren – wurde Velbert dann im Jahr 1975 mit den Städten Langenberg und Neviges zusammengeschlossen.

Velbert Marketing GmbH
Tourist-Information
Oststraße 12
42551 Velbert
📞 **02051/60550**
🌐 **stadtmarketing.velbert.de**

Sehenswertes

▶ Ensemble Schloss Hardenberg

Das Schloss Hardenberg im Herzen von Velbert-Neviges verkörpert Geschichte zum Bestaunen. Auf dem Areal mit Vorburg, Kasematten und dem ehemaligen Wasserschloss lässt es sich wunderbar flanieren. Die Vorburg dient als Veranstaltungsraum für Konzerte, Aufführungen, Themenmärkte und andere Events. Heiratswillige können sich hier das Jawort geben und anschließend in besonderer Atmosphäre feiern.
Adresse: Zum Hardenberger Schloss 1, 42553 Velbert, 📞 02051/262828, 🌐 kulturloewen.de

▶ Mariendom

Die neue Wallfahrtskirche „Maria, Königin des Friedens" hat weltweit große Beachtung und Bewunderung gefunden und ist überregional als Anziehungspunkt für Gläubige und Pilger bekannt. Der von dem berühmten Architekten Prof. Gottfried Böhm

Schloss Hardenberg ist ein barockes Wasserschloss.

entworfene, unge-
wöhnliche Sakral-
bau gilt als eines
der bedeutendsten
Beispiele neuzeit-
licher Kirchenarchi-
tektur. Er ist nach
dem Kölner Dom
das zweitgrößte
Kirchenbauwerk im
Erzbistum.
Adresse:
Elberfelder
Straße 12,
42553 Velbert,
📞 02053/931850,
🌐 gemeinden.
erzbistum-koeln.
de/maria-koenigin-
des-friedens

Neviges besticht durch seine bergischen Häuser.

▶ Historisches Bürgerhaus Langenberg

Inmitten der liebevoll restaurierten Altstadt von Velbert-Langenberg thront das Histo-rische Bürgerhaus Langenberg. 1913 von Adalbert und Sophie Colsman gestiftet, dient das monumentale, schlossartige Steinge-bäude nach seiner umfangreichen Sanierung seit 2016 als zeitgemäßer Ort für Events aller Art. Das Bergische Zimmer bietet Platz für Hochzeiten in kleiner Gesellschaft und romantischer Atmosphäre.
Adresse: Hauptstraße 64, 42555 Velbert, 📞 02052/927440, 🌐 kulturloewen.de

▶ Grundsteinkisten

Bei den Grundsteinkisten handelt es sich um 400 Holzboxen mit je drei Kalksandsteinen, bearbeitet und gestaltet von Kunstschaffen-den weltweit. Das Ausstellungsprojekt des Kunsthauses Langenberg e. V. wurde nach einem Konzept von Norbert Bauer erstellt. Seit Juli 2016 ist es dauerhaft ausgestellt im Wandelgang des Historischen Bürgerhauses Langenberg.

Adresse: Hauptstraße 64, 42555 Velbert, 🌐 grundsteinkisten.de

▶ Langenberger Sender und Bismarckturm

Mit einer Höhe von 301 Metern ist der Turm des Senders Langenberg eine beeindruckende Landmarke der Moderne. Bereits 1927 in Betrieb genommen, zählt die Anlage heute zu den ältesten Senderstandorten des Hörfunks in Deutschland. Ein Besuch des benachbarten Bismarckturms auf dem Hordtberg lohnt sich ebenfalls. Von seiner Aussichtsplattform aus hat man einen weiten Blick über das Bergische Land und das Ruhrgebiet mit der Arena Auf Schalke und dem Gasometer in Oberhausen.
Adresse: Richard-Tormin-Straße 3, 42555 Velbert, 📞 02052/8167234

▶ Kruppsche Nachtscheinanlage

Diese im Kriegsjahr 1941 auf dem Velberter Rottberg errichtete Bunkeranlage ist in Deutschland einer der ganz wenigen

Überreste einer Scheinanlage. Sie war eine mit einfachsten Mitteln errichtete Attrappe der Kruppschen Gußstahlfabrik in Essen und sollte Bombenangriffe auf das in Essen liegende Fabrikgelände abhalten. Historisch quasi einzigartig, steht sie heute unter Denkmalschutz. Führungen auf Anfrage.
Adresse: Rottberg zw. Rottberger Straße und Asbachtal, 42551 Velbert, ⊕ nachtscheinanlage.de

Museen

▶ **Buchmacherey**
Dieses Museum zum Mitmachen vermittelt auf lebendige und praktische Art die Geschichte von der Handschrift bis zum Buchdruck. In Workshops und Mitmachaktionen wird das alte Handwerk mit Nachbauten historischer Maschinen, Werkzeugen und Materialien verständlich gemacht.
Adresse: Mühlenstraße 10, 42555 Velbert, 📞 02052/8352386, ⊕ gutenbergbibeldruck.com

▶ **Deutsches Schloss- und Beschlägemuseum**
Das Deutsche Schloss- und Beschlägemuseum hat seinen Standort nicht zufällig in Velbert. Die Stadt ist seit über 400 Jahren traditionell für die Herstellung von Schließtechniken bekannt. Leitmotiv der Museumsausstellung ist das Spannungsverhältnis zwischen Sicherheit und Unsicherheit im Laufe der Geschichte und der jeweiligen Epochen, es wirft aber auch einen Blick auf die Gegenwart und Zukunft. Der Museumsbesuch wird für alle Besucher zu einem besonderen und aktiven Erlebnis, das alle Sinne anspricht.
Adresse: Oststraße 12/Ecke Kolpingstraße, 42551 Velbert, 📞 02051/262285, ⊕ schlossundbeschlaegemuseum.de

▶ **Heimatkundliche Ausstellung Arbeitskreis Alt Langenberg**
Seit 1949 erforscht der VHS-Arbeitskreis die Geschichte Langenbergs und präsentiert (nur sonntags) seine Ergebnisse in der Ausstellung im Alten Rathaus.
Adresse: Hauptstraße 94, 42555 Velbert, 📞 0172/6762155

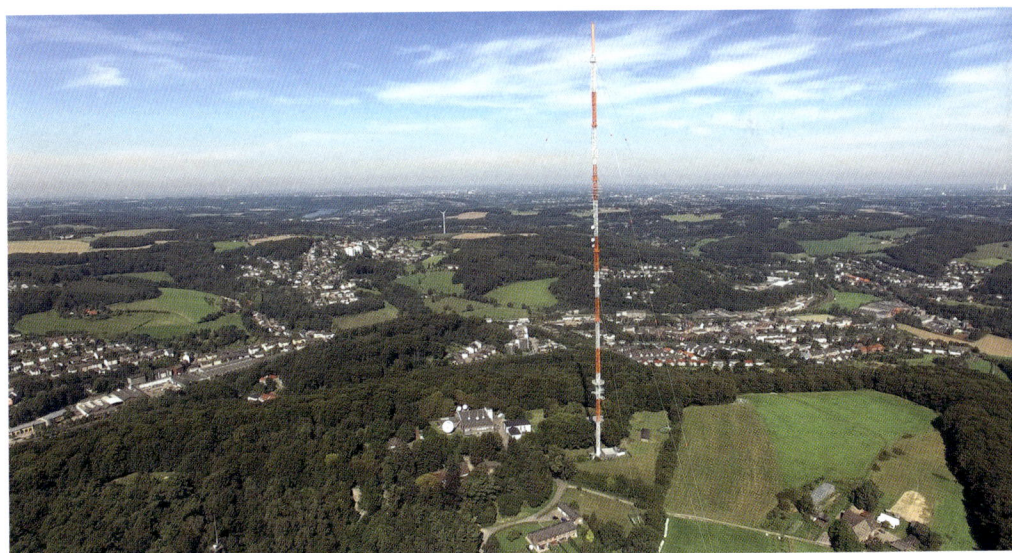

Der Sender Langenberg hat eine Höhe von 301 Metern und ist von überall im Umkreis sichtbar.

▶ ALLDIEKUNST

Ein Kunstraum der besonderen Art befindet sich in einem ehemaligen, 740 Kubikmeter großen Aldimarkt im Zentrum von Velbert-Langenberg. Die kühle, aber durchaus vertraute Atmosphäre und der in jeder Beziehung „barrierefreie" Zugang bieten der Kunst den ihr angemessenen Entfaltungsspielraum. ALLDIEKUNST versteht sich als erweiterter öffentlicher Raum, als künstlerisch kreative „Probebühne" und bietet dem Experimentellen und der Interaktion ein breites Spektrum. Besucher finden hier ein Künstler-Café und eine Ausstellungs- und Veranstaltungshalle.
Adresse: Wiemerstraße 3, 42555 Velbert, ☎ 02052/8167234, ⊕ alldiekunst.com

zu verwandeln. Schwimmbadvergnügen mitten im Wald gibt es im Nizzabad in Velbert-Langenberg. Hier badet der Gast in Luisenhaller Natursole. Puren Badespaß gibt es auch im Panoramabad in Velbert-Neviges, direkt an der Ortsgrenze zu Wuppertal. Die Kombination aus Hallen- und Freibad mit Aktionsbecken für Wellenreiter bietet für jeden etwas, und das zu jeder Jahreszeit.
Adressen: Parkbad: Parkstraße 21, 42549 Velbert, ☎ 02051/4558;
Nizzabad: Nizzatal 4, 42555 Velbert, ☎ 02052/2112;
Panoramabad: Wiesenweg 60, 42553 Velbert, ☎ 02053/5845;
Informationen: ⊕ stadtwerke-velbert.de/baeder

Freizeit & Natur

▶ 😊 Herminghauspark

In Velbert-Mitte bietet der Herminghauspark viele Attraktionen. Neben einem 6000 Quadratmeter großen Spielplatz mit Wasserspielmöglichkeiten ist besonders das Tiergehege ein Highlight für Kinder. Eine privat betriebene Minigolfanlage und ein benachbartes Hotelcafé ergänzen das Angebot.
Informationen: ⊕ herming-hauspark-velbert.de

▶ 😊 Schwimmbäder

Velbert bietet seinen Bewohnern und Gästen reichlich Wasserflächen. In jedem Stadtbezirk findet sich ein Schwimmbad. Das Parkbad in Velbert-Mitte bietet ein Mehrzweckbecken mit sechs Bahnen, Massagestationen, ein Lehrschwimmbecken sowie großzügige Verweilflächen um das Wasser herum. Während der Sommermonate besteht die Möglichkeit, das Hallenbad in ein Freibad

Über 100 Kletterelemente gibt es im Kletterpark Langenberg zu entdecken.

▶ 😊 Wald-Abenteuer Kletterpark Langenberg

Über den Baumwipfeln in Velbert-Langenberg geht es sportlich zu. Aktive Besucher erwartet ein Klettererlebnis mit über 100 Kletterelementen, Adventure-Parcours und „Todesschleuder". Kletterbistro, Biergarten und Minigolfanlage in schönstem Waldambiente runden das Angebot ab.

Adresse: Richard-Tormin-Straße 1, 42555 Velbert, 📞 0221/98256000, 🌐 wald-abenteuer.de

▶ 🏌 Minigolf

In Velbert finden sich in allen drei Stadtbezirken Minigolfanlagen, die mit ihren abwechslungsreichen Stationen Freizeitvergnügen und Spaß für die ganze Familie bieten. Sie befinden sich in direkter Nähe zum Herminghauspark in Velbert-Mitte, am Waldkletterpark in Velbert-Langenberg sowie am Schloss Hardenberg in Velbert-Neviges.

Adressen: Miniaturgolf Herminghauspark: Uelenbeek/Am Herminghauspark, 42549 Velbert; 🌐 miniaturgolf-herminghauspark.de;
Minigolf Binder: Bernsaustraße 79, 42553 Velbert, 📞 02053/2459;
Minigolf Waldkletterpark: Richard-Tormin-Straße 1, 42555 Velbert, 📞 0221/98256000

▶ Golfclub Velbert Gut Kuhlendahl

Im Golfclub Velbert – Gut Kuhlendahl sind Spieler aller Spielstärken richtig, es gibt Angebote und Trainingsmöglichkeiten für Neueinsteiger und erfahrene Spieler. Ein Indoor-Trainingscenter und der Putterfitting-Stützpunkt bieten bei jedem Wetter perfekte Bedingungen für das schönste Golfspiel.
Adresse: Kuhlendahler Straße 283, 42553 Velbert, 📞 02053/923290, 🌐 golfclub-velbert.de

▶ Entdeckerschleifen auf dem neanderlandSTEIG

Velbert ist wanderbar: Neben herrlichen Waldgebieten befinden sich mehr als 240 Kilometer ausgeschilderte Wanderwege im Stadtgebiet. Von dem überregional bekannten neanderlandSTEIG, der rund um den gesamten Kreis Mettmann führt, laden in Velbert ganze sieben Entdeckerschleifen zu kleineren und größeren Rundwanderungen in allen Stadtbezirken ein.
Informationen: 🌐 neanderlandsteig.de/Entdeckerschleifen

▶ PanoramaRadweg niederbergbahn

Viel Sehenswertes liegt auf der Strecke entlang des PanoramaRadweges niederbergbahn in Velbert. Die ganze Familie kann beispielsweise im Herminghauspark oder Freizeitpark Nordstadt an der Höferstraße eine Pause von der Radtour einlegen. Auch der Wallfahrtsort Neviges mit dem Schlossensemble Hardenberg liegt unweit der Route. Ebenso lässt sich die historische Altstadt Langenberg erkunden.
Informationen: 🌐 neanderland.de/radfahren

Veranstaltungen & Feste

In allen drei Velberter Stadtbezirken ist rund ums Jahr viel los. Zu Beginn des Frühlings im März/April lockt die Veranstaltung Velbert blüht auf mit Aktionen und Festprogramm in die Innenstadt von Velbert-Mitte. Im Mai und September findet sowohl eine Trödelmeile in Neviges als auch der Büchermarkt in Langenberg statt. Ebenfalls im Mai wird traditionell die Wallfahrtsaison in Neviges eröffnet. Das alle zwei Jahre im August im Herminghauspark in Velbert-Mitte stattfindende Parkfest ist beliebt bei Einheimischen und überregionalen Gästen, ebenso wie das jährlich stattfindende Weinfest. Das Schlangenfest im September bietet vor allem für kleine Gäste viele Highlights. Im Oktober sorgen viele Lichter im gesamten Stadtgebiet für eine heimelige Atmosphäre zu Beginn der dunklen Jahreszeit. Der Kerzenzauber Langenberg, das Laternenfest Neviges sowie die Velberter Lichter laden mit Aktionen wie Latenight Shopping und Aktionskunst zu einem illuminierten Rundgang in allen drei Stadtbezirken ein. Nach dem Martinsmarkt im November, der in Langenberg stattfindet, können Einheimische und Gäste Velberts im November und Dezember die Atmosphäre auf den Weihnachtsmärkten genießen.

Waldbröl

(Oberbergischer Kreis)

Erstmals am 31. Januar 1131 urkundlich erwähnt, gehören heute 64 kleinere und größere Ortschaften zu dem etwa 20 000 Einwohnern zählenden Waldbröl, einer Marktstadt. Deren alle 14 Tage stattfindender Vieh- und Krammarkt geht bis auf das Jahr 1851 zurück und lockt stets zahlreiche Besucher an. Ihren Namen verdankt die Stadt übrigens der Bröl, einem 45,1 Kilometer langen Zufluss der Sieg. Im Stadtgebiet von Waldbröl befindet sich nicht nur die Quelle der Bröl, sondern auch die des Waldbrölbachs.

Wir für Waldbröl GmbH
Hochstraße 11
51545 Waldbröl
📞 02291/9099808
🌐 **wir-fuer-waldbroel.de**

Marktstadt Waldbröl
Nümbrechter Straße 19
51545 Waldbröl
📞 02291/85-0
🌐 **waldbroel.de**

Sehenswertes

▶ Die Mauer

Von der Mauer am Waldbröler Stadtrand hat man einen der schönsten Panoramablicke über Waldbröl und weit darüber hinaus. Dabei ist die gegen Ende der 1930er-Jahre gebaute Stützmauer der einzig fertiggestellte Abschnitt einer geplanten „Adolf-Hitler-Schule". Die über 700 Meter lange Mauer oberhalb des Friedhofs gilt inoffiziell als Mahnmal gegen den Nationalsozialismus und trägt seit 1982 den Schriftzug „Nie wieder Krieg!".

Adresse: Auf der Kirchenhecke, 51545 Waldbröl, 🌐 waldbroel.de

▶ Evangelische Kirche

Die beiden Kirchtürme der Evangelischen Kirche prägen das Stadtbild Waldbröls. Der original romanische Turm des evangelischen Gotteshauses wurde im Jahr 1131 errichtet, ebenfalls stammt der Taufstein der Kirche aus dem 12. Jahrhundert. Im Verlauf des 20. Jahrhunderts hat vor allem das Kircheninnere wiederholt eine grundlegende Erneuerung erfahren.

Adresse: Wiedenhof 12b, 51545 Waldbröl, 📞 02291/92140, 🌐 ev-kirche-waldbroel.de

▶ St. Michael

St. Michael wurde 1706 errichtet und unter das Patronat des Erzengels Michael gestellt. In ihrer heutigen Form besteht die Kirche seit 1965, als sie wegen der ansteigenden Katholikenzahl erweitert wurde. Noch immer bezaubert sie durch ihre Architektur und die Schönheit des Gottesdienstraumes.

Adresse: Inselstraße 2, 51545 Waldbröl, 📞 02291/92250, 🌐 st-michael-waldbroel.de

▶ Zuccalmaglio-Glockenspiel

Das Lied „Kein schöner Land" kennt wohl jeder; derjenige, der den Text verfasst hat, ist weniger bekannt: Anton Wilhelm von Zuccalmaglio, auch „Wilhelm von Waldbrühl" oder „Dorfküster Wedel" genannt. Dem am 12. April 1803 in dem Haus an der Hochstraße 11 geborenen Dichter, Musiker und Sammler deutscher Volkslieder zu Ehren erklingt jeden Tag um 11, 13, 16 und 18 Uhr sowie donnerstags zusätzlich um 10 Uhr ein Glockenspiel.

Adresse: Zuccalmaglio-Platz/Hochstraße 11, 54545 Waldbröl, 🌐 waldbroel.de

▶ Buddhistisches Zentrum

Das Gebäude am Schaumburgweg, das 1897 als „Heil- und Pflegeanstalt Waldbröl" eröffnet wurde, dient seit 2008 als Buddhistisches

Zentrum. Derzeit leben rund 50 Nonnen und Mönche im EIAB, dem European Institute of Applied Buddhism, dem größten Zentrum für angewandten Buddhismus in Europa. Das EIAB bietet ein umfangreiches Angebot an Kursen und Seminaren an. Unterhalb des Gebäudes erstreckt sich zwischen Schaumburgweg und Kaiserstraße der idyllische Königsbornpark.

Adresse: Schaumburgweg 3, 51545 Waldbröl, 📞 02291/9071373, 🌐 eiab.eu

▸ Historisches Dorf Diezenkausen

Diezenkausen gehört zu den Außenortschaften Waldbröls, die ihre historische Gestalt am besten bewahrt haben. Der früheste Hinweis auf den Ort findet sich in einer Urkunde aus dem Jahr 1300. In Diezenkausen sind noch gut 20 Fachwerkhäuser aus dem 18./19. Jahrhundert vorhanden; die Hälfte davon steht unter Denkmalschutz.

Informationen: 🌐 waldbroel.de

Museen

▸ Kunst im Rathaus

Bereits seit 2002 präsentieren der Waldbröler Kulturtreff und die Stadt Kunstausstellungen. So hat sich das neue Bürgerdorf am Alsberg, das zugleich Rathaus der Marktstadt Waldbröl und öffentlich nutzbarer Veranstaltungsort ist, zu einem kleinen Kunstzentrum entwickelt, in dem während des ganzen Jahres unter dem Motto „Kunst im Rathaus" Werke heimischer und überregionaler Künstler gezeigt werden.

Adresse: Nümbrechter Straße 19, 51545 Waldbröl, 🌐 waldbroel.de

Freizeit & Natur

▸ 🔘 Sternwarte

In Schnörringen gibt es seit 1999 ein astronomisches Observatorium – das Schnörringen Telescope Science Institute (STScI).

In Waldbröl gibt es ein Buddhistisches Zentrum, in dem rund 50 Nonnen und Mönche leben.

Gegründet wurde es von dem Astrophysiker Dr. Thomas Eversberg und dem Atmosphärenphysiker Dr. Klaus Vollmann. 2008 erwarben sie aus privaten Mitteln eines der größten astronomischen Teleskope Deutschlands. Mit der Idee, den Nachwuchs für die Astronomie und damit auch für MINT-Fächer zu begeistern, gründeten sie den gemeinnützigen Initiativkreis. Eine Schüler- und Ausbildungssternwarte ist im Aufbau.

Adresse: Ringweg 8a, 51545 Waldbröl, 📞 0175/1257282, 🌐 stsci.de

▸ 🔘 Schwimmbad

Das Hallenbad Balneo in Waldbröl wurde ganz neu erbaut und wartet auf seine Eröffnung. Neben Schwimmkursen sind jede Menge Kurse und Events geplant.

Adresse: Vennstraße, 51545 Waldbröl, 📞 0160/2070174, 🌐 balneo-waldbroel.de

Waldbröl

▸ Salzgrotte

Meeresklima im Oberbergischen kann man in der Waldbröler Salzgrotte erleben: Sie besteht aus circa elf Tonnen Salz und es herrscht dort ein Mikroklima, wie man es sonst nur in natürlichen Salzheilstollen oder eben am Meer vorfindet.
Adresse: Köhlerstraße 9, 51545 Waldbröl, 📞 0152/33703976, 🌐 salzgrotte-waldbroel.de

▸ 😊 Bummelzug

Mit dem „Waldbröler Bummelzug" kann man tolle Touren durch Waldbröl und die Umgebung unternehmen. Die liebevoll restaurierte Bummelbahn fährt mit zwei vollverglasten Waggons. Angeboten werden unterschiedliche Fahrtstrecken und Ausflugsmöglichkeiten, die auch miteinander kombinierbar sind.
Adresse: Konferenzmobilvermietung Gerhard Wirths e. K., Käthe-Kollwitz-Straße 18, 51545 Waldbröl, 📞 02291/923239, 🌐 konferenzmobilvermietung.de

▸ Wiehltalbahn

Seit 2010 fährt auf der ehemals stillgelegten Bahnstrecke zwischen Waldbröl und Wiehl die Wiehltalbahn wieder und lässt die Herzen von Eisenbahnfans und Nostalgikern höherschlagen. Denn bei den touristischen Fahrten kommt auch die restaurierte Dampflokomotive „Waldbröl" zum Einsatz, die 1914 in der Lokfabrik Arnold Jung in Jungenthal bei Kirchen (Sieg) für die Kleinbahn Bielstein-Waldbröl gefertigt wurde.
Informationen: 🌐 wiehltalbahn.de

▸ 😊 Panarbora

Das Panarbora ist eine ganz besondere Jugendherberge – übernachten die Gäste dort doch in Baumhäusern oder in globalen Erlebnisdörfern, etwa Asien und Afrika. Und

Vom Turm des Panarbora aus genießt man einen fantastischen Weitblick.

der Baumwipfelpfad des Panarbora-Naturerlebnisparks ist mit 1635 Metern (inklusive der Wege des Aussichtsturms) NRWs längster barrierefreier Baumwipfelpfad.
Adresse: Nutscheidstraße 1, 51545 Waldbröl, 📞 02291/908650, 🌐 panarbora.de

▸ 😊 Hof Demmer
Hinter die Kulissen eines Milchviehbetriebes können Schulklassen, Kindergartengruppen und andere Interessierte auf dem Vorzeigehof bei Familie Demmer schauen. Dabei bekommt man Gelegenheit, den Milchviehbetrieb kennenzulernen und viel Wissenswertes rund um die Landwirtschaft zu erfahren.
Adresse: Puhl 19, 51545 Waldbröl, 📞 0171/9361839, 🌐 hofentdecker.arlafoods.de

▸ Ballonfahrten
Das Oberbergische aus der Vogelperspektive genießen kann man aus dem Heißluftballon. Denn seit mehr als 20 Jahren bietet das Aeronautic Team Ballonfahrten und sogar die Ausbildung zum Ballonpiloten an.
Start: Bettinger Weg 20, 51545 Waldbröl, 📞 02291/911284, 🌐 aeronautic.de

▸ 😊 Eselwanderungen
An jedem ersten Sonntag im Monat von Mai bis September bietet Gislinde Schumacher zweistündige geführte Eselwanderungen durch das Nutscheid, einen Höhenzug mit dem größten zusammenhängenden Waldgebiet im Bergischen Land, an. Auf dem Hof gibt es 14 Esel, darunter einen Hengst und immer wieder Eselfolen. Auch Kindergeburtstage können dort gefeiert werden.
Adresse: Familie Schumacher, Bladersbach, 51545 Waldbröl, 📞 01573/7034066

▸ 😊 Wildgehege und Angelteich Vierbuchermühle
Das Wildgehege der Vierbuchermühle beherbergt drei Alpakas und eine Hirschfamilie.

Und der hauseigene Fischteich sorgt für entspannte Stunden in der Natur. Der selbst gefangene Fisch kann direkt in der Gastronomie zubereitet werden.
Adresse: Vierbuchermühle, 51545 Waldbröl, 📞 02291/7052, 🌐 vierbuchermuehle.de

▸ Waldmythenweg
12,8 Kilometer weit führt der Waldmythenweg auf einen Rundweg aus Sagen und Mythen. Dabei lassen sich auf elf Infotafeln und an acht Audiostationen geheimnisvolle Wesen entdecken. Erlebnisreiche Rundwege ab 5,5 Kilometern Länge gibt es auch in den umliegenden Orten.
Adresse: Hochstraße 11, 51545 Waldbröl, 📞 02291/9099808, 🌐 wir-fuer-waldbroel.de

Veranstaltungen & Feste

Ganzjährig alle 14 Tage donnerstags lockt der Vieh- und Krammarkt nach Waldbröl – seit 170 Jahren. Angefangen hat das Marktgeschehen als Viehmarkt. Der Krammarkt auf der Hochstraße stellt heute die Hauptattraktion dar. Jedes Jahr im Juni findet die größte Kirmes im Oberbergischen Kreis statt: das Waldbröler Stadtfest mit verkaufsoffenem Sonntag. Ebenfalls im Juni gibt es das Weinfest, das zum Genuss auf den Marktplatz lädt. Im Mai und September findet in der Regel die Einkaufsnacht des Waldbröler Einzelhandels statt. Das größte Oktoberfest in Oberberg findet im Herbst auf dem Festplatz in Vierbuchermühle statt. Traditionell reisen zu den Festspielen am Samstag zahlreiche Theken- und Hobbymannschaften aus ganz Oberberg an, um sich bei diversen Geschicklichkeits- und Kraftspielen zu messen. Und das Wochenende des ersten Advents verschönert Waldbröl mit einem kleinen, aber feinen Weihnachtsmarkt, zu dem auch viele Aktionen für Kinder und ein verkaufsoffener Sonntag gehören.

Wermelskirchen

(Rheinisch-Bergischer Kreis)

Wermelskirchen wird auch als „Kleinstadt mit Herz" bezeichnet und ist vor allem für seine Räder- und Rollenproduktion bekannt. In der idyllischen Innenstadt, die nach dem großen Brand im Jahr 1758 wiederaufgebaut wurde, bestimmen Schiefer- und Fachwerkarchitektur das Bild und zeugen von der langen Vergangenheit der Stadt. Die erste urkundliche Erwähnung gab es bereits um 1150 als Werenboldeskirken. Mit seinem enormen Naturreichtum auf rund 75 Quadratkilometern ist Wermelskirchen besonders weitläufig. Die beiden sehenswerten Stadtteile Dabringhausen und Dhünn sind 1975 eingemeindet worden, sodass die Stadt inzwischen auf rund 35 000 Einwohner angewachsen ist.

Stadt Wermelskirchen
Telegrafenstraße 29–33
42929 Wermelskirchen
📞 **02196/7100**
🌐 **wermelskirchen.de**

Sehenswertes

▸ Stadtkirche und Markt

Rund um die Evangelische Stadtkirche finden sich eine ganze Reihe gut erhaltener Fachwerk- und Schieferhäuser, wie sie fürs Bergische typisch sind. Zu den bekanntesten Gebäuden dieser Bauweise zählt das Fachwerkhaus am Markt 10, das 1785 erbaut wurde und heute ein Restaurant beheimatet. Direkt nebenan, am Markt 9, präsentiert die Kunstinitiative mit ihrer Galerie zudem jede Menge Kreativität. Einen Spaziergang wert ist auch der verschlungene Weg entlang der Kirche, den hinunter bis ins Hüpptal weitere Fachwerkhäuser säumen. Natürlich lohnt sich auch ein Besuch der imposanten Stadtkirche, die aus Elementen dreier Kunstepochen besteht. Der Kirchturm ist im Mauerwerk romanisch, trägt aber einen spätbarocken Helm. Das Langhaus entstand im Stil des preußischen Neoklassizismus. Das älteste Ausstattungstück der Kirche und damit der älteste Kunstgegenstand der Stadt ist der Taufstein, der um 1180 aus Trachyt gefertigt wurde.

Adresse: Markt, 42929 Wermelskirchen

▸ Bürgerhäuser

Die historischen Gebäude an der Eich 6–8 werden auch als Bürgerhäuser bezeichnet und stehen in vielseitiger Nutzung durch die Stadt. Seit 2009 wird ein Gebäudeteil von der städtischen Musikschule genutzt. Außerdem befinden sich hier ein Saal für Ratssitzungen, ein Trauzimmer und Vereinsräume. Die gut erhaltene Häusergruppe ist fünf Jahre nach dem großen Stadtbrand im Jahr 1763 vom damaligen Zollpächter Adolph Schmidt erbaut worden. Direkt gegenüber befand sich Ende des 18. Jahrhunderts die Zollstelle des bedeutenden

Das Gebäude des Bergischen Löwen ist eines der vielen Baudenkmäler am Wermelskirchener Markt.

Handelswegs zwischen Köln und Dortmund. Das damalige Zollgebäude Eich ist ebenso gut erhalten und beherbergt seit mehr als 180 Jahren das Hotel zur Eich. Die Eich ist neben dem Zentrum und Schwanen einer von drei historischen Teilen der Stadt, die noch heute das Stadtwappen zieren.
Adresse: Eich 6–8, 42929 Wermelskirchen, 🌐 musikschule-wermelskirchen.de

▸ **Mammutkiefer**

Die kalifornische Mammutkiefer an der Carl-Leverkus-Straße ist 1870 gepflanzt worden und ist durch ihren außergewöhnlichen urbanen Standort weit über die Stadtgrenzen hinaus bekannt. So wird der Baum zur Weihnachtszeit seit vielen Jahren mit gigantischen Lichterketten bestückt und vom Wermelskirchener Stadtmarketing als größter freistehender Naturweihnachtsbaum Europas beworben. Der 27 Meter hohe Baum ist das Wahrzeichen der Stadt und des Wermelskirchener Weihnachtsmarkts. Der Standort des Baums befand sich früher im Park der Industriellenfamilie Schumacher, die um 1870 in Person von Rudolph Schumacher mehrere Mammutkiefern auf Wermelskirchener Stadtgebiet pflanzte. Der unter Naturschutz stehende Rekord-Naturweihnachtsbaum erstrahlt ab Ende November mithilfe von insgesamt 670 LED-Lichtern.
Adresse: Carl-Leverkus-Straße, 42929 Wermelskirchen, 🌐 wiw-marketing.de

▸ **Ortskerne Dabringhausen und Dhünn**

Um die idyllischen Ortszentren von Dabringhausen und Dhünn zu erkunden, muss man vom Wermelskirchener Zentrum aus einige Kilometer fahren. Der ÖPNV bedient die beiden Orte mit den Buslinien 263 und 261. Doch der Ausflug an die Peripherie lohnt sich. So sind die historischen Ortskerne gut erhalten und weisen eine Vielzahl an typisch bergischen Fachwerk- und Schieferhäusern auf. Herzstücke beider Orte, die noch bis

1974 selbstständig waren, sind die Evangelischen Kirchen. Das Dabringhauser Gotteshaus wurde im 18. Jahrhundert als spätbarocke Predigtkirche errichtet. Typisch sind der geknickte achteckige Helm des Turmdaches und die als Schwan gestaltete Wetterfahne, ein Symbol des Luthertums. Ähnlich alt und in ähnlichem Stil erbaut ist die Kirche in Dhünn. Sie ist 1771 errichtet worden und gilt durch ihr schlichtes Weiß, die geraden Linien und den Verzicht auf die Darstellung von Personen als typisch bergische Dorfkirche.
Adressen: Altenberger Straße, 42929 Wermelskirchen-Dabringhausen; Hauptstraße, 42929 Wermelskirchen-Dhünn

▸ **Hindenburgturm**

Der kleine steinerne Aussichtsturm im Dabringhauser Ortsteil Ketzberg bietet einen tollen Blick über das Bergische Land, aber auch in Richtung Rheinebene. So ist bei gutem Wetter auch der Kölner Dom zu sehen. Der Turm an der Ketzbergerhöhe wurde 1928 als Wasserturm in Betrieb genommen. Im Obergeschoss des Gebäudes sorgte ein 50 Kubikmeter fassender Wasserbehälter dafür, dass die umgebenden zwölf Ortschaften mit Frischwasser versorgt werden konnten. Die zu versorgenden Haushalte lagen alle tiefer, sodass hier keine Pumpe mehr benötigt wurde, um den Wasserdruck aufrechtzuerhalten. Den Schlüssel für die Aussichtsplattform erhält man zu den Öffnungszeiten im Thai-Restaurant zum Hindenburgturm.
Adresse: Ketzbergerhöhe 8, 42929 Wermelskirchen

▸ 🔵 **Historisches Dorf Großeledder**

Das malerisch gelegene Dörfchen Großeledder liegt unweit der L 101 bei Stumpf und lässt einen nach einem kurzen Fußmarsch hinunter ins Tal wie in eine andere Zeit entfliehen. Die verwunschenen Schiefer- und Fachwerkhäuser unterschiedlichster Architektur stammen zum Teil aus dem 18. Jahrhundert, so auch das 1777 errichtete Herrenhaus. Die abgelegene Ortschaft, die bereits 1336 erstmals erwähnt wurde, erlebte im 18. Jahrhundert durch die Ansiedlung einer florierenden Bandwirkerei ihre Blütezeit. Heutzutage sind die Gebäude überwiegend im Besitz der Firma Bayer und werden für Schulungen, Seminare und Vereinsaktivitäten genutzt, wobei der Ort auch als Hochzeitslocation beliebt ist. Das Hauptgebäude Große Ledder dient als Tagungshotel mit Restaurant, Vinofaktur und Kegelbahn. Ein Spaziergang durch die idyllische Parkanlage mit Kinderspielplatz lohnt sich.

Adresse: Große Ledder, 42929 Wermelskirchen, 📞 02193/220, 🌐 bayer-gastronomie.de

▸Maria in der Aue

Einen Ausflug wert ist auch das zweite überregional bekannte Tagungshotel der Stadt, das sich ebenfalls in Dabringhausen befindet. Maria in der Aue besteht nicht nur aus einem imposanten Gebäudekomplex hoch oben über dem Tal, sondern hat auch eine malerisch gelegene Parkanlage zu bieten, die bis zur Dhünn führt und weiter unten an Altenberg angrenzt. Im Jahr 1928 von einer Industriellenfamilie als Jagd- und Gasthaus errichtet, hieß es bis zur Mitte der 1950er-Jahre noch Schloss Haniel. Ausgestattet mit einem beheizten Schwimmbad im Keller, aus Holz gefertigter Kegelbahn, Bibliothek, Speisesaal mit Großküche und sogar einer Küche für Hundefutter, mehreren Salons sowie einer Orgel mit 20 Registern war das ursprüngliche Gebäude kaum an Luxus zu überbieten. Nach einem Großbrand 1971 ist das Schloss 1974 wiederaufgebaut worden und seitdem in der Trägerschaft des Familien-Ferien-Trägerwerks. Es dient als Location für Seminare, Tagungen, Hochzeitsfeiern und als Restaurant.

Adresse: In der Aue 1, 42929 Wermelskirchen, 📞 02193/5050, 🌐 tagen.erzbistum-koeln.de

Freizeit & Natur

▸ 🙂 Kattwinkelsche Fabrik

Das Industriedenkmal Kattwinkelsche Fabrik war früher eine Schuhfabrik und ist inzwischen das generationsübergreifende Begegnungs- und Kulturzentrum der Stadt. Mit ihrem ausgezeichneten Kabarett-, Musik- und Kleinkunstprogramm, das regemäßig überregional bekannte Comedians, Musiker und Schauspieler nach Wermelskirchen bringt, hat sich die Katt – wie sie im Volksmund genannt wird – zu einem der führenden Veranstalter im Bergischen Land entwickelt. Darüber hinaus finden in dem 1894 errichteten und 1991 umgestalteten Industriegebäude Messen, Kunsthandwerkermärkte und Trödelbasare statt. In einem separaten Gebäudeteil ist der städtische Kinder- und Jugendtreff beheimatet und wartet mit vielseitigen freizeitpädagogischen Angeboten auf. Zur Katt gehören auch die Stadtbücherei sowie ein Musikbistro.

Adresse: Kattwinkelstraße 3, 42929 Wermelskirchen, 📞 02196/72400, 🌐 kattwinkelsche-fabrik.de

▸Kulturhaus Eifgen

Das Haus Eifgen in unmittelbarer Nähe des Fußballstadions war viele Jahre lang nur Restaurant mit Biergarten und Ort für Festlichkeiten. Das ist es auch immer noch, doch ist inzwischen die kulturelle Komponente hinzugekommen. So ist das Haus Eifgen nun auch Begegnungs- und Veranstaltungsstätte der Kulturinitiative Wermelskirchen. Der Verein für Livemusik und Kulturvernetzung organisiert hier regelmäßig Konzerte mit den Schwerpunkten Jazz, Blues und Folk. Die Musikabende stehen für eine familiäre Wohnzimmerkonzert-Atmosphäre und werden durch Mitmach-Abende und musikalische Workshops ergänzt.

Adresse: Eifgen 1, 42929 Wermelskirchen, 📞 02196/7060074, 🌐 hauseifgen.de, 🌐 kultin.de

▸ AJZ Bahndamm

Das Alternative Jugendzentrum hat seinen Namen von der ursprünglichen Lage an der stillgelegten Bahntrasse und liegt inzwischen direkt an der B 51n. Seit den frühen 1990er-Jahren ist es Kultur- und Begegnungsstätte für Jugendliche und junge Erwachsene und veranstaltet regelmäßige Konzerte mit den Schwerpunkten Punk, Ska, Rock und Metall, an denen häufig auch internationale Musiker beteiligt sind. Darüber hinaus ist das AJZ eine kultige Kneipe mit Billardtisch und kleinem Skaterpark. Die hier beheimatete Jugendinitiative bietet regelmäßig sportliche Aktivitäten an und kooperiert mit der Kulturinitiative, dem Schachverein und dem Verein Rollrausch. Die Hausband des Bahndamms, Skin of Tears, gehörte viele Jahre lang zu den bekanntesten deutschen Punkrock-Bands.
Adresse: Wolfhagener Straße 11, 42929 Wermelskirchen, ☏ 02196/882838, ⊕ ajzbahndamm.de

▸ Filmeck

Das urige Kino versprüht den Charme eines Lichtspielhauses aus den 1950er-Jahren. Das familiäre Kultkino zeigt nicht immer die neuesten Streifen, sondern Sehenswertes fein ausgewählt nach thematischen Schwerpunkten, etwa häufig zu Kultur, Geschichte und Glauben. Zudem veranstaltet der Kulturverein hier sogar Theatervorstellungen. Seinen Ursprung hat das Filmeck im Jahr 1927, als das bisherige Restaurant mit Veranstaltungshalle in die „Reichshallen-Lichtspiele" umgebaut wurde und seinen ersten Stummfilm zeigte. Zur Zeit des Kino-Booms der 1950er- und 1960er-Jahren wurde der Kinosaal vergrößert und bot nun auf zwei Ebenen bis zu 600 Personen Platz. 1972 übernahmen die heutigen Betreiber Christel und Klaus Schiffler das Kino und verkleinerten es im Zuge der Kinokrise auf die aktuelle Kapazität von 92 ebenerdigen Plätzen.
Adresse: Telegrafenstraße 1, 42929 Wermelskirchen, ☏ 02196/731399, ⊕ film-eck.de

▸ ☺ Quellenbad

Im Wermelskirchener Hallenbad scheint man ins Grüne zu schwimmen. Das vermittelt zumindest der herrliche Ausblick ins angrenzende Waldgebiet. Das städtische Bad bietet ein Sportbecken mit fünf Bahnen von 25 Metern Länge sowie 1- und 3-Meter-Sprungtürme. Das kleinere Lehrschwimmbecken mit Nackenduschen, Bodensprudlern und Massagedüsen ist konstant 30 Grad warm. Ebenso das angrenzende Kleinkindbecken mit einer Wassertiefe von zehn Zentimetern. Darüber hinaus bietet das familiäre Bad einen kleinen Saunabereich und ein Solarium. Der Besuch des an die beiden Eifgen-Sportplätze angrenzenden Quellenbads lässt

Im Haus Eifgen finden regelmäßig Konzerte und Mitmach-Abende statt.

sich wegen seiner waldreichen Umgebung wunderbar mit einer Wanderung verbinden. **Adresse:** Quellenweg 1, 42929 Wermelskirchen, ☏ 02196/6778, ⊕ wermelskirchen.de

▸ ☺ Freibad Dabringhausen

Das idyllische Freibad liegt inmitten der waldreichen Natur des Linnefetals. Das 1935 eröffnete Waldschwimmbad hat seinen ganz eigenen Charme und lockt sogar regelmäßig Besucher aus Köln, Düsseldorf und dem Ruhrgebiet an. Das Freibad bietet ein 50 mal 25 Meter großes Schwimmerbecken mit Sprungbrettern und Kletterkrake als Attraktion für die Jugendlichen. Zudem gibt es ein Nichtschwimmerbecken mit kleiner Rutsche sowie ein Planschbecken mit Wasserfontäne für die kleinsten Besucher. Den Erholungssuchenden stehen eine große Liegewiese und ein Verleih von Sonnenliegen und -schirmen zur Verfügung. Zum Gelände zählen auch ein Spielplatz mit Klettergerüst, ein Beachvolleyballfeld und eine Pétanquebahn. Nach dem Freibadbesuch lockt in unmittelbarer Nähe die Coenenmühle, ein uriges 1382 erbautes Fachwerkhaus mit Biergarten. **Adresse:** Coenenmühle 1, 42929 Wermelskirchen, ☏ 02193/3355, ⊕ freibad-dabringhausen.de

▸ ☺ Bergische Sportarena

Hobbysportler sind in der Bergischen Sportarena richtig. Die vielfältige rund 4000 Quadratmeter große Sportstätte stellt Fußball in den Fokus und bietet drei netzüberspannte Indoorsoccer-Plätze für Vereine, Hobbyteams und Betriebsausflüge. Hier ist zugleich die Bergische Fußballschule beheimatet und trainiert Vereinsmannschaften und Nachwuchskicker. Doch die Sportarena bietet auch eine große Tennishalle mit drei beheizbaren Plätzen. Hinzu kommen zwei Badminton-Plätze, Tischtennisplatten und ein kleines Fitnessstudio. Seit 2018 gibt es zudem eine 400 Quadratmeter große

Lasertag-Anlage, die häufig für Betriebsfeiern, Junggesellenabschiede oder Kindergeburtstage genutzt wird. **Adresse:** Beltener Straße 48, 42929 Wermelskirchen, ☏ 02196/1846, ⊕ bergische-sportarena.de; ⊕ bergische-fussballschule.de; ⊕ lasertag-wk.de

▸ ☺ Jugendfreizeitpark

Auf dem Gelände des ehemaligen Güterbahnhofs, verkehrsgünstig an der B 51 sowie an der Balkan-Radtrasse gelegen, ist 2021 ein großer Jugendfreizeitpark errichtet worden. Neben einem 460 Quadratmeter großen Multifunktionsfeld, auf dem Basketball und Rollhockey gespielt werden können, ist ein mehr als 900 Quadratmeter großer Skatepark als Herzstück der Multifunktionsanlage entstanden. Skatern, BMX-Fahrern und Scootern stehen klassische Skate- und Bike-Elemente wie Ledges, Rails, Rampen oder Funboxes zur Verfügung und locken Trendsportler aus der ganzen Region an. **Adresse:** Am Wasserturm, 42929 Wermelskirchen, ☏ 02196/710526

▸ ☺ Minigolfanlage

Die Wermelskirchener Sterngolfanlage liegt unweit des Quellenbads und ist vom Zentrum aus fußläufig zu erreichen. Der 18-Loch-Platz zeichnet sich durch seine idyllische Lage im unteren Teil des Hüpptals aus. Für ein familiäres Flair und die Pflege der Anlage sorgt seit vielen Jahren die Pächterfamilie Grosso, die hier regelmäßig Meisterschaften austrägt und sogar selbst mehrfach Medaillen bei Deutschen und Europameisterschaften gewonnen hat. Auf der Anlage lassen sich nach Absprache auch Betriebsausflüge, Kindergeburtstage und sonstige Feiern durchführen. Nach dem Spielen lockt ein ruhiger Spaziergang entlang des Hüppbachs. **Adresse:** Quellenweg 1, 42929 Wermelskirchen, ☏ 02196/91762

▸ Bogenschießen

Das Bogenschießgelände des Vereins Bogenprojekt Arche ist auch für Nichtmitglieder geöffnet und bietet auf einem mitten in der Halzenberger Natur gelegenen 3-D-Bogen-Parcours 16 Standardziele sowie vier Trailziele. Auch Neulinge sind hier willkommen und können nach vorheriger Anmeldung einen Einführungskurs im traditionellen Bogenschießen buchen. Ein kleines Turnier rundet den Kurs für sechs bis 30 Personen ab. Nebenbei wird den Teilnehmern die Geschichte des Bogens nahegebracht und die verschiedenen Bogen- und Pfeilarten werden vorgestellt. Bei den Tageskursen geht es sogar in den angrenzenden Wald, wo Jagd auf 3-D-Tiere gemacht wird. Bei sehr schlechtem Wetter steht eine kleine Bogenhalle zur Verfügung.
Adresse: Halzenberg 1, 42929 Wermelskirchen, ☎ 0176/23609269, ⊕ bogen-kurse.de

Das idyllische Eifgental zieht Wanderer aus der ganzen Region an.

▸ 🙂 Eifgental

Das wunderschöne Eifgental besticht durch seine verwunschenen Wege und Bachverläufe und lockt regelmäßig Wanderer aus ganz Nordrhein-Westfalen an. Vom Wanderparkplatz am Eifgen aus geht es nach wenigen Hundert Metern zunächst bis zur Frontaler Brücke. Von da aus lassen sich rund vier Kilometer lange Runden bis hoch zu den Eipringhauser Feldern oder rund um das Eifgen-Stadion drehen, bis man wieder am Parkplatz ist. Der gleich mehrere idyllische Mühlen bietende Fernwanderweg führt indes weiter geradeaus, wo nach zwei Kilometern die Berger Mühle, nach fünf Kilometern die Neuemühle und nach sieben Kilometern die Rausmühle passiert wird. Wer dann immer noch weiterwandern will, erreicht nach rund 15 Kilometern die Gemeinde Altenberg. Das urige Eifgental ist nicht nur für Naturfreunde ein Hochgenuss, sondern durch seine gut zugänglichen Bachbetten auch für den Nachwuchs. Beliebt ist das Wandergebiet zudem bei Geocachern, die hier per App unter anderem die Mesozoikum-Runde in Angriff nehmen können.
Adresse: Eifgen, 42929 Wermelskirchen, ⊕ bergisches-wanderland.de, ⊕ geocaching.com

▸ Töckelhauser Bachtal

Das Bachtal im Osten der Stadt setzt sich aus zum Teil brach gefallenem Feuchtgrünland, Auenwaldresten, Röhrichten und kleinen Amphibien-Laichgewässern zusammen und ist zur Sicherung der Wasserqualität der Eschbachtalsperre sowie zum Schutz der Lebensräume ein Naturschutzgebiet. Parkplätze finden sich im Industriegebiet an der Albert-Einstein-Straße, von wo aus es zunächst über die B 51 und dann den Töckelhauser Bach entlang gut zwei Kilometer steil bergab bis zur Remscheider Eschbachtalsperre geht. Im unteren Bereich des artenreichen Biotops trifft der Töckelhauser Bach auf den Eschbach. Die oberen Wiesen Töckelhausens befinden sich mit gut 300 Metern Höhe an einem der höchsten Punkte der Stadt und sind im Winter als Rodelhänge beliebt. Der ortsansässige Ski-Club betreibt hier sogar einen Skilift.

Adresse: Töckelhausen, 42929 Wermelskirchen, 🌐 bergisches-wanderland.de, 🌐 skiclub-wermelskirchen.de

▸ Dhünn-Talsperre

Die Dhünnhochfläche rund um die Große Dhünn-Talsperre ist weithin bekannt für ihre eindrucksvolle und abwechslungsreiche Landschaft inmitten herrlicher Natur. Geprägt durch bergige Topografie, große Waldflächen und offene Wiesen, durchzogen von den Flüssen Dhünn und Eifgen mit ihren zahlreichen Zuflüssen, ist die Dhünnhochfläche ein attraktiver Lebens-, Erholungs- und Naturraum. Entlang der 1985 fertiggestellten Trinkwassertalsperre, mit einem Stauinhalt von 81 Milliarden Litern die zweitgrößte in Deutschland, gibt es reizvolle 14 Wanderrouten ab fünf Kilometern Länge. Der komplette Talsperrenweg mit höhenmeterreicher Komplettumrundung der Talsperre ist nur etwas für fortgeschrittene Wanderer und führt über 40 Kilometer durch Dhünn, Dabringhausen und die Gemeinde Kürten. Der kleine, etwa elf Kilometer lange Uferweg rund um die Vorsperre der Dhünn-Talsperre ist nur zwischen 15. März und 10. Oktober zugänglich.
Start: Wanderparkplatz Neumühle, 42929 Wermelskirchen
Informationen: 🌐 bergisches-wanderland.de, 🌐 wupperverband.de

sich fürs gemütliche Radeln die flache Balkantrasse. Die 1983 stillgelegte Bahntrasse ist 2010 zum Panorama-Radweg umgebaut worden und verbindet nun Remscheid-Lennep und Burscheid-Hilgen miteinander. Bei Bergisch Born biegt die Strecke Richtung Hückeswagen und Wipperfürth ab. Unterbrochen wird die Radtrasse allerdings durch die Wermelskirchener Innenstadt. Die Anbindungspunkte befinden sich im Osten der Stadt an Am Wasserturm und im Westen an der Grünestraße, wo am Haltepunkt „RVK-Niederlassung" auch der Bergische Fahrradbus hält. Am Busbahnhof befindet sich eine E-Bike-Station des Kooperationspartners Nextbike. Das Hotel zum Schwanen, Schwanen 1, bietet zudem einen Reparaturservice an.
Informationen: 🌐 balkantrasse.de; 🌐 nextbike.de; 🌐 bergisches-wanderland.de

Die Dhünn-Talsperre ist Deutschlands zweitgrößte Trinkwassertalsperre.

▸ Radfahren

Wermelskirchen ist auch bei Fahrradfahrern sehr beliebt. Ziehen die mit vielen Höhenmetern verbundenen Trailwege des Töckelhauser Bachtals, Eifgentals, Linnefetals und Dhünntals eher Mountainbiker an, eignet

▸ 🐦 Straußenfarm Emminghausen

Straußeneier im Bergischen Land? Die gibt es hier tatsächlich. Die riesigen Eier stammen keineswegs aus fernen Ländern, sondern aus dem idyllisch gelegenen Ortsteil Emminghausen. Dort sorgen fünf Zuchtgruppen für

kontinuierlichen Nachwuchs. Auf der zwölf Hektar großen Farm leben gut 150 Strauße. Klaus Stöcker hat den Bauernhof seiner Eltern übernommen und optimale Lebensbedingungen für das exotische Federvieh geschaffen. Im Hofladen gibt es Staubwedel aus Straußenfedern, Schmuck und Lampen aus Eierschalen und Lederwaren wie Handtaschen und Geldbörsen. Außerdem vermarktet Stöcker das Fleisch, das als schmackhaft, fettarm und proteinreich gilt. Bei Gruppenführungen erfährt man alles Wissenswerte über die schnellen Laufvögel.
Adresse: Emminghausen 80, 42929 Wermelskirchen, 📞 02193/1661, 🌐 straussenfarm-emminghausen.de

▸ 😊 **Reiten auf Islandpferden**
Pferdehöfe gibt es viele. Nicht aber, wenn es um Islandpferde geht. Im Stadtteil Dabringhausen gibt es gleich zwei Pferdehöfe, die sich mit dieser besonderen Rasse beschäftigen. So sind Islandpferde gegenüber gewöhnlichen Pferden deutlich kleiner und beherrschen mit dem Tölt eine zusätzliche Gangart. Sowohl auf dem Pferdehof Lindscheid als auch auf Gut Bremerhof verfolgt man die Philosophie einer artgerechten Haltung mit möglichst großzügigen Offenställen, Gruppenhaltung und jeder Menge Auslauf. So liegen beide Islandpferdehöfe inmitten idyllischer Natur und ermöglichen lange Ausritte in die ländliche Umgebung bis hin zur Dhünn-Talsperre. Auf beiden Höfen gibt es neben einer großen Ovalbahn auch eine eigene Reithalle. Neben Training für Anfänger und Sportreiter bieten beide Pferdepensionen vielfältige Einstellmöglichkeiten an. Auf dem Bremerhof können zudem reittherapeutische Maßnahmen genutzt werden.
Adressen: Pferdehof Lindscheid: Lindscheid 6, 42929 Wermelskirchen, 📞 02193/531426, 🌐 islandpferdehof-lindscheid.de; Gut Bremerhof: Bremen 15,

42929 Wermelskirchen, 📞 0160/93026004, 🌐 islandpferde-bremerhof.de

Veranstaltungen & Feste

In der Wermelskirchener Innenstadt gibt es zwei Kirmessen, im Mai und August. Während es sich bei der dreitägigen Frühjahrskirmes um eine kleinere mit Trödelmarkt, Händlershow und Automeile handelt, verwandelt sich die Stadt am letzten August-Wochenende für fünf Tage in eine große Partymeile mit Fahrgeschäften, Verzehrbuden, Weindorf und Krammarkt. Höhepunkt ist die montägliche Matinee in der Innenstadt, den Abschluss bildet am Dienstagabend ein großes Höhenfeuerwerk. Weitere wiederkehrende Veranstaltungen sind Wermelskirchen à la carte mit großer Schlemmermeile in der City am letzten Oktober-Wochenende, die Musik-Tour mit zahlreichen Kleinkonzerten in den innerstädtischen Gastronomiebetrieben im November sowie ein stimmungsvoller Weihnachtsmarkt auf der Carl-Leverkus-Straße. Kleinere Feste mit Kirmes haben auch die Stadtteile Dabringhausen und Dhünn zu bieten. Während die Dabringhauser ihr traditionelles Dorffest mit kultigem Schubkarrenrennen zu Beginn des Sommers veranstalten, ist ganz Dhünn im August auf den Beinen, um sich auf der familiären Kirmes am Dorfplatz zu treffen. Dabringhausen ist auch die Karnevalshochburg der Stadt, wo traditionell ein großer Rosenmontagszug stattfindet. Mit dem Wermelskirchener Stadtlauf durch die Innenstadt im Frühjahr und dem Dhünner Mittsommernachtslauf mit herrlichen Naturstrecken durch Dhünn am längsten Samstag des Jahres hat Wermelskirchen gleich zwei größere Laufveranstaltungen zu bieten. Über die Stadtgrenzen hinaus beliebt ist auch ein Motorradgottesdienst im Ortsteil Eipringhausen, der zwischen April und Oktober einmal im Monat stattfindet und mehr als 500 Biker anzieht.

Wiehl

(Oberbergischer Kreis)

1131 wurde Wiehl erstmals urkundlich erwähnt, allerdings deuten historische Zusammenhänge daraufhin, dass Wiehl tatsächlich älter ist. Heute leben rund 25 000 Menschen in der Stadt, die aus 52 Ortsteilen besteht. Apropos: Seine Stadtrechte erhielt das von Fachwerkhäusern geprägte Wiehl vor rund 50 Jahren, am 22. Juni 1971.

> **Tourist-Information**
> **Bahnhofstraße 1**
> **51674 Wiehl**
> 📞 **02262/99195**
> 🌐 **wiehl.de**

Sehenswertes

▸ Fachwerk in Wiehl
Zahlreiche liebevoll sanierte Fachwerkhäuser zieren den Ortskern von Wiehl; ein denkmalgeschütztes Fachwerk-Ensemble im Oberdorf datiert von 1755.

▸ Mühlenbrücke
Die aus Bruchsteinen errichtete Mühlenbrücke über den Fluss Wiehl stammt aus dem Jahr 1650.
Adresse: Mühlenstraße 4, 51674 Wiehl

▸ Golddorf Marienhagen
Das historische Dorf Marienhagen wurde 1971 im Bundeswettbewerb „Unser Dorf hat Zukunft" zum Bundesgolddorf gekürt und erhält sich noch immer seinen dörflichen Charme. Zahlreiche sehenswerte Fachwerkhäuser gruppieren sich eng um die evangelische Kirche – eine der Bonten Kerken im Bergischen Land –, deren Turm um 1200 herum erbaut wurde. Das älteste

Fachwerkhaus stammt aus dem Jahr 1507. Durch das Dorf führt ein gut ausgeschilderter historischer Pfad.
Informationen: 🌐 marienhagenpergenroth.de

▸ Evangelische Kirche Wiehl
Der 56 Meter hohe, im 12. Jahrhundert im byzantinischen Stil errichtete Turm der Evangelischen Kirche prägt das Stadtbild Wiehls. Reizvoll sind auch die bunten Kirchenfenster.
Adresse: Hauptstraße 26, 51674 Wiehl, 📞 02262/93114, 🌐 kirchewiehl.de

Museen

▸ Grüne Scheune Drabenderhöhe
Das privat geführte Museum Grüne Scheune befindet sich in einer alten Kornbrennerei und birgt viele alte Schätze wie eine festlich gedeckte Tafel, eine altmodische Bettstatt, Nähmaschine und Bügeleisen und vieles weitere mehr, das den Alltag vergangener Zeiten anschaulich macht.
Adresse: Alte Kölner Straße 8, 51674 Wiehl, 📞 02262/3456, 🌐 gruene-scheune.jimdofree.com

▸ Heimatstube der Siebenbürger Sachsen
Die Heimatstube in Drabenderhöhe gilt als wichtige Einrichtung der siebenbürgischen Kultur außerhalb Rumäniens. Die Sammlung ermöglicht mit Trachten, Schmuck, Stickereien, Kürschnerarbeiten, Keramiken und bemalten Möbeln aus Bauernstuben Einblicke in die bis heute im Siebenbürger Land gepflegten Sitten und Bräuche.
Adresse: Mediascher Gasse 6, 51674 Wiehl, 📞 02262/5915, 🌐 heimatverein-drabenderhoehe.de

▸ Museum Achse, Rad und Wagen
Die Sammlung präsentiert auf 1000 Quadratmetern die 5500-jährige Kultur- und Technikgeschichte des Wagenbaus. Interaktive Stationen animieren zum spielerischen

Ausprobieren von einzelnen Komponenten oder zum Aufrufen von Informationen. In den Remisen sind historische Kutschen und Nutzfahrzeuge von der Sackkarre bis zum Lkw-Anhänger ausgestellt.
Adresse: Ohlerhammer, 51674 Wiehl, 02262/781280, achseradwagen.de

▸ Museum für Schreibkultur

Im urigen Ambiente des alten Kirchguts „in der Koppelweiden" findet sich eine reizvolle Kombination aus Atelier und Museum für Schreibkultur und Kalligrafie. Das von Martin Heickmann privat geführte und nach Absprache geöffnete Museum ermöglicht eine Zeitreise durch Jahrhunderte der Schreibgeschichte. Und im Atelier kann man dem Kalligrafen über die Schulter schauen.
Adresse: Koppelweide 2, 51674 Wiehl, 02262/7510590

Freizeit & Natur

▸ Burghaus Bielstein

1720 errichtet, wechselte das Burghaus Bielstein mehrfach den Besitzer, bis es der Wiehler Unternehmer Christian Peter Kotz kaufte und aufwendig renovieren und restaurieren ließ. Seit 2008 steht es der Öffentlichkeit zur Verfügung. Seitdem ist das Burghaus die Heimat des Wiehler Kulturkreises und das kulturelle Zentrum der Stadt. Im Burghaus gibt es zudem eine Musikschule, eine Stadtbücherei, und heiraten kann man dort auch.
Adresse: Burgstraße 9, 51674 Wiehl, bielstein.de

▸ Tropfsteinhöhle Wiehl

Die Wiehler Tropfsteinhöhle wurde 1860 durch Sprengungen in einem Kalksteinbruch entdeckt. 1927 wurde sie nach aufwendigen Sicherungen für die Öffentlichkeit freigegeben und kann bei Führungen besichtigt werden. Ein besonderes Highlight bietet das Standesamt dort an: Man kann sich in einer Grotte 30 Meter unter der Erde trauen lassen.
Adresse: Pfaffenberg 1, 51674 Wiehl, 02262/7920, waldhotel-wiehl.de

Das Burghaus Bielstein ist das kulturelle Zentrum der Stadt Wiehl.

▸ Oberwiehler Wasserwege

Mit einigen weiteren Industriedenkmalen gehört der nach dem Fabrikanten Carl Hans benannten Hans-Teich, einst Wasserspeicher für die Eisenhütte und die spätere Kunstwollfabrik, zur Wanderroute „Oberwiehler Wasserwege". Diese verbindet vier Wasserkraftanlagen im mittleren Wiehltal und damit historische Technik und die naturgeschützte Wiehlaue.
Adresse: Oberwiehler Straße, 51674 Wiehl, oberberg-aktuell.de

▸ Erzquell-Brauerei

Kölsch, das nicht aus Köln kommt, gibt es in der einzigen Brauerei im Bergischen, der Erzquell-Brauerei in Bielstein. Sowohl Zunft Kölsch als auch Erzquell Pils werden hier gebraut. Die Brauerei ist bereits in der vierten Generation in Familienbesitz. Brauereibesichtigungen mit Führung sind genauso möglich wie der Besuch eines Bierkenner-Seminars. In der Braustube werden auch Bierverköstigungen angeboten.

Adresse: Bielsteiner Straße 108, 51674 Wiehl, ☎ 02204/843000, ⊕ erzquell.de

▸ Bierweg am Bergischen Panoramasteig

Der 13,2 Kilometer lange Rundweg (Streifzug Nr. 17) beginnt und endet in Bielstein. In der liebevoll Bierdorf genannten Ortschaft wird seit dem Jahr 1900 das Erzquell-Pils gebraut. Er bietet schöne Ausblicke, Einkehrmöglichkeiten und interessante Informationen und Besichtigungsmöglichkeiten rund um das Bielsteiner Bier.

Informationen: ⊕ wiehl.de

▸ Ballonfahren

Mit einem Heißluftballon aufsteigen, das geht auch in Wiehl. Mitfahrten bietet der Verein Bergische Ballonfahrer e.V. Wiehl an.

Informationen: ☎ 02296/8971, ⊕ bbwiehl.net

▸ Radfahren

Sechs reizvolle Rundtouren zwischen zehn und 45 Kilometern von leicht bis schwer laden zur Erkundung Wiehls und seiner Umgebung per Rad ein. Bei Zweirad Klein kann man Fahrräder und E-Bikes ausleihen, aber auch seinen Drahtesel reparieren lassen.

Adresse: Bielsteiner Straße 78, 51674 Wiehl, ☎ 02262/4444, ⊕ zweirad-klein.de, ⊕ wiehl.de

▸ ☺ Wiehler Wasserwelt

Die Wiehler Wasserwelt ist ein Familienbad zum Auspowern, für Spiel und Spaß und für Entspannung im Solebecken. Auch bei schlechtem Wetter kann man dort ein

Der Bierweg, eine 13,2 Kilometer lange Rundtour, beginnt in Bielstein.

paar schöne Stunden verbringen. Und im Sommer gibt es im großen Außenbereich Liegeflächen, eine Beach-Bar, eine Sandspielfläche und einen Relax-Beach-Bereich nebst Strandkörben.
Adresse: Mühlenstraße 23, 51674 Wiehl, 📞 02262/97722, 🌐 wiehler-wasser-welt.de

▸ 🏊 Freibad Bielstein

Das Freibad liegt am Waldrand und lädt zu entspanntem Freizeitvergnügen ein. Es gibt einen Schwimmer- und Nichtschwimmerbereich, Sprungbrett und Wasserrutsche, große Liegewiesen und Spielmöglichkeiten für Kinder.
Adresse: Jahnstraße 15, 51674 Wiehl, 📞 02262/3096, 🌐 freibad-bielstein.de

▸ 🎡 Freizeitanlage Bielstein

Auf dem Abenteuerspielplatz finden Kinder verschiedene Klettergeräte, ein Pyramidennetz, Drehspiele, Wippen, eine Wellen-Hang-Rutsche und eine ausgedehnte Sand-Spielfläche. Auf Energie-Liegefahrrädern kann man sein Smartphone per USB-Anschluss laden. Auch sorgen ein Walker-Bewegungsgerät, ein Basketballkorb und Kraftstationen sowie eine Tischtennisplatte für Abwechslung.
Adresse: Jahnstraße 13, 51674 Wiehl

▸ 🎡 Wiehlpark mit Wheelpark

Der Wiehlpark ist DIE Naherholungsmöglichkeit in Wiehl für Groß und Klein. Spielen: Auf rund 40 000 Quadratmetern finden sich Minigolfplatz, Basketballfeld, zwei Beachvolleyball- und Handballplätze sowie jede Menge Spielgeräte. Der Wheelpark, ein 1100 Quadratmeter großer Skater- und BMX-Parcours am westlichen Rand des Wiehlparks, stellt Anfänger sowie fortgeschrittene Skater und BMX-Fahrer gleichermaßen vor Herausforderungen. Zwei überdachte Grillplätze können von Gruppen am Kiosk am Teich gebucht werden.

Informationen: Touristinformation der Stadt Wiehl, 📞 02262/99-195

▸ 🐴 Ponyhof Knotte

Auf dem Ponyhof Knotte kann man reiten, aber auch Kutsche und Planwagen fahren. Außerdem gibt es ein kleines Gehege mit Ziegen, Schweinen und Gänsen.
Adresse: Römerstraße 33, 51674 Wiehl, 📞 02262/93152, 🌐 hotel-ponyhof-knotte.de

▸ 🦌 Wildpark Wiehl

Die idyllisch oberhalb der Wiehler Tropfsteinhöhle gelegene Anlage lädt zu kleinen Abenteuern und Entdeckungen ein. In den verschiedenen Gehegen leben Tiere wie Wildschweine und Rot- und Damwild. Eine rustikale Picknickstelle lädt zu einer Pause ein.
Adresse: Pfaffenberg 1, 51674 Wiehl, 📞 0152/28645499

▸ ⛸ Eissporthalle Wiehl

In der Eissporthalle Wiehl können sich schon die Kleinsten am eiskalten Freizeitvergnügen versuchen. Die größeren gleiten bei der Kinder-Disco übers Eis, und die Erwachsenen flitzen samstagabends zu fetziger Musik über das gefrorene Wasser. Außerdem gibt es Angebote zu Eiskunstlauf für Kinder, Jugendliche und Erwachsene, Eishockey und Curling.
Adresse: Mühlenstraße 23, 51674 Wiehl, 📞 02262/980807, 🌐 fsw-wiehl.de

▸ Motocross

Der 1951 gegründete Verein MSC Drabenderhöhe-Bielstein ist unter anderem für seine traditionsreiche Motocross-Strecke, den „Bielsteiner Waldkurs", bekannt und hat bereits zahlreiche Motocross-WM-Läufe und weitere nationale und internationale Prädikatsläufe veranstaltet.
Adresse: Paul-Fischbach-Straße 1, 51674 Wiehl. 📞 02262/1310, 🌐 msc-bielstein.de

▶ Oberbergisches Kräuterhaus

Im seit mehr als 30 Jahren existierenden Oberbergischen Kräuterhaus im Wiehler Ortsteil Oberholzen wird das uralte Wissen um die Kraft der Kräuter bewahrt und in Seminaren auch weitergegeben. Im Kräuterladen gibt es jede Menge Produkte wie Tees, Sämereien und Kosmetik aus der Natur.

Adresse: Oberholzen 12a, 51674 Wiehl, 📞 02262/7512448, 🌐 oberbergisches-kraeuterhaus.de

▶ 🔵 Schau-Spiel-Studio Oberberg

Das aus einem Tourneetheater hervorgegangene Schau-Spiel-Studio Oberberg gibt es seit 1993. Seit 1997 verfügt es mit der Aula der Grundschule in Wiehl über eine feste Spielstätte, in der bis zu sechs Inszenierungen – Klassik, Boulevard, Kinder- und Jugendtheater – pro Saison gezeigt werden.

Informationen: 🌐 theater-wiehl.de

Veranstaltungen & Feste

Der bunte Wiehler Veranstaltungsreigen wartet zweimal im Jahr mit der Reihe „Seven Nights of …" auf. Dabei gibt es im Frühjahr eine Tribute-Ausgabe, im Herbst sind dann Komödianten im Burghaus Bielstein zu Gast. Das Wiehler Stadtfest wird im Juli gefeiert. Im September wird der Weltkindertag begangen. Ebenfalls im Herbst, am zweiten Septemberwochenende, wird im Ortsteil Drabenderhöhe Erntefest gefeiert. In der Adventszeit lädt die Dorfgemeinschaft Büttinghausen zum Weihnachtsmarkt und ebenfalls am zweiten Adventswochenende verwandelt sich das Rathaus in einen festlichen Weihnachtsmarkt mit Ständen und geöffeneten Geschäften.

Hansestadt Wipperfürth

(Oberbergischer Kreis)

Mit der Verleihung der Stadtrechte im Jahr 1217 ist Wipperfürth (rund 21 000 Einwohner) die älteste Stadt im Bergischen Land. Dazu noch eine mit Geschichte: Mit dem Namenszusatz „Hansestadt" wird darauf aufmerksam gemacht, dass die ehemalige Tuchstadt Mitglied der Westfälischen Hanse war. Beliebt ist der Marktplatz, umgeben vom Stadtkern mit vielen kleinen Geschäften. Auch die durch Rad- und Wanderwege verbundenen idyllisch gelegenen Kirchdörfer sind, ebenso wie die Talsperren, einen Besuch wert.

Tourismusbüro
Marktplatz 1
51688 Wipperfürth
📞 **02267/64-361 oder -303**
🌐 **tourismus.wipperfuerth.de**

Sehenswertes

▶ Marktplatz

Der Marktplatz ist das Herz Wipperfürths mit einer vielfältigen Gastronomielandschaft. Auf dem Platz, der bis 2020 erneuert wurde, findet sich die Bronzeskulptur „Der Münzschläger" vom Künstler Josef Vavro, die daran erinnert, dass die Stadt ab 1275 Geld prägen durfte. Der Marktbrunnen, den der Bergische Löwe ziert, hat seine Wurzeln im Jahr 1331. Das Alte Stadthaus wurde 1780 gebaut. Das Gasthaus Penne stammt aus dem Jahr 1795 und soll im Keller einen Tunnel haben, der zur Kirche auf dem Klosterberg führt. Freitags findet auf dem Marktplatz ein Wochenmarkt statt.

Adresse: Marktplatz, 51688 Wipperfürth

Der Wipperfürther Marktplatz ist das Herz der ältesten Stadt im Bergischen Land.

▸ Bogenbrücke Ohler Wiesen

Früher fuhr die Bahn auf der 1901 gebauten Bogenbrücke über die Wupper. Heute ist es ein Radweg. An der Brücke selbst ist eine Lichtinszenierung des Künstlers Rolf Zavelberg angebracht, die sie in unterschiedlichen Farben leuchten lässt.

Adresse: Parkplatz Ohler Wiesen, 51688 Wipperfürth

▸ 😊 Reste der Stadtmauer

Wipperfürths Stadtmauer ist vermutlich nach dem letzten großen Stadtbrand von 1795 abgerissen worden. Einige Reste sind jedoch erhalten geblieben, daneben gibt es ein paar Spielgeräte für Kinder.

Adresse: Ecke Untere Straße/Hochstraße (Ellers Ecke), 51688 Wipperfürth

▸ Pfarrkirche St. Nikolaus

Die Pfarrkirche stammt aus dem 12. Jahrhundert und gilt als bedeutender Kirchenbau im Oberbergischen Kreis. Diese Kirche im romanischen Stil ist nach ihrer Architektur eine Filiale von St. Apostel in Köln. Die Turmspitze mit 57 Metern Höhe diente schon im Mittelalter als Orientierungspunkt für Reisende aus allen Himmelsrichtungen.

Adresse: Kirchplatz 1, 51688 Wipperfürth, ☏ 02267/881870

▸ Klosterberg

Über der Stadt thront ein Franziskanerkloster, das im 17. Jahrhundert entstand und heute die Katholische Familienbildungsstätte „Haus der Familie" beherbergt. Von der Grünanlage aus hat man einen Blick auf die Stadt.

Adresse: Klosterplatz 2, 51688 Wipperfürth, ⊕ hdf-wipperfuerth.de

Museen

▸ 😊 Basisstation Wasserquintett
Wie klingt eine Wasseramsel? Und welche
Tiere leben in der Wupper? Antworten gibt
es in der kleinen interaktiven Ausstellung
„WupperVielfalt – Naturerlebnis im oberen
Tal der Wupper" in der Basisstation Wasser-
quintett an den Ohler Wiesen.
Adresse: Basisstation Wasserquintett, Lüden-
scheider Straße 47b, 51688 Wipperfürth

▸ Pulvermuseum Ohl
Das Haus Ohl, auch als Villa Buchholzen
bekannt, ist mehr als 200 Jahre alt. Einst
war es der Wohnsitz von Pulverfabrikanten,
jetzt ist dort ein Museum untergebracht, das
ihre Geschichte und die des Schwarzpulvers
erzählt.
Adresse: Sauerlandstraße 7, 51688 Wipper-
fürth-Ohl, ⊕ pulvermuseum.info

Freizeit & Natur

▸ 😊 Ohler Wiesen
Im Rahmen der Regionale 2010 wurde das
Freizeitareal Ohler Wiesen neu gestaltet.
Hier finden sich Sportplätze, ein Petanque-
Platz, ein Spielplatz und eine Wiese, auf
der direkt an der Wupper gegrillt werden
kann. Außerdem gibt es hier auch die Furt
durch die Wupper, eine Stelle, an der Steine
ausgelegt wurden, über die man die Wupper
durchqueren kann.
Adresse: Ohler Wiesen, Lüdenscheider
Straße, 51688 Wipperfürth

▸ Domblick Isenburg
An der Ecke der Straßen Nebenlöh und Isen-
burg in Wipperfürth können bei schönem Wetter und klarer Sicht in südöstlicher Richtung
die Spitzen des Kölner Doms erspäht werden. Eine Picknickstelle lädt zu einer Pause ein.

Die Neyetalsperre ist ein beliebter Ausflugsort für Wanderer und Spaziergänger.

▸ ◉ Walter-Leo-Schmitz-Bad

Das Hallenbad hat ein 25-Meter-Becken mit Sprungturm, ein Lehrschwimmbecken sowie einen Kleinkinderbereich. Bei schönem Wetter stehen draußen eine Liegewiese, ein Sandplatz und ein weiteres Kinderplanschbecken zur Verfügung. Ebenfalls vor Ort befindet sich eine Sauna.
Adresse: Ostlandstraße 32, 51688 Wipperfürth, ☏ 02267/887970, ⊕ wls.wipperfuerth.de

Der Schienenbus soll an alte Zeiten erinnern, als die Bahn noch durch Wipperfürth fuhr.

▸ ◉ Bowling Wipperfürth

Das Sport- und Bowling-Center verfügt über Bowling-Bahnen, Billard, Kicker und Darts sowie Tennisplätze.
Adresse: Bahnstraße 31, 51688 Wipperfürth, ☏ 02267/8886464, ⊕ bowling-wipperfuerth.de

▸ Alte Drahtzieherei

In dem historischen Industriegebäude finden regelmäßig Konzerte, Kulturveranstaltungen und Partys statt. Auch Kabarettisten nutzen das Veranstaltungszentrum mit 600 Sitzplätzen gerne, um neue Programme zu testen.
Adresse: Wupperstraße 8, 51688 Wipperfürth, ⊕ altedrahtzieherei.de

▸ Schevelinger Talsperre

Die kleine unter Naturschutz stehende Talsperre zwischen Hönnige und Kreuzberg wird auch Silbertalsperre genannt. Der umlaufende Wanderweg ist 1,7 Kilometer lang und auch für weniger Sportliche geeignet. Gruppen können Talsperrenführungen buchen.
Adresse: Hönnige 21, 51688 Wipperfürth, ⊕ wupperverband.de

▸ Neyetalsperre

Der Rundweg um die Neyetalsperre umfasst rund elf Kilometer und ist bei Joggern beliebt. Am Wanderparkplatz befindet sich eine Gaststätte zur Einkehr. Auch hier können Gruppen Führungen buchen und sich im Inneren der Anfang des 20. Jahrhunderts gebauten Staumauer umsehen.
Adresse: Großblumberg, 51688 Wipperfürth, ⊕ wupperverband.de

▸ Flugplatz Neye

Auf dem Sonderlandeplatz für Segel- und Motorflugzeuge können Rundflüge gebucht werden. Einmal im Jahr findet ein Flugplatzfest statt.
Adresse: Beverstraße 3a, 51688 Wipperfürth, ☏ 02267/880327, ⊕ lsv-wipperfuerth.de

▸ Radfahren

Wipperfürth bietet eine Vielzahl an Radwegen, auch zu anderen Städten im Bergischen. Empfehlenswert ist der Radweg Balkantrasse. Wer an der Stadtgrenze zu Hückeswagen beginnt, radelt am alten Bahngelände inklusive Schienenbus entlang, kommt an der Mauer der Nordtangente vorbei, die von Vereinen und Institutionen mit Kunst verziert wurde, und gelangt dann an die Ohler Wiesen, bevor der Weg aus der Stadt wieder herausführt.
Informationen: ⊕ dasbergische.de

▸ Kirchdorfradwege

Insgesamt vier Kirchdorfradwege gibt es in Wipperfürth. Auf den Rundwegen, die zwischen 18 und knapp 27 Kilometer lang sind und von den Ohler Wiesen aus starten, geht es auf verschiedene Streifzüge durch die Wipperfürther Dörfer. Die Wege sind ausgeschildert. Genaue Routen finden sich online.
Start: Parkplatz Ohler Wiesen, 51688 Wipperfürth, ⊕ dasbergische.de

▸ ☺ Milchweg

Der Oberbergische Kreis ist von der Milchwirtschaft geprägt, Kühe sind hier alles andere als selten. Der 4,2 Kilometer lange Milchweg informiert auf acht Tafeln kindgerecht über die Milchwirtschaft im Bergischen Land.
Adresse: Parkplatz Jugendherberge, Ostlandstraße 34, 51688 Wipperfürth, ⊕ kuhlturlandschaft.de

▸ Heimatweg

Die 11,1 Kilometer lange Wandertour ist dem Bergischen Heimatlied gewidmet und umfasst sieben Stationen inklusive Audiostation. Die Route der Rundtour, die über die Ohler Wiesen zur Neye und über Großblumberg zurück nach Wipperfürth führt, ist ausgeschildert. Sie ist Teil der Bergischen Streifzüge, der Schwierigkeitsgrad ist leicht.
Start: Marktplatz 1, 51688 Wipperfürth, ⊕ bergisches-wanderland.de

▸ Planwagenfahrten

Planwagen Hoffstadt bietet Planwagenfahrten für bis zu 16 Fahrgäste an. Gezogen werden die Wagen von rheinischen Kaltblütern mit viel Erfahrung, die auch schon auf Schützenfesten oder dem Kölner Rosenmontagszug im Einsatz waren.
Informationen: 📞 02267/4175, ⊕ planwagen-hoffstadt.de

▸ Angeln

Angelfreunde sind im Angelpark Hahn richtig, der Tageskarten und ganze Teiche zur Miete anbietet. Für alle, bei denen die Fische nicht beißen, gibt es Fisch zu kaufen. In unregelmäßigen Abständen finden Sonderaktionen wie Nachtangeln statt.
Adresse: Halver Straße 3, 51688 Wipperfürth, 📞 01577/4279462, ⊕ angelpark-hahn.de

▸ ☺ Reiten

Pferdeliebhaber können im Reitverein Wipperfürth oder auf dem Silberberghof in Wipperfürth-Kreuzberg Reiten lernen. Auf der Curly Horses Ranch kann man Reitstunden nehmen, an Seminaren teilnehmen oder Spaziorausritte buchen. In den Ferien werden regelmäßig Aktionen für Kinder angeboten. Das Besondere: Die Pferde sind auch für Allergiker geeignet.
Informationen: ⊕ silberberghof.de; ⊕ curly-horses-germany.de; ⊕ Reitverein-wipperfuerth.jimdo.com

Veranstaltungen & Feste

Wipperfürth ist über die Stadtgrenzen hinaus für die Karnevalsfeiern bekannt. An **Weiberfastnacht** ist der Sturm aufs Rathaus der Startschuss für den Kneipenkarneval, auf dem Marktplatz wird traditionell ein Festzelt aufgebaut. Der **Karnevalsumzug** findet am Karnevalssonntag statt. Einmal jährlich finden die „Bergischen 50" statt, ein zwölfstündiges Wanderevent über 50 Kilometer; Start und Ziel ist der Wipperfürther Marktplatz. Um den September herum gibt es zudem einen **Stadtlauf** mit anschließendem Stadtfest. Beliebt ist auch der **Alternative Adventsmarkt,** auf dem Vereine und Institutionen Selbstgemachtes an einem Freitag und Samstag im Advent verkaufen.
Informationen: ⊕ bergische50.de; stadtlauf-wipperfuerth.de

Wülfrath

(Kreis Mettmann)

Die harmonische Verbindung städtischer Infrastruktur mit naturnaher Idylle macht Wülfrath mit knapp 22 000 Einwohnern zu einer liebens- und lebenswerten niederbergischen Stadt. Wülfrath liegt zentral zwischen Düsseldorf, Wuppertal und Essen. Rheinschiene und Ruhrgebiet sind innerhalb von 30 Minuten zu erreichen. Die historische Altstadt mit ihren Fachwerkhäusern und die Fußgängerzone laden zum Schlendern und Verweilen ein, das historische Dorf „Düssel" hat einen einzigartigen Bestand an wunderschönen Fachwerkhäusern.

Stadt Wülfrath
Am Rathaus 1
42489 Wülfrath
📞 **02058/18-0**
🌐 **wuelfrath.net**

Sehenswertes

▸ **Historischer Stadtkern**
Wülfraths historische Altstadt ist ein wahres Kleinod. Besonders der Kirchplatz mit seinen alten Fachwerkhäusern und Schieferfassaden mit Schlagläden in bergischem Grün besticht durch seine idyllische Atmosphäre. Die gesamte Altstadt ist gut erhalten: Ein kleiner, eng gebauter Kern mit verwinkelten Gassen und Gässchen und typischen bergischen Häusern bestimmt

das Bild bis hin zum Straßenpflaster. Die Beschilderung wurde auf das Notwendigste beschränkt, um den mittelalterlich anmutenden Stadtkern voll zur Geltung zu bringen. Die Stadt schreibt auf ihrer Homepage: „Die Idylle aber lebt. Hinter grünen Schlagläden vor dunklem Schiefer oder schwarz-weißem Fachwerk, hinter Blumenkästen und zauberhaften Türen mit polierten Messingknöpfen wohnen Menschen von heute, die heute das Wohnen von gestern wieder entdecken. Bäume, gepflegte Rasenflächen – nicht nur auf dem Kirchplatz – gehören zum Stadtbild."

▸ **Kirchplatz**
Wülfraths Ursprung geht bis in das Frühmittelalter zurück, als die Ortschaft noch Wolverothes hieß. Die Siedlung entstand neben einem Fronhof, der in der Quellmulde des Angerbachs errichtet wurde. An der Stelle dieses Fronhofs steht heute das Altenheim gegenüber dem Parkplatz „Am Diek". Mittelpunkt der Siedlung Wülfrath ist bis heute die evangelische Stadtkirche, um die sich der Marktflecken bildete. Direkt um die Kirche gruppieren sich Fachwerkhäuser

Im Zentrum von Wülfrath lassen sich zahlreiche Fachwerkhäuser finden.

mit Schieferverkleidung und Schlagläden in bergischem Grün.
Adresse: Kirchplatz, 42489 Wülfrath

▸ Hundertwasser-Siedlung
Nahe der Innenstadt liegt direkt am Stadtpark das Wohngebiet Düsseler Tor. Rund um den Kindergarten mit seinem markanten Zwiebelturm entstand eine Wohnbebauung in der Formensprache Friedensreich Hundertwassers. Ein Rundgang durch die naturnahe Bebauung mit begrünten Dächern und vielen ungewöhnlichen Perspektiven lohnt sich.
Adresse: Düsseler Straße 60, 42489 Wülfrath, 📞 02058/782360

▸ Dörfliche Idylle in Düssel
Der Ortsteil Düssel mit seinen beiden Kirchen und dem weitgehend erhaltenen historischen Dorfkern vermittelt einen idyllischen Eindruck. Hier finden sich zahlreiche wunderschöne Fachwerkhäuser, deren Ursprung bis in das 15. Jahrhundert zurückreicht.
Informationen: Bürgerverein Wülfrath-Düssel e. V., 🌐 bv-duessel.de

▸ Wasserburg Haus Düssel
Die Wasserburg Haus Düssel ist ein ehemaliger Rittersitz und wurde bereits 1182 urkundlich erwähnt. Das zweigeschossige Herrenhaus aus dem späten 18. Jahrhundert fiel 1945 einem Bombenangriff zum Opfer. Die heute erhaltene Vorburg aus Stallungen und Verwalterhaus wurde 1786 – laut Bauinschrift 1789 – durch Johann Peter Bredt neu aufgebaut.
Adresse: Dorfstraße 5, 42489 Wülfrath

▸ St. Maximin (Düssel)
Diese alte Kirche im Ortsteil Düssel wird auch „Die Schöne" genannt. Das Kirchengebäude stammt aus dem frühen 12. Jahrhundert und gilt als eines der ältesten bestehenden Bauwerke im Bergischen Land.

Im Jahr 1246 wurde die Kirche erstmals urkundlich erwähnt.
Adresse: Dorfstraße 10, 42489 Wülfrath, 📞 02058/3176, 🌐 kath-wuelfrath.de

Museen

▸ Ausstellungen im Wülfrather Rathaus
Im Foyer des Rathauses werden zu den Öffnungszeiten des Rathauses Ausstellungen zu aktuellen Themen oder von regionalen Künstlern gezeigt.
Adresse: Am Rathaus 1, 42489 Wülfrath, 📞 02058/18336, 🌐 wuelfrath.net

▸ Niederbergisches Museum
Das Museum ist weit über die Grenzen Wülfraths hinaus für seine Bergische Kaffeetafel bekannt. Die Besucher können hier in den Räumen des Museums schlemmen und die große Sammlung an Möbeln, Werkzeugen und Gebrauchsgegenständen bewundern.
Adresse: Bergstraße 22, 42489 Wülfrath, 📞 02058/7826690, 🌐 niederbergisches-museum.de

▸ Zeittunnel Wülfrath
Eine Ausstellung an einem ungewöhnlichen Ort: Im alten 160 Meter langen Abbautunnel des Bochumer Bruchs werden 400 Millionen Jahre Erdgeschichte mit allen Sinnen erlebbar. Die besondere Atmosphäre dieses außergewöhnlichen Ortes macht einen Besuch zu einem besonderen Erlebnis.
Adresse: Hammerstein 5, 42489 Wülfrath, 📞 02058/929341, 🌐 zeittunnel.com

Freizeit & Natur

▸ Alte Steinbrüche
Wülfraths wunderschöne Umgebung mit ihrer sanften Hügellandschaft bietet viele Ausflugsmöglichkeiten. Die Landschaft ist geprägt durch den Kalkabbau. In Wülfrath befindet sich das größte Kalkabbaugebiet

Europas. Die Kalksteinbrüche fügen sich in die Landschaft ein, von der Straße aus sind sie teilweise kaum zu entdecken. Neben den aktiven Steinbrüchen sind die Steinbrüche Prangenhaus, Schlupkothen und der Bochumer Bruch bereits stillgelegt. Verschiedene Wanderrouten erschließen diese ungewöhnliche Landschaft.

Das Umland von Wülfrath bietet die typische Idylle des Bergischen Landes, gepaart mit dem Charme des Rheinlands.

▸ ☺ Wülfrather Wasserwelt

Die Wasserwelt lockt mit einem Hallenbad, sowie Sonnenterrasse und Liegewiese im Freien. Für kleine Besucher gibt es Kinderbecken, eine 43-Meter-Rutsche und einen Sprungturm. Eine Saunalandschaft rundet das Angebot ab.
Adresse: Goethestraße 23, 42489 Wülfrath, ☏ 02058/18334

▸ PanoramaRadweg niederbergbahn

Radfahrer, Wanderer, Skater und Jogger können sich auf dem PanoramaRadweg niederbergbahn nach Herzenslust bewegen. Der Radweg auf einer alten Bahntrasse verbindet Wülfrath mit den Städten Velbert, Heiligenhaus und Haan. Er führt weiter auf den Ruhrtalradweg ins Ruhrgebiet und über die Bergischen PanoramaRadwege bis ins Sauerland. Auf der 40 Kilometer langen Strecke geht es vorbei an alten Bahnrelikten, idyllischen Landschaften mit beeindruckenden Ausblicken, alter Industriekultur sowie durch historische Dörfer und lebendige Städte. Der Weg führt über interessante Brücken, unter anderem die erste Waggonbrücke Deutschlands, Viadukte und alte Bauwerke. Interessante Entdeckungen laden immer wieder zu Abstechern am Wegesrand ein.
Informationen: ⊕ panoramaradweg-niederbergbahn.de

▸ Wandern in und um Wülfrath

Erlebnisreiche Wanderwege führen um stillgelegte Kalksteinbrüche. Wanderfreunde tauchen ein in eine Atmosphäre alter Industriekultur.
Informationen: ⊕ sgv-wuelfrath-mettmann.de

Veranstaltungen & Feste

Jedes Jahr findet als Höhepunkt des Wülfrather Veranstaltungskalenders auf dem historischen Kirchplatz ab dem ersten Adventswochenende der **Herzog-Wilhelm-Markt** statt, ein zehntägiger vorweihnachtlicher Markt. Auch Karnevalisten sind in Wülfrath richtig, denn der **Rosenmontagszug** der Kalkstadtnarren, des Karnevalsvereins der Stadt, bietet jecken Spaß. Anfang September, meist am zweiten Wochenende des Monats, findet zudem das **Schützenfest** in Wülfrath mit dazugehöriger Kirmes statt. Last, but not least wäre dann noch das **Stadtfest** – auch Kartoffelfest – zu nennen, das jährlich im September in der Fußgängerzone und vor allem in der Schwanenstraße stattfindet.

Wuppertal

(Kreisfreie Stadt)

Wuppertal ist eine junge Stadt: Erst 1929 wurden die Gemeinden im Tal der Wupper, darunter Elberfeld und Barmen, als die bedeutendsten zu einer Kommune vereint und erhielten ein Jahr später den Kunstnamen Wuppertal. Mit rund 363 000 Einwohnern ist Wuppertal heute nicht nur die größte Stadt im Bergischen Land, sondern auch wirtschaftlich und kulturell das Oberzentrum der Region. Die Dualität der beiden größten Stadtteile Elberfeld und Barmen ist zwar weiterhin gelebte Tradition, doch hat man sich insofern geeinigt, als dass Rat und Verwaltung im Rathaus in Barmen residieren, die Elberfelder Innenstadt hingegen als City von Wuppertal anerkannt ist. Der namensgebende Fluss Wupper windet sich rund 20 Kilometer durch die Stadt, die im Norden und Süden von bewaldeten Hängen begrenzt wird, weswegen sie auch als „Großstadt im Grünen" bezeichnet wird. Die Stadt gilt als „Wiege der Industrialisierung in Deutschland" und verfügt über prächtige Villenviertel und viele Straßenzüge mit Wohnhäusern der Gründerzeit.

Touristik Wuppertal
Kirchstraße 16
42103 Wuppertal Elberfeld
📞 0202/563-2270 und -2180
🌐 wuppertal.de

Sehenswertes

▶ 😊 Schwebebahn
Keine andere Stadt wird wohl so sehr mit einem einzigen Verkehrsmittel identifiziert: Wuppertal ist die Schwebebahn und die Schwebebahn ist Wuppertal. Als einen „stahlharten Drachen" hat die aus der Stadt stammende Schriftstellerin Else Lasker-Schüler (1869–1945) die Schwebebahn einst bezeichnet. Seit März 1901 ziehen die an den Stahlträgern „schwebenden Busse" durch die Stadt, zumeist über die Wupper – von Vohwinkel im Westen bis Oberbarmen im Osten. Hunderttausende auswärtiger Gäste lockt die Schwebebahn, die zur Premiere als technisches Meisterwerk gefeiert wurde und noch heute als verkehrstechnisch vorbildlich gilt, jährlich an. Mehr als 1,5 Milliarden Menschen sind bereits mit der Schwebebahn durch das Tal der Wupper geschwebt. Eine Fahrt dauert rund 30 Minuten, insgesamt gibt es an der 13,3 Kilometer langen Strecke 20 Bahnhöfe, vom Jugendstil-Bahnhof Werther Brücke bis zur modernen Glaskonstruktion Kluse, die 1999 eröffnet wurde. Weltberühmt wurde die Schwebebahn durch den kleinen Elefanten Tuffi, der 1950 Reklame für einen Zirkus mache sollte und dafür mit der Schwebebahn fuhr. Weil ihm der Rummel aber zu groß wurde, durchbrach er die Wagenwand und plumpste in den Fluss. Das Ergebnis: eine Schramme am Elefantenpopo.
Informationen: 📞 0202/563-2270,
🌐 schwebebahn.de

▶ Briller Viertel
Wo stehen die prächtigsten Villen, die schönsten Herrschaftsbauten aus der Gründerzeit? In Berlin, Hamburg, München? Von wegen: In Wuppertal im Briller Viertel findet sich eines der größten, wenn nicht das größte zusammenhängende gründerzeitliche Villenviertel Deutschlands. Wuppertaler vermögende Textilmagnaten ließen sich dort ab 1870 repräsentative Häuser oberhalb von Elberfeld am Hang des Tals der Wupper in großzügigen Parks anlegen. Die Villenbauten zeugen von der enormen wirtschaftlichen Prosperität der Gemeinden im Tal zu dieser Zeit. In der Vielfalt ihrer architektonischen Formen spiegeln die Prachtbauten das

Prachtbau aus der Kaiserzeit mit hervorragender Akustik, die international geschätzt wird: die Historische Stadthalle Wuppertal am Johannisberg.

Selbstverständnis ihrer Auftraggeber wider. Stilistisch umfassen die Villen nahezu alle Richtungen, die der Historismus des ausgehenden 19. Jahrhunderts hervorgebracht hat – von Spätklassizismus über Neorenaissance und Neoklassizismus bis zum Neubarock. Besonders sehenswert sind die Villa Amalia (Briller Str. 117) und die Villa Frowein (Briller Straße 2). Die Stadt Wuppertal plant, die mehr als 245 denkmalgeschützten Häuser des Viertels zu einem gemeinsamen Denkmalbereich zusammenzufassen.
Informationen: ⊕ wuppertal.de

▸ **Nordstadt/Ölberg**
Mit biblischen Bezügen hat der Wuppertaler Ölberg nichts zu tun. Der Name rührt von der späten Elektrifizierung des Viertels zwischen Nordbahntrasse, Luisenstraße, der Gathe und der Briller Straße, das zu Elberfeld gehört, her. Bis zum Jahr 1910 saßen dort die Tagelöhner der großen Textilfabriken im Tal abends bei ihren Öllampen, um durch Heimarbeit ihren kargen Lohn aufzubessern. Das dicht bebaute Viertel entstand Mitte des 19. Jahrhunderts als ein neues Quartier für die vielen zugezogenen Arbeiter und Handwerker. Ein Großteil der alten Häuser steht noch. Prachtvolle Stuckfassaden prägen bis heute das Straßenbild, weil die Nordstadt im Gegensatz zum Rest Elberfelds vom Krieg verschont geblieben ist. Das größte zusammenhängende deutsche Altbaugebiet ist ein beliebtes Szeneviertel und bevorzugtes Quartier für Studenten und Künstler.
Adresse: Zwischen Nordbahntrasse, Luisenstraße, Gathe und Briller Straße, ⊕ nord-stadt.de

Historische Stadthalle

Sie ist nicht nur ein Prachtbau, sie hat auch eine prächtige Akustik: Musiker aus aller Welt haben die Historische Stadthalle auf dem Johannisberg im Süden Elberfelds für ihren exzellenten Klang gelobt, darunter der renommierte Dirigent Simon Rattle. Aber das Haus ist mindestens genauso sehens- wie hörenswert: Der wilhelminische Bau – zur Eröffnung 1900 dirigierte der junge Richard Strauss – zieht alle architektonischen Register des mondänen Charmes der letzten Jahrhundertwende. Der mit eindrucksvollen Malereien und opulenten Verzierungen geschmückte Hauptsaal zählt zu den schönsten in Deutschland. Das von 1991 bis 1995 sanierte Gebäude wird heute für klassische Konzerte und Kleinkunst ebenso genutzt wie für Messen und gesellschaftliche Ereignisse.
Adresse: Johannisberg 40, 42103 Wuppertal, 0202/24589-0, stadthalle.de

Das Schloss Lüntenbeck, ein altes Rittergut im Westen Wuppertals, ist beliebt als Hochzeitskulisse und Schauplatz stilvoller Gartenausstellungen.

Tippen-Tappen-Tönchen

Die Bergische Metropole ist auch eine bergige: Es geht permanent auf und ab. Kein Wunder, dass Wuppertal mit mehr als 500 Treppen deutschlandweit den Rekord in Sachen Auf- und Abstiege hält. Eine der bekanntesten ist das Tippen-Tappen-Tönchen in Elberfeld, eine Freitreppe, die vom Luisenviertel zum Ölberg hinaufführt. Der Name beschreibt das Klacken der holzbesohlten Schuhe der Arbeiter, die täglich die Stiegen nahmen, um vom Wohnort am Hang zur Fabrik im Tal zu gelangen – und umgekehrt. Das Tippen-Tappen-Tönchen wurde im 19. Jahrhundert errichtet. Es ist zwar nicht die längste, vermutlich aber die bekannteste Treppe der Stadt, hat 103 Stufen und überwindet 16 Höhenmeter.
Adresse: Zwischen Gertruden- und Luisenstraße, wsw.info

Luisenviertel

Eine Altstadt und damit eine touristisch gefragte Kneipen- und Partymeile hat Wuppertal nicht. Anstelle dessen gibt es das Luisenviertel, im Westen von Elberfeld und südlich der Lusienstraße gelegen: Etwas ruhiger und nicht so touristisch, dennoch aber ein lohnendes Ziel, will man ein wenig „um die Häuser ziehen". Die Gastro-Szene dort hat in den vergangenen Jahren einen kleinen Boom erlebt. Neben vielen schönen kleinen Geschäften locken urige oder auch trendige Restaurants, Kneipen und Clubs. Ins Luisenviertel mit seinen klassizistischen Wohnbauten und typisch bergisch verschindelten Fassaden geht man am Wochenende zum Feiern, in der Woche kann man dort bummeln, shoppen und schlemmen. Ein Tipp: Unbedingt die manchmal etwas versteckten Hinterhöfe erkunden.

Adresse: Viertel um die Luisenstraße westlich der Elberfelder Fußgängerzone

▸ Schloss Lüntenbeck

Genau genommen war das Schloss Lüntenbeck, eigentlich Haus Lüntenbeck, ehemals ein Rittergut und kein richtiges Schloss. Das tut der Beliebtheit des Anwesens im Westen von Wuppertal aber keinen Abbruch: Es ist viel gefragt als Hochzeitskulisse (man kann sich dort standesamtlich trauen lassen), als Schauplatz von Deko- und Gartenausstellungen. Die ehemalige Wasserburg ist mit ihrer weitgehend unverändert erhaltenen Anlage eines der ältesten Gebäude der Stadt, idyllisch im Grünen gelegen und allemal ein lohnendes Ausflugsziel.

Adresse: Lüntenbeck 1, 42327 Wuppertal, 📞 0202/2987687, 🌐 schloss-luentenbeck.de

▸ Mirker Bahhnhof/Utopiastadt

Der Mirker Bahnhof in Elberfeld ist nicht irgendein Haltepunkt an der wiederbelebten Nordbahntrasse. Er ist das Zentrum der Utopiastadt, in der Ideen für das urbane Leben von morgen und für einen klimabewussteren Umgang mit der Stadt entwickelt werden sowie die kreative Kulturszene gestärkt wird. Rund 250 Menschen engagieren sich für die Utopiastadt und in ihr. Enstanden ist das Kreativquartier 2011. Ateliers und Co-Working-Spaces gehören heute zu dem Komplex. Zudem bauen die Utopisten seit Jahren den alten Mirker Bahnhof um.

Der Mirker Bahnhof ist ein alter Haltepunkt an der Nordbahntrasse und noch mehr: In der Utopiastadt dreht sich alles um das urbane Leben von morgen.

Adresse: Mirker Straße 48, 42105 Wuppertal, 📞 0202/39348657, 🌐 clownfisch.eu

▸ Gaskessel Wuppertal

Von wegen nur in Oberhausen – auch in Wuppertal gibt es einen ehemaligen Gasspeicher, der es heute „in sich hat". In dem Industriedenkmal wurde in Beton-Skelett-Bauweise ein weltweit einzigartiges Haus-in-Haus-System errichtet: Über dem Dach des Neubaus in rund 30 Meter Höhe erhebt sich im Inneren ein säulenloser Raum 45 Meter in die Höhe: das „Visiodrom", ein im Durchmesser 38 Meter runder Raum, der komplett mit Leinwänden und Hochleistungsbeamern ausgestattet ist. Auf mehr als 6000 Quadratmeter Projektionsfläche realisiert dort die Betreiberin des Gebäudes, die Visiodrom GmbH, Shows mit begleitenden Ausstellungen mit 360-Grad-Sicht zu verschiedensten Themen, die großen und kleinen Besuchern spektakuläre Aus- und Einblicke bieten. Ein weiteres Highlight ist die Rundum-Aussicht vom Dach in knapp 70 Meter Höhe. **Adresse:** Mohrenstraße 3, 42289 Wuppertal, 📞 0202/43048670, 🌐 visiodrom.de

▸ Klosterkirche Beyenburg

Die Beyenburger Klosterkirche liegt malerisch auf einer Anhöhe in einem Wupperbogen im Südosten der Stadt. Sankt Maria Magdalena wird im Volksmund auch „Beyenburger Dom" genannt. Die Kirche stammt aus dem Jahr 1497, in ihrem Innern sind die barocke Ausstattung und der Hochaltar besonders sehenswert. Aber auch der gleichnamige Ortsteil mit seinen vielen Fachwerkhäusern sowie der benachbarte Stausee lohnen einen Besuch, am besten bei einem Rundweg. Die Klosterkirche ist übrigens Zentrum des Kreuzherren-Ordens, Repräsentant und Prior vor Ort ist Bruder Dirk. Die Kirche liegt am Jakobsweg, ein Pilgerstempel ist erhältlich. **Adresse:** Beyenburger Freiheit 49, 📞 0202/611132, 🌐 foerderverein-kloster-beyenburg.de

Der ehemalige Gaskessel in Wuppertal-Heckinghausen ist das einzige Gebäude seiner Art, das im Inneren einen modernen Beton-Neubau beherbergt.

Museen

▸ Alte Synagoge

Die Begegnungsstätte Alte Synagoge Wuppertal in Elberfeld an der Genügsamkeitstraße ist eine Gedenkstätte für die Opfer des Nationalsozialismus. Die 1994 eröffnete Begegnungsstätte ist das einzige jüdische

Museum und der einzige Lernort zur Geschichte des Nationalsozialismus im Bergischen Land. Genau an der Stelle im Zentrum von Elberfeld befand sich zur Reichspogromnacht im November 1938 die Synagoge der jüdischen Mitbürger von Elberfeld. „Tora und Textilien" heißt die Dauerausstellung des Museums zur Religion und Geschichte der Juden in Wuppertal und im Bergischen Land von den ersten Spuren bis in die Gegenwart. **Adresse:** Genügsamkeitstraße (Zentrum Wuppertal-Elberfeld), 42105 Wuppertal, 📞 0202/5632843, 🌐 alte-synagoge-wuppertal.de

Am Standort der alten Elberfelder Synagoge befindet sich heute ein modernes Gebäudeensemble.

▸ Bergisches Straßenbahnmuseum Kohlfurth

In den 1960er- und 1970er-Jahren wurden im Bergischen Land und in Wuppertal schrittweise die Straßenbahnlinien stillgelegt. Das wollten begeisterte Straßenbahnfreunde nicht tatenlos hinnehmen und riefen den Trägerverein des heutigen Museums ins Leben. Das Bergische Straßenbahnmuseum (BSM) in Kohlfurth im Osten der Stadt hat es sich zum Ziel gesetzt, an die vielen Straßenbahnbetriebe in der Region zu erinnern. Das Museum unterhält neben vielen historischen Straßenbahnen auch den kleinsten konzessionierten Straßenbahnbetrieb Deutschlands. So kann man auf einem Teilstück der ehemaligen Wuppertaler Straßenbahnlinie 5 zwischen Cronenberg und Kohlfurther Brücke durch das industriegeschichtlich interessante und landschaftlich reizvolle Kaltenbachtal fahren. **Adresse:** Kohlfurther Brücke 57, 42349 Wuppertal, 📞 0202/470251, 🌐 bmb-wuppertal.de

▸ MI Museum Industriekultur

Das MI Museum Industriekultur Wuppertal ist in mehrere Standorte aufgeteilt. Zentrale Punkte sind das Museum für Frühindustrialisierung und das Engels-Haus in Barmen. Das Museum für Frühindustrialisierung zeigt als industrie- und sozialgeschichtliches Museum die frühe Entwicklung der Industrie in Wuppertal mit ihren technik-, sozial-, wirtschafts- und mentalitätsgeschichtlichen Facetten. Der Museumsbesucher lernt Wuppertal als frühe industrielle Pionier-Region kennen, als ein Labor der Moderne. Im Engels-Haus wurde inzwischen eine neue Dauerausstellung zu Leben und Werk von Friedrich Engels realisiert. Der aus dem Tal der Wupper stammende Engels (1820–1895) war gemeinsam mit Karl Marx Begründer der sozialistischen Idee. Das Engels-Haus wurde 1775 erbaut und war das Wohnhaus seines Großvaters, Begründer einer erfolgreichen Textilunternehmerdynastie zur Zeit der Frühindustrialisierung. Der Besucher bekommt einen Einblick in die bürgerliche Alltagskultur der pietistischen Unternehmerfamilie Engels. Zusammen mit dem benachbarten Engels-Haus ist das Museum für Frühindustrialisierung ein internationaler Anziehungspunkt. **Adresse:** Engelsstraße 10, 42283 Wuppertal, 📞 0202/5634375, 🌐 industriekultur-wuppertal.de, 🌐 historisches-zentrum-wuppertal.de; **aktuelle Anschrift während des Umbaus:** Zentrum für Stadtgeschichte und Industriekultur, Hofaue 51, 42103 Wuppertal

▸ Skulpturenpark Waldfrieden

Tony Cragg, in Wuppertal lebender international bekannter Künstler, hat sich mit dem Skulpturenpark Waldfrieden einen persönlichen Traum verwirklicht: Er ließ ein verwaistes Villengrundstück sowie zusätzliche erworbene Waldareale von insgesamt 14 Hektar auf den Höhen zwischen Wuppertals Stadtzentren Elberfeld und Barmen in ein Ausstellungszentrum für Skulpturen umgestalten. In dem weitläufigen Park wird eine stetig wachsende Skulpturensammlung ausgestellt, die neben Plastiken von Cragg selbst auch Werke vieler namhafter Künstler der Moderne und Gegenwart umfasst. In Pavillons finden ganzjährig Wechselausstellungen sowie auch Kammermusikkonzerte und Lesungen statt. Im Sommermonaten musizieren vor der Villa Waldfrieden Jazz- und Weltmusiker open air.

Adresse: Hirschstraße 12, 42285 Wuppertal, ☎ 0202/47898120, 🌐 skulpturenpark-waldfrieden.de

▸ Von der Heydt-Museum

Das Von der Heydt-Museum im Herzen von Elberfeld verfügt über eine der reichsten Sammlungen Deutschlands. Schwerpunkte bilden Werke der niederländischen Malerei des 16. und 17. Jahrhunderts, Malerei und Grafik des 19. Jahrhunderts des Impressionismus sowie die Malerei des 20. Jahrhunderts, vor allem des Expressionismus. Zum Bestand gehören Werke von Claude Monet, Franz Marc, Ernst Ludwig Kirchner und Otto Dix bis hin zu Pablo Picasso und Francis Bacon – insgesamt rund 3000 hochkarätige Gemälde, 500 Skulpturen und 30 000 grafische Blätter, die in wechselnden großen Ausstellungen präsentiert werden. Diese Sammlung entstand im Lauf von mehr als hundert Jahren durch Stiftungen und Schenkungen aus

der Bürgerschaft der damals noch getrennten Städte Barmen und Elberfeld. Vor allem die Elberfelder Bankiersfamilie Von der Heydt und die im Barmer Kunstverein organisierten Kunstinteressierten erwarben bedeutende Werke der Kunst und stifteten sie „ihrem Museum". Die nun wieder Kunsthalle Barmen genannten Ausstellungsräume befinden sich im Stadtteil Barmen in der sogenannten Ruhmeshalle, die 1900 von Kaiser Wilhelm II. eröffnet wurde und bereits damals dem Barmer Kunstverein für Ausstellungen diente.

Das Von der Heydt-Museum in Wuppertal-Elberfeld verfügt über eine der umfangreichsten Kunstsammlungen in Deutschland.

Adresse: Turmhof 8, 42103 Wuppertal, ☎ 0202/5636231, 🌐 von-der-heydt-museum.de; Von der Heydt Kunsthalle, Geschwister-Scholl-Platz 4–6, ☎ 0202/5636571

Freizeit & Natur

▸ Arboretum Burgholz

Wuppertal ist an Wäldern nicht arm, dennoch stellt dieser Forst etwas Besonderes dar: Im Arboretum Burgholz stehen auf etwa 25 Hektar Fläche rund 100 verschiedene

Laub- und Nadelbaumarten von fast allen Kontinenten dieser Welt. Es ist somit das flächenmäßig größte Anbaugebiet mit fremdländischen Baumarten in Deutschland. Seit Beginn des 20. Jahrhunderts wurden in Burgholz Baumarten angepflanzt, deren Hauptverbreitungsgebiet nicht in Mitteleuropa liegen. In den 1950er-Jahren wurde der Schwerpunkt dann auf einen Versuchsanbau mit Baumarten aus Asien und Nordamerika gesetzt. Heute steht die Arbeit der Forstleute im Arboretum neben der Erhaltung als Erholungsgebiet für die Großstädter vor allem im Zeichen des Klimawandels. Drei kurze Rundwanderwege – Bäume der Welt – vermitteln Eindrücke von einzelnen Baumarten aus Nordamerika, Asien und Europa.

Adresse: Friedensstraße 69, 42349 Wuppertal, ☏ 0202/459647-0, 🌐 wpz-burgholz.de

▸ 🔵 Zoo Wuppertal

Der Grüne Zoo Wuppertal ist einer der ältesten und traditionsreichsten Tierparks Deutschlands. Er wurde nach Plänen des Gartenkünstlers Heinrich Siesmayer angelegt, Eröffnung war im September 1881. Neben vielen exotischen Tieren macht auch die schöne Lage am Hang mit großen Wiesen und Teichen sowie der alte Baumbestand den Reiz des Zoos aus. Die großzügigen Tieranlagen und modernen Gebäude sind gefällig in die Landschaft eingefügt. Aufgrund mehrerer Investitionen in den letzten Jahren gehört der Grüne Zoo Wuppertal heute auch zu den modernsten Tierparks in Europa. Seit 2014 gibt es ein Restaurant im Stil eines Hochsitzes mit Blick über das Gehege für Afrikanische Elefanten. Im Frühjahr 2020 wurde die Freiflughalle „Aralandia" eröffnet, eine 1100 Quadratmeter große Voliere mit Aras, Sittichen, Flamingos und Pudus. Insgesamt rund 3500 Tiere aus allen Kontinenten erwarten die Besucher.

Adresse: Hubertusallee 30, 42117 Wuppertal, ☏ 0202/5633600, 🌐 zoo-wuppertal.de

▸ 🔵 Hardt und Botanischer Garten

Mitten in Elberfeld tut sich auf einer Anhöhe ein grüne Oase auf: Die Hardt mit dem Botanischen Garten ist in nur 20 Minuten zu Fuß von der City aus zu erreichen. Viele alte Bäume, weitläufige Wiesen, Denkmäler, schöne Blumenbeete und ein dichtes Wegenetz laden zum Besuch ein. Ein Muss nicht nur für Gartenfreunde: der malerisch gelegene Botanische Garten. Gleich zwei Türme können bestiegen werden: der Bismarck- und der Elisenturm. Auch Gastronomie, ein Kinderspielplatz und sogar eine Freilichtbühne und eine kleine Höhle sind vorhanden.

Adresse: Elisenhöhe 1, 42107 Wuppertal-Elberfeld

▸ 🔵 Barmer Anlagen

Die Barmer Anlagen auf den südlichen Höhen des gleichnamigen Wuppertaler Stadtteils sind der zweitgrößte private Erholungspark in Deutschland. Ab 1864 nach Plänen des königlichen Gartenbaudirektors Joseph Clemens Weyhe gestaltet, bietet das 100 Hektar große Areal (inklusive des Barmer Walds sogar 300 Hektar) heute den Besuchern Wälder, Wiesen, Parks und Teiche mit vielen Spazier- und Wanderwegen, Spiel- und Ruhezonen sowie Aussichtsplätzen. Für jeden also etwas. Der Höhenunterschied zwischen dem nördlichen Teil und der höchsten Erhebung beträgt etwa 135 Meter. Auf dem Gelände stehen zahlreiche Denkmäler, Gedenksteine und Gedenktafeln. Eines der Denkmäler erinnert an die 1959 stillgelegte Barmer Bergbahn, eine zu ihrer Zeit technologisch revolutionäre Zahnradbahn, deren ehemalige Trasse über weite Strecken durch den Park zum Toelleturm führte. An die Anlagen grenzen der sehr reizvoll gestaltete Vorwerkpark sowie ein Ehrenfriedhof.

Adresse: Obere Lichtenplatzer Straße, 42287 Wuppertal, 🌐 barmer-anlagen.de

▸ 😊 Nordpark mit Skywalk

Ausgesprochen familienfreundlich ist der rund 34 Hektar große Nordpark am Barmer Nordhang: Es gibt viel Wald, aber auch schön gestaltete Parkanlagen sowie einen großen Spielplatz mit reichlich Platz zum Buddeln im Sand, Ballspielen oder Skaten auf einer speziellen Inliner-Anlage. Bei den Kindern beliebt ist auch das Damwild, rund 30 Tiere, im integrierten Wildgehege. Über die Anlage hinweg verstreut stehen viele Monumente und Denkmäler. Der Nordstädter Bürger-verein ließ das Gelände seit 1895 anlegen. Zweifellos aber die größte Attraktion ist die am östlichen Ende des Nordparks liegende, 2016 fertiggestellte Aussichtsplattform „Skywalk" (sieben Meter hoch und knapp 17 Meter lang; Zugang von der Märkischen Straße oder Hugostraße). Hier eröffnet sich eine weite Aussicht auf Barmen und Langer-feld, die Südhöhen, die Barmer Anlagen und den Barmer Wald.

Adresse: Am Nordpark 3, 42281 Wuppertal

▸ 😊 Bahnhof Blo – Bouldercafé

Ein Mekka für Freunde des Boulderns, also des Kletterns ohne Seil oder Gurt bis zur Absprunghöhe, ist der Bahnhof Blo im ehemaligen Gold-Zack Werk, einem Indus-triedenkmal und Relikt der Wuppertaler Textilindustrie mitten in der Wuppertaler Nordstadt. An 600 Quadratmetern Kletter-fläche kann man dort hinter gusseisernen Fenstern mit direkter Anbindung an die Nordbahntrasse nach Herzenslust bouldern. Angeboten werden Kurse für Anfänger, Fort-geschrittene und auch Familien mit Kindern. Der Bahnhof Blo versteht sich als ein Ort der Begegnung, an dem spannende Geschich-ten über das Klettern in dem berühmten Bouldergebiet „Fontainebleau" (Blo) erzählt werden.

Adresse: Wiesenstraße 118, 42105 Wupper-tal, 🌐 bouldercafe-wuppertal.de

▸ 😊 Parkour-Areal auf dem Bergischen Plateau

Deutschlands größte Parkour-Anlage steht in Wuppertal am Bergischen Plateau, direkt an der Nordbahntrasse. Die Parkour-Area ist eine Trainingsanlage, an der für den Sport typische Bewegungsabläufe und Techniken trainiert werden können – und das im gesi-cherten öffentlichen Umfeld. Die Anlage ist sowohl für Anfänger als auch für geübte und erfahrene Sportler attraktiv.

Adresse: Nordbahntrasse angrenzend an das Bergische Plateau, 42277 Wuppertal (Oberbarmen)

▸ 😊 Skatehalle Wicked Woods

Ein Eldorado für Skater, Biker, Blader, und Scooterfahrer ist die Skatehalle mit ihrer 320 Quadratmeter großen Bowl, der Street-area und den Obstacles (Hindernissen).

Adresse: Langobardenstraße 65, 42277 Wuppertal, 📞 0202/9806-550, 🌐 wickedwoods.de

▸ 😊 Schwimmoper

Hallenbäder gibt es viele, aber wenige sind auch architektonisch so einzigartig wie die Schwimmoper in Elberfeld direkt gegenüber der Historischen Stadthalle am Johannis-berg. Das markante Äußere, die geschwun-genen Linien und die vielen Glasflächen des 1956 eröffneten Bades lassen den Bau sehr transparent und leicht erscheinen. Die denk-malgeschützte Schwimmoper zählt zu den markantesten Gebäuden in der Wuppertaler Architekturlandschaft.

Das Bad verfügt über einen Fitness- und einen Saunabereich sowie eine Salzgrotte und einen sichtgeschützten Außenbereich. Das Lehrschwimmbecken wurde mit farbig wechselnder LED-Beleuchtung und einem Rollstuhllift ausgestattet.

Adresse: Südstraße 29, 42103 Wuppertal, 📞 0202/5632630, 🌐 wuppertal.de

▶ 🌞 Freibäder

Gleich mehrere Freibäder gibt es in Wuppertal, die durch bürgerschaftliches Engagement erhalten werden konnten:
So betreibt seit 1930 der **SV Wuppertal Neuenhof** das gleichnamige Freibad im südlichen Stadtteil Hahnerberg. Es ist nicht nur im Sommer, sondern als eines von wenigen Freibädern deutschlandweit auch während der Wintermonate geöffnet.

Im Nordwesten der Stadt liegt das **Freibad Eckbusch**, das als Bürgerbad betrieben wird. Beliebt ist es nicht zuletzt wegen seines alten Baumbestandes.

Das 1851 errichtete **Freibad Mirke** mit einem kleinen Schwimmbecken ist eines der ältesten in Deutschland. Der Verein Pro Mirke betreibt es. Es soll zu einem Naturfreibad umgebaut werden.

Das Freibad in Vohwinkel, auch bekannt als **Volkmann-Bad**, hat eine lange Tradition. Bereits 1906 wurde es in Betrieb genommen. Das von einem Förderverein geführte Bad ist besonders beliebt bei Familien, denn man kann in sauberem Quellwasser schwimmen.

Adressen: Freibad SV Wuppertal Neuenhof: Neuenhof 1, 42349 Wuppertal, 📞 0202/401718, 🌐 sv-neuenhof.de;
Freibad Eckbusch: Am Jagdhaus 1, 42113 Wuppertal, 📞 0202/721319, 🌐 freibad-eckbusch.de;
Freibad Mirke: In der Mirke 1, 42109 Wuppertal, 📞 0176/62228840, 🌐 freibad-mirke.de;
Volkmann-Bad: Gräfrather Str. 43C, 42329 Wuppertal, 📞 0202/2791737, 🌐 freibad-wuppertal-vohwinkel.de

▶ 🌞 Nordbahntrasse

Dem bürgerschaftlichen Verein Wuppertalbewegung ist es zu verdanken, dass die ehemalige Eisenbahnstrecke oberhalb des Tals der Wupper wiederbelebt wurde. Fünf beleuchtete Tunnel mit einer Gesamtlänge von rund zwei Kilometern, davon der längste über 700 Meter lang, und gemauerte Viadukte bis zu 300 Meter Länge sind besondere Höhepunkte der Strecke. Mehrere Aussichtspunkte bieten spannende Aus- und

Die Nordbahntrasse ist ein Freizeit-Dorado für Radler, Jogger und Spaziergänger.

Einblicke in Stadt und Umgebung sowie auf viele Relikte der blühenden industriellen Vergangenheit der Stadt. Die 23 Kilometer lange Trasse ist ein Eldorado für Fahrradfahrer, Fußgänger, Jogger und Skater. Sie alle können ihre Freizeit auf den gut ausgebauten Wegen genießen, denn diese bieten mit sechs Metern Breite genug Platz. Entlang der Nordbahntrasse kann man an Verleihstationen Fahrräder ausleihen. Und wer nicht selber strampeln will, kann sich mit dem Velotaxi auf zwei- bis dreistündigen Rundfahrten bequem über die Trasse oder durch die Elberfelder Innenstadt chauffieren lassen.
Informationen: 🌐 wuppertalbewegung.de

▶ 🔵 Sambatrasse

Auch die Sambatrasse ist eine stillgelegte ehemalige Bahnstrecke, die zu einem Rad- und Wanderweg umfunktioniert wurde. Die zehn Kilometer lange Strecke führt vom Tal in Elberfeld durch den Wald des Arboretums Burgholz auf die Südhöhen der Stadt nach Cronenberg. Die Route geht übrigens auch mitten durch den Grünen Zoo Wuppertal und dort über das Großkatzengehege – über die Tigertalbrücke. Die Trasse ist für Fußgänger, Nordic-Walker und Radfahrer sowie Rollstuhlfahrer geeignet.

Informationen: 🌐 wuppertal.de

▶ Wandern

Wandermöglichkeiten gibt es in der grünen Stadt Wuppertal zuhauf. Eine davon ist der Wuppertaler Rundweg, den man am weißen „W" auf schwarzem Grund erkennt: Auf rund 106 Kilometer Strecke geht es in insgesamt zehn Etappen zwischen 7,5 und 14 Kilometern über Hahnenfurth, Langerfeld, Beyenburg und Sudberg zurück. Eines der Highlights ist das malerische Gelpetal, in dem zur Zeit der Industrialisierung in den Kotten Eisen zu Stahl verarbeitet und zu Werkzeugen gemacht wurde. Heute ist das Flusstal ein Naturschutzgebiet.

Informationen: 🌐 sgv-wuppertal.de/wege

Veranstaltungen & Feste

Zum sportlichen Großereignis mit Zehntausenden Teilnehmern ist der **Wuppertaler Schwebebahnlauf** jeweils im Juni avanciert. Entlang der Wuppertaler Schwebebahn gibt es unterschiedliche Läufe für alle Altersklassen und auch mit einem Inklusionsangebot. Start und Ziel ist das Opernhaus. Leckere Cocktails, viel Musik für jeden Geschmack und etwas Urlaubsflair mitten in Elberfeld bietet jeweils Ende Juli über drei Tage der **Elberfelder Cocktail.** Vom Neumarkt bis zu den City-Arkaden und den Turmhof entlang bis hinter den

Von der Heydt-Platz zieht sich das Festgelände. Es gibt zwei Bühnen, auf denen bevorzugt lokale Bands musizieren. Jeweils an einem Sonntag im Juni lockt ein eher kleines und gemütliches Straßenfest in die Wuppertaler „Altstadt", das **Luisenfest** auf der Luisenstraße. Zahlreiche Buden zwischen schönen alten Häuserfassaden ziehen jedes Jahr Tausende Besucher an, und die Flohmarktstände auf dem Fest sind traditionell attraktiv, klein, fein und originell. Auf zwei Bühnen spielen Musiker aller Couleur. Das **Ölbergfest** im Frühling ist ein echtes Nachbarschaftsfest und lockt alle zwei Jahre mehrere Tausend Wuppertaler an. Die zahlreichen Ladenbesitzer, zumeist kleine, individuelle Geschäfte, präsentieren beim Ölbergfest ihre Produkte. Und noch ein Quartiersfest gibt es im Juni: das **Bleicherfest** in Heckinghausen mit großem Flohmarkt. Das größte Heimatfest im Osten Wuppertals wird alljährlich vom Bezirksverein Heckinghausen organisiert. „Einander verstehen – Miteinander leben": Unter diesem Motto steht die alle zwei Jahre im Sommer stattfindende **Cronenberger Werkzeugkiste.** Ziel ist es, Einrichtungen für behinderte Menschen in Wuppertal und der Partnerstadt Schwerin zu unterstützen. Beim Fest wird Werkzeug namhafter Cronenberger Firmen verkauft oder verlost. Viele Stände von Vereinen, Organisationen und auch Privatleuten locken mit unterschiedlichen Angeboten. Ein buntes Bühnenprogramm mit viel Musik macht für einen Tag den Cronenberger Ortskern zu einem bunten Festplatz. Unterhalb der Schwebebahn auf der Sonnborner Straße findet jeweils am letzten Samstag im Mai der beliebte Sonnborner **Trödel- und Klöngelsmarkt** statt. Klassiker im Jahresprogramm sind außerdem der **Karnevalsumzug** am Rosensonntag sowie die **Weihnachtsmärkte** in Barmen, Elberfeld und auf Schloss Luntebeck.

Informationen: 🌐 schwebebahn-lauf. de; 🌐 ig-1.de; 🌐 bzv-heckinghausen.de; 🌐 cronenberger-werkzeugkiste.de

Sehenswertes

▶Historische Gebäude, besondere Bauwerke

▶Industriedenkmäler und historische Bahnhöfe

▶Kirchen, Kapellen, Synagogen, Klöster

▶Mühlen

▶Sonstiges

▶Stadtbefestigungen, Türme, Tore, Mauern

Museen

▶Heimat-, Stadt- und Regionalmuseen

Natur & Landschaft

▸ **Talsperren**

▸ **Tiere, Tierparks, Zoos, Bauernhöfe**

▸ **Wandern, Pilgern, Lehr- und Erlebnispfade**

Freizeit & Sport

▸Angeln

▸Bahnen und Draisinen

▸Ballonfahrten

▸Ballspiele, Beach(volley)ball

▸Boule und Petanque

▶Bowling, Billard, Darts

▶Fliegen, Luftsport

▶Freizeitparks und -anlagen

▶Go-Kart, Kart, Segway

▶Golf

▶Klettern, Bouldern

▶Kulinarisches

▶Minigolf

▸ Planwagenfahrten

▸ Pumptracks

▸ Radfahren

▸ Reiten, Pferdesport

▸ Saunen, Salzgrotten

▸Schwimmen, Baden

▸Skaten, BMX, Scooter

▸Sonstiges

▶ Spielplätze, Wasserspielplätze, Indoorspielplätze

▶ Sportanlagen

▶ Sternwarten

▶ Theater, Kino, Konzerte, Kultur

▶ Wassersport

▶ Wintersport

Veranstaltungskalender

Veranstaltungen & Feste

▸Januar

▸Februar (Rund um den Karneval)

▸März

▸April

▸Frühling

▸Mai

Abbildungsnachweis

Anja Kortmann/Das Bergische: S. 5, 16, 22, 43, 74 u., 91, 121, 122, 125, 155, 159;
Larissa Arendt/Das Bergische: S. 6;
Sabine Dohrmann/Das Bergische: S. 7, 15, 42, 56, 71;
Tummel Dschungel Bergisch Gladbach: S. 9;
Maren Pussak/Das Bergische: S. 10, 23, 68, 86, 87, 89, 97, 98, 100, 101, 102, 113, 114, 143, 144, 152, 156, 160;
Marcus Italiani: S. 18, 21, 116, 117, 118 o./u., 132, 135;
Imke Imhorst/Das Bergische: S. 19, 62;
Jens Siegmund/Förderverein Panoramabad Engelskirchen: S. 24;
Förderverein Krenzer Hammer: S. 27;
AKKH e. V.: S. 28;
zweimalzweifotografie/EN-Agentur: S. 30, 35;
Kreis Mettmann/Chardin: S. 32, 33, 55, 64, 109, 163, 165;
Stadt Gevelsberg: S. 37;
ProCity Gevelsberg e. V.: S. 38, 40;
Stadt Haan: S. 45;
Guido Kraut: S. 46, 47;
Stadt Heiligenhaus: S. 48, 49, 50;
Dominik Ketz/Kreis Mettmann: S. 53, 107;
Lara Hunt: S. 57, 59, 60, 74 o., 161;
Wasserski Langenfeld: S. 65;
Stadtverwaltung Leichlingen: S. 67;
Brigitte Heck: S. 69, 70;
Annika Kolken: S. 75;
Kreisstadt Mettmann: S. 77, 78;
Neanderthal Museum: S. 80;
Lars Bergwanger: S. 83;
Thomas Lison: S. 84, 85;
David Bosbach: S. 93, 94;
Stadt Ratingen: S. 105;
Felix Förster: S. 110;
Arno Kowalewski: S. 126, 127, 128;
Klingenstadt Solingen: S. 131, 133;
Michael Ratz: S. 137, 138;
Achim Peter: S. 139;
Waldkletterpark Velbert-Langenberg: S. 140;
Christian Werth: S. 146, 151;
Michael Dierks: S. 149;
Andreas Fischer: S. 167, 169;
Daniel Neukirchen: S. 168;
Circular Valley: S. 170;
Stefan Fries: S. 171;
Von der Heydt-Museum: S. 172;
Rolf Dellebusch: S. 175.

Bei den Terminen kann es Abweichungen geben.
Für die genauen Veranstaltungsdaten informieren
Sie sich bitte bei den jeweiligen Städten, Gemein-
den oder Veranstaltern.